日本語の対のある自動詞・他動詞に関する第二言語習得研究

中石ゆうこ 著

J-CLCP

日本語・日本語習得研究博士論文シリーズに寄せて

博士学位は運転の免許に例えられることがある。一理ある考え方である。人は、運転が十分に上手になってから免許を取るのではなく、最低限の知識と技能を身につけた段階で初めて免許を取り、それから一生懸命に車を走らせて技術を上達させていくからである。

しかし、立場を変えれば、これは盲点のある例え方だと評することもできる。なぜなら、免許の取り方と学位の取り方とではその性格に大きな開きがあるからである。免許を取る訓練の段階では、指導教官が隣の席に座って丁寧に教えてくれるが、それでも、よほど危険な状況に遭遇しない限り、運転に直接手を貸すことはない。また、免許を取得できるかどうかが決まる試験に際しては、あくまで受験者が自力のみで努力し、うまく行かなかったら、一律に不合格になる。

一方、博士学位の場合はどうか。まず博士論文の作成においては、発想から表現まで指導教員が惜しまずに力を貸すことがある。さらによくないのは、そうしておきながら、一旦審査する段階になると、同じ教員が主査を務めてしまうことにある。このような調子だから、「手前味噌」の滑稽劇がひっきりなしに展開される。これによって、学位を取った人の一部は、学位を取った日が研究を止める日になってしまう。なぜなら、一人では研究を続けていくことができないからである。

このような滑稽劇を根絶するためには、体制の根本的な改革が必要であり、教員の一人二人の努力だけではどうしようもない。しかし、このシリーズの企画に際しては、せめてこの風潮を助長しないように注意を払っていくつもりである。つまり、執筆候補者の選定に関して、学位申請に必要とされた「博士論文」を見るだけではなくて、学位取得から一定以上の年数が経過しても、依然として弛まず研究を続けられていることを必須条件として定めているのである。

こうすることで、このシリーズの著者たちは、本書の背表紙に刻まれた著者名だけでなく、学会や研究会の壇上で活躍する実際の姿と、学会誌の目次や研究会のプログラムに頻出する名前とが、常に三位一体となった動的な存在であることが保証されるであろう。シリーズの刊行が学問隆盛の一助となることを切に望む次第である。

大阪府立大学　張　麟声

はじめに

本書は，2005年3月に広島大学大学院に提出した博士学位論文「対のある自動詞・他動詞に関する第二言語習得研究－動詞対使用の不均衡性から－」に加筆修正したものである。出版に当たり，明らかな不備はできる限り修正したが，学位論文の公表であるため，新たな観点での考察や新たな文献の追加は最小限にとどめる方針で改訂を行った。本書における各章と既に発表されている論文との関係について示す。

第1章　序論

博士論文の序論に改訂を加えたものである。

第2章　日本語の自動詞，他動詞　―対のある自動詞，他動詞を中心に―

博士論文の第2章に改訂を加えたものである。なお，改訂の際には2000年に広島大学大学院に提出した修士論文「日本語の自・他動詞の形態と意味」の記述や資料も一部参考にした。

第3章　対のある自動詞，他動詞に関する第二言語習得研究の動向と課題

第1節から第3節までは新たに執筆したものであり，第4節以降は以下の論文に改訂を加えたものである。

中石ゆうこ（2003）「対のある自動詞・他動詞の習得研究の動向と今後の課題」『広島大学大学院教育学研究科紀要第二部（文化教育開発関連領域）』第52号，pp.167-174. 広島大学大学院教育学研究科

第4章　学習者による対のある自動詞，他動詞使用の傾向（1）―横断的日本語学習者データの分析を通して―

以下の論文に改訂を加えたものである。

中石ゆうこ（2005）「日本語学習者による対のある自他動詞の使用の不均衡性－OPIデータの分析を通して－」『日本教科教育学会誌』第28巻第1号，pp.59-68. 日本教科教育学会

第５章　学習者による対のある自動詞，他動詞使用の傾向（2）― 縦断的日本語学習者データの分析を通して―

以下の論文に改訂を加えたものである。

中石ゆうこ（2004）「縦断的発話データに基づく対のある自他動詞の習得研究－『きまる－きめる』『かわる－かえる』の使用状況から－」『広島大学大学院教育学研究科紀要第二部（文化教育開発関連領域）』第 53 号，pp.311-318. 広島大学大学院教育学研究科

第６章　自動詞，他動詞対の使用傾向に関する仮説の検証 ― 動画を用いた文完成課題の分析を通して―

以下の論文に改訂を加えたものである。

中石ゆうこ（2005）「対のある自動詞・他動詞の第二言語習得研究―『つく－つける』，『きまる－きめる』，『かわる－かえる』の使用状況をもとに―」『日本語教育』124 号，pp.23-32. 日本語教育学会

第７章　結論

博士論文の結論に改訂を加えたものである。

博士学位論文提出から 14 年が過ぎようとしている。出版に当たって，論文内の表現，先行研究のまとめ方などについては，時代の流れに合わせて，分かりやすくなるように最低限の書き換えを行った。しかし，本書に通底している趣旨は，第二言語習得研究を日本語学から独立して実施することを提案した以下の論文であり，筆者の主張は今も変わらない。

中石ゆうこ（2004）「日本語の記述的研究から独立した習得研究の必要性－日本語学習者による対のある自他動詞の活用形使用を例として－」『日本語文法』第 4 巻第 2 号，pp.120-135. 日本語文法学会

なお，本書の第６章で扱った，動画を用いた文完成課題の調査材料のうち，作成協力者から許可を得られた 18 動画については，筆者のホームページで「や

ってみよう！日本語クイズ1」として公開している。このクイズは中級以上の日本語学習者向けで，学習者が自習できるように多肢選択形式にアレンジされている。

　　中石ゆうこ研究論文掲載公式ホームページ＞学習者向けの日本語クイズ＞クイズ１　http://yuko-nakaishi.net/quiz/quiz1.html

筆者は，博士学位論文提出後も対のある自動詞，他動詞に関する第二言語習得研究を続けている。その詳細については，上記ホームページの業績ページを参考にされたい。

　　中石ゆうこ研究論文掲載公式ホームページ＞業績
　　http://yuko-nakaishi.net/list.php

目　次

第1章　序論

よく似た形態でかつ意味的にも近似する自動詞，他動詞が日本語には数多く存在する。例えば「割る－割れる」の「war-」,「始まる－始める」の「hajim-」のように語根（Root）を共有する対のある自動詞，他動詞は，日本語学習者にとって習得が難しい項目とされ（長沢 1995，小林 1996，市川 1997），中級，上級レベルの学習者であっても，例えば次のような誤用が見られる[1]。

(1.1) *肉をフライパンに入ります。(英語母語話者・中級)[2]
(1.2) [発表の前に] *それでは，始まります。(中国語母語話者・上級)
(1.3) [ゼミの日程調整のとき] *月曜日は集めませんね。
(中国語母語話者・上級)

対のある自動詞，他動詞は日本語教育においては初級レベルで提示される学習項目であるものの，学習者，教師とも苦手意識を持つ場合が多い。そこで，筆者は日本語教師（17名）を対象にして対のある自動詞，他動詞の難しさについてインタビューを行い，教授現場で認識されている困難点を確認することにした。インタビューでは，対のある自動詞，他動詞の困難点を思いつく限り，たくさん挙げてもらった。そのコメントをまとめると，教室で対のある自動詞，他動詞を取り上げた時点ですぐに出現するような教授内容に関する問題と，学習者が使用を試みた時点で出現するような使用場面での問題に分けられた。これはすなわち，言語知識に関する問題と言語運用に関する問題と捉え直すことができる。

まずは，言語知識に関する問題を（1.4）に示す。なお，各コメントの後ろの括弧に付された数字はそれを困難点として挙げた教師の人数を表す。なお，その人数は，対のある自動詞，他動詞の概念の導入の時期に当たる初級レベルと応用や復習の時期に当たる中級レベル以上の二つに分けて示す。

1　(1.1) はKYコーパスより抜粋，(1.2)，(1.3) は筆者の収集した誤用である。
2　本研究では，格関係の正しくない誤用，文脈が不適切な使用に対して記号で区別せずに * で示す。

(1.4)

・自動詞，他動詞の区別の仕方について質問が出る。(初級：5)
・自動詞，他動詞の形の規則について質問が出る。(初級：5)
・数が多いので，自動詞，他動詞を覚えるのが難しい。(初級：4)
・アスペクト形式とつないだ形で混乱する。(初級：3，中級以上：1) [3]
 (例)「～てある」は他動詞なのに，なぜ助詞が「ガ」なのか。
・意味的によく似た事象を別の動詞を使って表現することに理解を得られない。(初級：2)
・例えば「横断歩道を渡る」のように，自動詞も助詞「ヲ」を取るものがあることに気づき，混乱する。 (初級：1)
・意志動詞，無意志動詞と自動詞，他動詞の区別との関係について質問が出る。(初級：1)
・使役文，受身文との使い分けで混乱する。(初級：1，中級以上：1)
・説明が抽象的なので，具体例を聞かれる。(中級以上：1)
・例えば「父を亡くす」のように，意味の説明に当てはまらない文が出てきて混乱する。(中級以上：1)
・自動詞，他動詞の対応パターンが多く，難しい。(中級以上：1)
・複合動詞で混乱する。(中級以上：1)
・例えば，「『食べる』はペアがあるのか」というように，どんな動詞でもペアがあるのか聞かれる。(中級以上：1)

以上をまとめると，学習者の対のある自動詞，他動詞習得での言語知識に関する問題点は，(1) 使い方が複雑，抽象的でよく分からない，(2) 動詞数が多く，記憶する際に負担になる，(3) 学習していない意味，用法や他の文法項目との相違点などで混乱する，ということが挙げられる。

ここで，これらの言語知識に関する問題に教科書や副教材での取り上げ方が関連するかどうかを見るために，初級日本語教科書および付属の文法解説書，

3　久野 (1987) にも同様の指摘。

教師用手引書における対のある自動詞，他動詞の扱いを見てみる[4]。

(1.5) 分析対象とした初級教科書
『新日本語の基礎』
『みんなの日本語』
『新文化初級日本語』
『Situational Functional Japanese』
『初級日本語教科書げんき』
『中日交流標準日本語』

対のある自動詞，他動詞が提出される課での指導内容は，アスペクト形式「～ている」，「～てある」などを使い分ける際の文型説明の前提として，対のある自動詞，他動詞を学習するものと，アスペクト形式に結びつけない単独の形で自動詞文，他動詞文の意味を学習するものとがあった。

初級教科書で対応するペアを持つ自動詞，他動詞の意味説明の記述をまとめると，自動詞は「変化の結果に注目するもの，あるいは自然現象のように行為主がコントロールできないような事象に用いられる」，他動詞は「行為に注目，あるいは意志的動作のように行為主がコントロールできるような事象に用いられる」と説明されている。

(1.6) 初級教科書における対応するペアを持つ自動詞・他動詞の使い分けの説明
自動詞――変化の結果に注目
　　　　　自然現象
　　　　　主語または行為主がコントロールすることが不可能な事象
他動詞――行為に注目

4　本研究で分析対象とした初級教科書は，清（2003）が用いた凡人社における国内外の店頭販売，個人注文を除く日本語教育機関売り上げ（1990年3月～2003年1月）の書籍別割合に基づく上位8位までの初級教科書と，国際交流基金による海外の日本語教育機関で用いられている初級教科書の報告（1999年度～2001年度，2003年度）から総合的に判断し，ビジネスマン向け，大学生向けなど，ある特定の背景を持つ学習者に特化していない，一般成人を対象とした教科書を選定した。

意志的動作
主語または行為主がコントロールすることが可能な事象

例えば,『Situational Functional Japanese vol.2 Notes』第11課の説明では,以下の二つの例文で自動詞文,他動詞文の対比が行われている。

(1.7) 私はドアを開ける。(I opened the door.) (他動詞文)
ドアが開く。(The door opens.) (自動詞文)

(1.7) の他動詞文では「私」がドアを開けることをコントロールしているが,自動詞文では誰か別の人の行為の結果としてドアが開くのであり,主語「ドア」がコントロールすることは不可能であると説明されている[5]。

対のある自動詞,他動詞は,説明において「視点」,「コントロール」などの用語が頻繁に用いられるため,学習者にとっても教師にとっても抽象的で複雑な印象を与えてしまう可能性がある。インタビューで得られた問題点 (1) 使い方が複雑,抽象的でよく分からないということは,これに関連するのだろう。

日本語教科書の扱いでもう一点注目すべきは,今回分析した教科書のいずれもが,巻末や本文中に対のある自動詞,他動詞をペアにして提示した対応表を掲載していることである。自動詞,他動詞の対応表の例として,表1-1に『新文化初級日本語Ⅱ』の対応表の一部を示す。

表 1-1. 自動詞・他動詞の対応表(『新文化初級日本語Ⅱ』p.199より一部抜粋)

形(かたち)が似(に)ている自動詞(じどうし)と他動詞(たどうし)

〈自動詞(じどうし)〉	〈他動詞(たどうし)〉	〈自動詞(じどうし)〉	〈他動詞(たどうし)〉
合(あ)う	合(あ)わせる	出(で)る	出(だ)す
上(あ)がる	上(あ)げる	泊(と)まる	泊(と)める
開(あ)く	開(あ)ける	止(と)まる	止(と)める

5 英文であったものを筆者が日本語訳した。なお,『Situational Functional Japanese』では,「他動詞」「自動詞」という文法用語は用いられず,「する動詞」「なる動詞」あるいは「+を動詞」(ヲ格を伴う動詞)「-を動詞」(ヲ格を伴わない動詞)という用語が用いられている。

このような自動詞，他動詞の対応表は，導入の際に教室で使用されるというよりは，学習者が徐々に対のある自動詞，他動詞の語彙を増やしていった際に確認の段階で使用するという意図を持って掲載されているようである。

学習者は中級以降，自動詞，他動詞対の対応表に載っていない動詞対については，自らが語彙を増やしていく中で整理していかなければならない。このことは，インタビューに現れた問題点（2）動詞数が多く，記憶をする際の負担になる，というコメントに端的に表れている。そこで第2章では，自動詞，他動詞について日本語文法研究における先行研究をまとめ，それらの知見と日本語教師が指摘した困難点との関係を照らし合わせて，対のある自動詞，他動詞をめぐる問題を捉え直す。

さて，続いて対のある自動詞，他動詞の言語運用に関する問題点を（1.8）に挙げる。

（1.8）対のある自動詞・他動詞の言語運用に関する問題点

・習った動詞を使わない，定着が悪い。（初級：2，中級以上：3）

・活用が辞書形以外になると困る。（初級：1）

・とっさに口から出る方を使用するので間違える。（初級：1）

・規則を考えながら話すので，発話に時間がかかる。（初級：1）

・規則が分からなくなってしまう。（初級：1）

・教科書の練習はできるが，実際の使用で間違える。（中級以上：2）

・助詞を間違える。（中級以上：2）

・自動詞，他動詞を不自然な文脈で使用する。（中級以上：1）

上に示された言語運用における問題点をまとめると，（1）即座に文法的知識（形態，統語，意味）を使用できない，（2）とっさに口から出るほうを使用してしまう，（3）習った動詞の定着が悪い，ということにまとめられる。これらの問題点は，言語知識に関する問題（4）に比べるとその原因を直接，教師の教え方や教科書に求めることが難しい。

第二言語習得研究では，教師がいくら注意深く教えても生起する日本語学習者の誤用（error）があり，それらの誤用は学習者の内的な習得のメカニズムが原因となっている（長友 1993:1）とされる。それでは，対のある自動詞，他動詞の誤用には学習者のどのような内的な習得のメカニズムが関わっているのだろうか。そこで，第３章では，自動詞，他動詞について，第二言語習得研究における先行研究をまとめ，残された課題を明らかにする。

これまでに日本語教育では，数多くの優れた日本語教科書が作られてきた。しかしながら依然，対のある自動詞，他動詞は上級になっても，日本語学習者にとって習得が難しい項目とされる。だとすれば，現在までの日本語教育における対のある自動詞，他動詞の扱い，および学習者の対のある自動詞，他動詞の習得の仕方を，従来の方法とは異なる観点で再度捉え直す必要がある。

現在の日本語教育における文法指導においては，「日本語学習者がどのような枠組みを持ち，どう学んでいくのか」という学習者の内的な習得プロセスに関する観点は，指導方法を決定するうえで十分に含まれていない。今後，第二言語習得研究の知見を日本語教育に取り入れることで，学習者の習得の流れに沿った，学習者の言語発達を妨げないシラバスを提供することが望まれる[6]。

第３章の先取りになるが，これまでの第二言語習得研究の多くは，研究の流れとして，まず，対照言語学や日本語文法研究の知見に基づいて，学習者にとって習得の難しい部分を予想し，それを検証する形で文法性判断テストや多肢選択テストを行い，その正答率から学習者の習得の進み具合を判断するトップダウン型のアプローチが取られることが多かった。しかし，このようなトップダウン型のアプローチばかりではなく，学習者独自の言語（中間言語）の様相の解明を目指したボトムアップ型のアプローチを行う必要があると本研究は主張する。「日本語を学ぶ人・教える人のために役に立つ」研究（白川 2002）を行うには，目標言語の困難さを言語的に明らかにするアプローチと，それとは別に，学習者による目標言語の言語規則の内在化の様相（学習者の習得のメカニズム）とその目標言語とのずれを明らかにするアプローチがある。寺村（1982a）をはじめとする従来の日本語文法研究は，日本語教育において目標言語としての日本語の困難さを明らかにすることを目的とするもので，前者のアプローチである。このアプローチによって文法項目が持つ周辺的な用法について，既習

6　日本語文法研究，第二言語習得研究，教育現場の結びつきを考えて日本語教育における「文法」の再構築を行うべきであるという主張がなされている（白川 2002，小林 2002 など）。

の文法項目の知識からつながる形で体系的に記述すること，そして周辺的な用法でありつつもコミュニケーションにおいて重要な役割を担う用法に関しては，シラバスに積極的に取り入れることは，日本語文法研究が応用的，発展的に扱っていくべき研究テーマである。一方後者の，学習者による目標言語の言語規則の内在化の様相とその問題を明らかにするアプローチは，第二言語習得研究によって担われるべきものである。

これからの日本語教育においては，第二言語習得研究の知見が提供する，学習者がたどる文法発達過程，および，発達の際に起こりがちなつまずきに目配りしたシラバスが求められる。そのためには，従来の日本語学，対照言語学から予測される難しさを検証することを目指したトップダウン型の第二言語習得研究だけでは不十分であり，日本語学，対照言語学から独立して，データの観察によって学習者の発達過程を明らかにするボトムアップ型の第二言語習得研究を行うことが必須になることを本研究は主張するつもりである。

第4章，第5章では，対のある自動詞，他動詞の習得について，日本語学や対照言語学の枠組みを一旦脇に置いて，日本語学習者の横断的発話データ，縦断的発話データを観察することで，対のある自動詞，他動詞習得に関する学習者の言語使用の実態を明らかにする。次いで第6章では，その実態を検証する調査を行う。

第2章　日本語の自動詞・他動詞
—対のある自動詞・他動詞を中心に—

第1節　はじめに

私たちをとりまく実世界，精神世界では絶えず様々な事態が生起している。それらの事態の大部分が，なんらかの形で他の事態の生起，消失，継続などに影響を与える。世界はこの事態のつながりによって成り立っていると言える。

私たちがある事態を言語化するときは，それを実世界，あるいは精神世界の中から切り取って行うわけだが，その切り取り方は話者の主観に依拠する。つまり，ある事態を一つの舞台として見立て，そこで起こった動きを一連のものとして捉えたとすると，その舞台で，どの登場人物や物にスポットライトを当て，主人公として言語化するのかには話者の主観が大きく関わる[1]。このような話者の捉え方の違いによって，言語化されたときに用いられる文法形式，語彙形式が異なる。その文法形式がヴォイスであり，語彙形式のうち，切り取られ方が，意味的，形態的にもシステマティックに対応している語のグループが自動詞他動詞である。例えば，以下の例である。

(2.1)　a　花子は太郎をふった。
　　　　b　太郎は花子にふられた。
(2.2)　a　太郎が花瓶を割った。
　　　　b　花瓶が割れた。

(2.1) は文法形式であるヴォイスによる使い分けで，この例では能動態と受動態が対立する。話者が花子に注目しているときは花子を主人公とした (2.1) a のような能動態を用いた表現をする。花子に注目する動機としては，話者が花子の友人であるとか，花子が有名人であるとか，花子が目立つ行動をとったとか，様々な状況が考えられる。一方，太郎に注目しているときは，(2.1) b のような受動態を用いた表現をする。(2.2) は語彙形式である自動詞，他動詞による使い分けの例である。話者が太郎に注目しているときは，太郎を主人公と

1　寺村 (1982a) では，コト（命題）を一つのシーンと見立ててヴォイスの概念を説明している。

した（2.2）ａのような他動詞を用いた表現をする。太郎に注目する動機としては，（2.1）の説明と同じく，話者が太郎の友人であるとか，太郎が有名人であるとか，太郎が目立つ行動をとったとか，様々な状況が考えられる。一方，花瓶に注目しているときは（2.2）ｂのような自動詞を用いた表現をする。花瓶に注目する動機としては，花瓶が大切なものであったとか，花瓶の一瞬の変化に目を奪われたとか，花瓶を割ったのが誰なのかについて話者が触れたくないとか，様々な状況が考えられる。

以上のように，ヴォイスの選択，自動詞，他動詞の選択には，一連の事態のうち，話者の注目したいところがどこなのかということが密接に関わっている。このような意味的な特徴と，後に説明を加える形態的特徴，統語的特徴から自動詞，他動詞は広義のヴォイスであると考えられる。

続く第２節では日本語学の自動詞，他動詞に関する研究の流れを概観する。第３節では対のある自動詞，他動詞に焦点化し，その形態的，統語的，意味的特徴を述べる。第４節では再度，上記で触れた，事態のうち話者が注目したい点，すなわち視点という概念から自動詞文，他動詞文の用法をまとめる。

第２節　自動詞・他動詞とは

自動詞，他動詞は動詞のカテゴリーの一つである。動詞は世界のどの言語の文法でも，意味としては動作を主に表し，働きとしては述語になることができる語である（角田 1991:207）。日本語において動詞は，「用言」[2]の下位区分とされ，時間の経過の中で捉えられた事物の作用，動きを述べる語であると定義される（西田 1972:85）。日本語の動詞は，-u，-iru，-eru，-uru で終わるという共通の形を持ち（金田一 1958:179），語形変化（活用）をする。

動詞の分類の代表的なものの一つが自動詞，他動詞の区別である。言語学において自動詞，他動詞は一般に次の（2.3）のように定義される（Richards et al. 1992: 388, 亀井・河野・千野 1996:890, Crystal 1997:397 など）。

2　金田一（1958:178）では，「用言」は主格その他の連用修飾語を受けることができ，文をとめることができ，単独であるいは助詞，助動詞を伴ってさらに種々の語に続いていくことのできる語と定義される。

(2.3)　言語学における自動詞・他動詞の定義
　　他動詞（transitive verb）は目的語（object）を取る。
　　自動詞（intransitive verb）は目的語を取らない。

上記の定義によれば，ある動詞が自動詞か，他動詞かは，目的語を取るかどうかを条件として区別され，全ての動詞が自動詞か他動詞かに二分されることになる。この自動詞，他動詞の相補的な性質は，"transitive" に否定の接辞 in- がついた "intransitive"（"transitive" ではない）の名称からも明らかである。

さて，日本語における自動詞，他動詞に関する認識は西洋言語学が日本に流入する以前にすでに存在していた。1149 年の『右衛門督家歌合』歌の判詞にすでに自動詞，他動詞の区別を意識した記述が見られる（山口 1989:89-90）。その後，江戸期における自動詞，他動詞に関する研究の集大成として，1828 年の本居春庭による『詞通路』では，「自他の詞」を活用と意味的性質の関連によって，次の六つに分けている。

(2.4)『詞通路』における「自他の詞」の分類
　　第一段　「おのつから然る，みつから然る」(例) きこゆる
　　第二段　「ものを然する」(例) きく
　　第三段　「他に然する」(例) きかする
　　第四段　「他に然さする」(例) きこえさする
　　第五段　「おのつから然さるる」(例) きかるゝ
　　第六段　「他に然せらるる」(例) きかるゝ

(2.4) の六つの概念は今でいうところのヴォイスと質的に変わらないものである。この中で，第一段の「おのつから然る」は自然の成り行きを表す自動詞，「みつから然する」は自分でする動作を示す自動詞と考えられる。このように，形態はまったく同じ自動詞を意味で二分する考え方は，現在でいうところの自動詞の二つのタイプ「非対格動詞」，「非能格動詞」の概念に通じる。このことからも西洋言語学流入以前の伝統的研究が，単なる文法研究の萌芽として位置づけられるものではなく，現代の言語研究にも生かされるべき，熟成された研

究であったことが分かる。

『詞通路』は自動詞，他動詞に関する研究に大きく影響した（佐久間 1966:114）が，その後，西洋言語学の流入によって「自動詞」,「他動詞」という名称がそれぞれ西洋言語学の概念である“intransitive verb”，“transitive verb”に与えられると，それと同時に西洋言語学における自動詞，他動詞の統語的な枠組みが日本語にも適用された。このような経緯から，本居春庭に代表されるような伝統的国語学での自動詞，他動詞の概念と，“intransitive verb”，“transitive verb”という英語の翻訳である自動詞，他動詞に想定される言語学的な特徴には不一致がある。伝統的国語学において，動詞の「自他」は意味的に捉えられるものであったが，西洋言語学流入以降は，形式によって捉えられることとなった。このようなずれから日本語の自動詞，他動詞の概念の規定には混乱が生じた。

山田（1908）は，西洋の概念による動詞の自他の区別を日本語に当てはめることで，本居春庭などの伝統国語学の分類に見える不合理さを指摘した。山田（1936:244-242）にあっては，ある動詞が自動詞なのか，他動詞なのかを目的格の有無でも説明できず，受動文にできるかどうかでも説明できないという不合理さからすると，自動詞，他動詞の区別は日本語には当てはめるべきではないと断じている。

しかし本研究では，現代の日本語文法を記述する際には，自動詞，他動詞の区別をすることは有意義であると考える。例えば，アスペクト形式「～てある」,「～ておく」,「～ている」と共起する動詞を限定する際，特定の性質の束を持つ動詞を「自動詞」,「他動詞」と名づけておく方が都合が良い[3]。詳しくは以下の例を見ていただきたい。

（2.5）　a ＊音楽がかかってある。
　　　　b 　音楽をかけてある。
（2.6）　a ＊話のポイントが分かってある。
　　　　b 　話のポイントを理解してある。

3　野村（1969）によれば，主体が非情の場合，他動詞には「てある」，自動詞には「ている」がつくという用法は，明治時代以降に確立したとされる。

(2.7) a ＊ドアが開いておく。

b ドアを開けておく。

(2.8) a ＊宿題ができておく。

b 宿題をしておく。

(2.5)，(2.6) では，「〜てある」との共起性を見ている。(2.5) a，(2.6) a のように「〜てある」と共起としない動詞の性質を考えると，まずガ格を取ること（「音楽がかかる」，「話のポイントが分かる」），それから「スタートスイッチを押す→音楽がかかる」，「話をよく聞く→話のポイントが分かる」のように行為の結果の状態を表していることが特徴として挙げられる。一方，(2.5) b，(2.6) b など共起する動詞の性質を考えると，まずヲ格を取ること（「音楽をかける」，「話のポイントを理解する」），次に，普通は有情物を行為の主体として取ること，そして，「音楽を流している状態にしたい」「話のポイントを理解した状態にしたい」など何らかの結果を目指して行為が行われていることが特徴として挙げられる。

(2.7)，(2.8) では，「〜ておく」との共起性を見ている。「〜ておく」と共起しない (2.7) a，(2.8) a の動詞の性質を考えると，(2.5) a，(2.6) a の場合と同じように，ガ格を取ること（「ドアが開く」，「宿題ができる」），それから「ノブを回し，ドアを押す→ドアが開く」，「机に向かい，ノートに書き込む→宿題ができる（完成する）」のように行為の結果の状態を表していることが特徴として挙げられる。同じように，共起する (2.7) b，(2.8) b の動詞の性質を考えると，「ドアを開ける」，「宿題をする」）のようにヲ格を取ること，普通は有情物を行為の主体として取ること，そして「ドアを開けている状態にしたい」，「宿題を終えている状態にしたい」など何かの結果を目指して行為が行われていることが特徴として挙げられる。このように，「〜てある」，「〜ておく」が共起する動詞の性質は共通している。

上で見た (2.5) から (2.8) の a の動詞の性質は，「自動詞」の性質とされるものである。また，(2.5) から (2.8) の b の動詞の性質は「他動詞」の性質とされるものである。このような性質を自動詞，他動詞という概念を認めない立場であれば，動詞ごとに個別に「〜てある」，「〜ておく」との共起性を説明しなければならない。しかし，自動詞，他動詞を認めるのなら，他動詞と対をなす自動詞は「〜てある」，「〜ておく」と共起しないと一言で済む。このように考えると，ある特定の意味的，統語的性質を持つグループを自動詞，他動詞と呼んだほうが，日本語の他の文法事象を説明する際に効率的であることが分かる。

現代語における日本語の自動詞，他動詞の認定には研究者によって違いが認められるが，動詞を二分する概念である「自動詞」，「他動詞」という範疇と，それらに含まれる動詞語彙の集合体が存在するという認識が広くあるという点は多くの研究者に共通した前提である。また，自動詞，他動詞という動詞の区別は辞書にも示され，一般化している。以上のことから，本研究は自動詞，他動詞を日本語の文法，語彙を説明する際に必要な概念として積極的に認める。

第3節　対のある自動詞・他動詞の特徴

日本語の自動詞，他動詞は，対をなすか否かで下位分類することができる。対をなす自動詞，他動詞の呼び方には，これまでに，寺村（1982a）の「相対自動詞」，「相対他動詞」と早津（1987,1989a,1989b）の「有対自動詞」，「有対他動詞」という用語があった。

寺村（1982a）では，形態的に対立する自動詞，他動詞について共時的に見て共通の語根（Root）を持つもの[4]を対をなすと捉え，「相対自動詞」，「相対他動詞」と呼んでいる。また，「開く（ひらく）」のように，一つの形態で自動詞，他動詞の両方で使われるものを「両用動詞」と呼んでいる。「相対自動詞」，「相対他動詞」の区別は，統語的対応，意味的対応にも目を配りつつも，形態的対応のあるなしという一つの基準によって分類される。よって，ある動詞が対をなすかどうかの判断が容易である。

一方，早津（1987,1989a,1989b）は，寺村（1982a）に比べると条件が厳しく，形態的対応，統語的対応，意味的対応の3つの条件の全てが成立する自動詞，他動詞を「有対自動詞」，「有対他動詞」と呼んでいる。一つ目の条件である，自動詞，他動詞が「形態的に対応する」とは，寺村（1982a）同様，共通の語根を持つものを指す。二つ目の条件である，「統語的に対応する」とは，奥津（1967）

4　寺村（1982a）では，共通の語根（Root）から派生したと説明される。

を踏襲して，次の（2.9）で示すように他動詞文の目的格（N2）が自動詞文で主格（N2）の位置に現れる関係にある。なお，N は名詞句（名詞節）を Vi は自動詞，Vt は他動詞を表す。

（2.9）　対のある自動詞構文・他動詞構文の統語的対応
（自動詞構文）　　　　N2 が　Vi
（他動詞構文）　N1 が N2 を　Vt

三つ目の条件である，「意味的に対応する」とは，ある同一の場面を自動詞文でも，他動詞文でも表すことができることをいう。例えば，少年が投げたボールが窓に当たり割れてしまったような出来事を（2.10）のように，二つの動詞文で表現することができる。このとき，「割れる－割る」は意味的に対応するとされる。

（2.10）対のある自動詞・他動詞の意味的対応
（自動詞文）　窓が割れた。
（他動詞文）　少年が窓を割った。

表 2-1 に寺村（1982a）と早津（1987,1989a,1989b）の分類をまとめる。

表 2-1．日本語の自動詞・他動詞の下位分類

<table>
<tr><th>研究</th><th>下位分類</th><th>定義</th></tr>
<tr><td rowspan="3">寺村（1982a）</td><td>相対自動詞・
相対他動詞</td><td>日本語の自動詞，他動詞のうち共時的に共通の語根（Root）から派生したと考えられるもの
（例）相対他動詞：壊す，開ける，閉める，回す
相対自動詞：壊れる，開く，閉まる，回る</td></tr>
<tr><td>絶対自動詞・
絶対他動詞</td><td>日本語の自動詞，他動詞のうち形態的に対立しないもの
（例）絶対他動詞：殺す，切る，食べる，飲む
絶対自動詞：死ぬ，泣く，歩く，走る</td></tr>
<tr><td>両用動詞</td><td>日本語の自動詞，他動詞のうち一つの形態で，自動詞，他動詞の両方で使われるもの
（例）両用動詞：開く（ひらく），閉じる</td></tr>
</table>

早津（1987,1989a,1989b）	有対自動詞・有対他動詞	形態的・統語的・意味的対応が全て成立するもの （例）有対他動詞：壊す，切る 有対自動詞：壊れる，切れる
	無対自動詞・無対他動詞	形態的・統語的・意味的対応のいずれか一つでも成立しないもの （例）無対他動詞：殴る，蹴る，受ける 無対自動詞：笑う，吹く，受かる

「相対自動詞」，「相対他動詞」と「有対自動詞」，「有対他動詞」，そして「絶対自動詞」，「絶対他動詞」と「無対自動詞」，「無対他動詞」はそれぞれ共通する特徴を持つ。しかし，詳しく見ていくと両者に該当する動詞は完全には一致しない。

寺村（1982a）では，「切れる」，「焼ける」，「割れる」などの自動詞は「相対自動詞」,「相対他動詞」とは別の「自発態」という文法形式として捉えられる。よって,「切る」,「焼く」,「割る」などの他動詞は「絶対他動詞」と分類される。一方，これらの他動詞は，早津の基準では「有対他動詞」に分類される。この点は，寺村（1982a）の定義をそのまま踏襲すると日本語教育における認識とずれが生じる。本研究では日本語教育での対をなす自動詞，他動詞の従来の認識に従ってⅠ類（五段活用）の動詞に -e（ru）のついたものも排除せずに，一括して対をなす自動詞の一つとする。

また，形態的対応をなさないが，統語的対応，意味的対応をなす動詞対に，「入る－入れる」がある。「入る（hairu）」，「入れる（ireru）」は，寺村，早津の基準に従えば形態的対応を欠くため，対をなさない動詞となり，「入る」は「絶対自動詞」，「無対自動詞」，「入れる」は「絶対他動詞」，「無対他動詞」に分類される。しかしこの動詞対は，日本語教育では多くの初級教科書の自動詞，他動詞対応表に取り上げられる[5]など，対として指導される機会が多いので，本研究では研究の対象に含めたい。

これとは逆に，形態的対応をなすものの，統語的対応，意味的対応を欠くものには，「受かる－受ける」「つかまる－つかむ」，「またがる－またぐ」「から

5　分析対象とした初級教科書は，『みんなの日本語』，『しんにほんごのきそ』，『新文化初級日本語』，『Situational Functional Japanese』，『初級日本語げんき』，『中日交流標準日本語初級』である。この6種類の自他動詞対応表全てに「入る－入れる」が対として示されていた。

まる－からむ」，「暮れる－暮らす」など[6]がある。

(2.11)（他動詞文）太郎が試験を受ける。
　　　（自動詞文）*試験が受かる。
　　　（自動詞文）太郎が試験に受かる。

本研究でも，どのような文脈を設定しても統語的，意味的対応をなさない場合，その動詞は対をなさないものと考える。

その他に本研究の対象外とする動詞対として，「預かる－預ける」，「閉じる－閉ざす」のように，他動詞と他動詞で形態的に対応している場合がある。

(2.12)（他動詞文）太郎が花子から通帳を預かる。
　　　（他動詞文）花子が太郎に通帳を預ける。

また，「縫い上がる－縫い上げる」「入れ替わる－入れ替える」などの複合動詞は，対のある自動詞，他動詞であるが，単純動詞とは異なる性質を持つので，本研究の対象から除く。

このような基準を設定するため，本研究の扱う動詞の範疇と「相対自動詞」，「相対他動詞」，「有対自動詞」，「有対他動詞」という既存の用語が示す範疇との混乱を避ける必要がある。そこで，今後の議論の対象となる対をなす自動詞、他動詞を指すときには，「対のある自動詞」「対のある他動詞」という語を用いる。本節では「対のある自動詞」「対のある他動詞」について，形態的，統語的，意味的な特徴をまとめ，ヴォイス表現としての位置づけを示す。

3-1. 形態的特徴

英語や中国語などの言語では，自動詞と他動詞が同形の動詞であることが多いのに対して，日本語では自動詞と他動詞が異形である場合が多い。このとき，

6 「受かる－受ける」に関しては早津(1987)も同様の指摘。「つかまる－つかむ」，「またがる－またぐ」「からまる－からむ」の三つの対に関しては寺村も，もはや絶対自動詞，絶対他動詞とした方が良いとも言えそうだと指摘している（寺村 1982a:307)。

対応する自動詞，他動詞は，「割れる wareru －割る waru」の「war-」，「壊れる kowareru －壊す kowasu」の「kowa-」のように共通の語根を持つ。佐久間（1966）では，共通する語根を持つ自動詞と他動詞について，語根を除いた部分の形態による対応のしかたで分類される。例えば，「割れる wareru －割る waru」であれば「-eru － -aru」，「壊れる kowareru －壊す kowasu」であれば「-(r)eru － -su」の対応となる。佐久間は，それをまとめて，以下の図 2-1 のような図式をもって体系的に示している[7]。

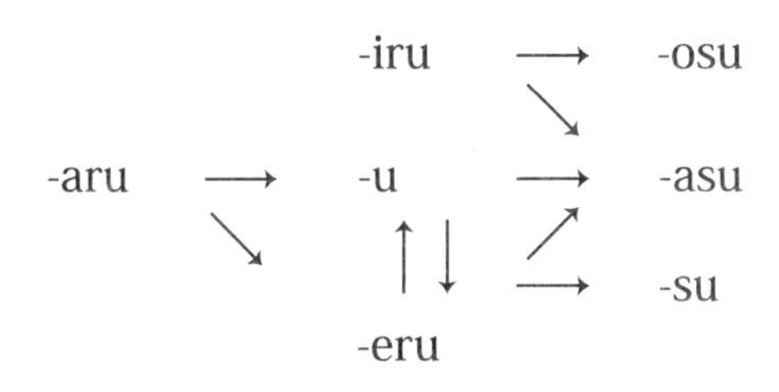

図 2-1. 自動詞・他動詞の形態的対応の図式（佐久間 1966:137）[8]

矢印の数を数えると分かるように，佐久間の図では自動詞，他動詞の対応の型は九つのパターンに分けられる。なお，図において，矢印の始点が自動詞，着点が他動詞となっている[9]が，これは自動詞，他動詞の派生関係を示したものではなく，矢印は便宜上のものに過ぎない。

上の図から見て，概して -ru という接辞を持つ動詞は自動詞，-su という接辞を持つ動詞は他動詞と言える。佐久間（1966）でも，形態的な対をなす五段活用の動詞の場合，「す」で終わる動詞は他動詞的，「る」で終わる動詞は自動

7　佐久間（1966）では，この他にも「寝る－寝かす」「甘える－甘やかす」など自動詞の語根に -(a)kasu をつけた他動詞の例，および「明く－明ける－明かす」「溶く－溶ける－溶かす」など三つの動詞が対応している例を分類として挙げているが，いずれも含まれる動詞対が少なく，また，まとめとして示した図式にも挙げられていないので，本研究では分類に加えなかった。

8　佐久間（1966）では，-u － -eru の矢印が両方とも下方に向かっているが，本文中の説明や動詞例から判断して，本研究では一方を上方向に修正した。また，原著ではラ行音 /r/ は全て /l/ で示されているが，本研究では，その後の奥津（1967），寺村（1982a）などの研究の表記に従い，/r/ とした。

9　つまり，自動詞→ 他動詞という配置になっている。

詞的であると指摘されている。他動詞的，自動詞的という表現をした理由は，「切る」，「取る」，「擦る」，「閉める」のように，「る」で終わるが他動詞である動詞が存在するからであろう。

ペアを持つものであっても形態から自動詞であるか他動詞であるかを推測することには限界がある。例えば，-u，-eru は，図において矢印の始点，着点の両方になっていることから分かるように，自動詞でも他動詞でもありえる。-eru は，それに加えて使役形，可能形の接辞と形が重なるため，さらに複雑である。例えば，-seru 接辞を持つ「（合う－）合わせる」，「（効く－）効かせる」などは，形態的に自動詞の使役形と同形の他動詞である[10]。もう一つ，同じく -eru 接辞を持つ「（売る－）売れる」，「（釣る－）釣れる」のような動詞は，形態的に他動詞の可能形と同形の自動詞が存在する。-u，-eru は，このように，その他の対応パターンに比べて複雑に絡み合っている。

日本語教育の観点から考えるとさらに，「る」で終わる動詞は自動詞的であるという規則は，形態的に対応するペアを持つものに限られた一般化であるということにも注意すべきである。例えば，形態的なペアを持たない「食べる」，「見る」，「叱る」などの動詞は -ru という接辞を持ちながらも，「他者に働きかける」という他動詞的な意味を持ち，対象のヲ格を取ることから，他動詞と分類される。このようなペアを持たない動詞は，この図の範囲外にある。第1章で紹介した日本語教師のインタビュー結果から，例えば「『食べる』にもペアがあるのか。」というように，どんな動詞でもペアがあるのかという質問を授業で受ける場合があることが分かった。このことから考えると，どの動詞が自動詞，他動詞の対を持ち，どの動詞が対を持たないかという判断は日本語学習者にとっては難しいことが示唆される。数多くある日本語の動詞の中で，どの動詞がこの図で説明できるのかを判断することは，学習者にとっては難しいということであり，この図を日本語授業で紹介することですべてが解決するわけではないことが指摘できる。

もう一つ指摘しておきたいことは，形態的に対応する自動詞，他動詞であっても，どのような文脈でも統語的，意味的に対応するわけではないということ

---

10 「合わせる」，「効かせる」などの動詞が他動詞なのか，自動詞の使役形なのかは判断の揺れるところである。

である。実際，多義語や慣用句などでは，形態的に対応する自動詞，他動詞の両方で同一事態を表すことができない場合がある。

(2.13) a　気を落とす
　　　b ＊気が落ちる
(2.14) a　ばちが当たる
　　　b ＊ばちを当てる
(2.15) a　気が済む
　　　b ＊気を済ます

西尾（1978:183）においても「品詞性に変化が生じ普通の動詞とは言えないようになった用法や，慣用句的に固定した用法は自他の対応が成立しない」という指摘がされている。西尾の挙げた例は以下のようなものである。

(2.16) 秋から冬にかけて（＊かかって）晴れた日が多い。
(2.17) 奈良から京都にかけて（＊かかって）晴れた日が多い。
(2.18) a　鼻にかける
　　　b ＊鼻にかかる

このうち，(2.16)，(2.17) は品詞性に変化が生じ普通の動詞とは言えないようになった用法の例であり，(2.18) a，b は慣用句的に固定した用法の例とされる。ところが，例えば次の例のように，慣用句や多義語であっても自動詞，他動詞が対応している場合もある。

(2.19) a　骨を折って大金を集めた。
　　　b　大金を集めるのに，骨が折れた。
(2.20) a　早めに手を回しておこう。
　　　b　あそこには，すでに敵の手が回っている。

このような例から，普通の動詞とは言えないようになった用法や，慣用句的に固定した用法でも，自他の対応が成立する場合もあることが分かる。文レベルでの自動詞，他動詞の対応が成立するかどうかは，語ごと，用法ごとに異なるものである。よって，日本語教育における自動詞，他動詞の指導においては，語レベルの形態的対応の説明に加え，文レベルになったときの対応関係の違いを一つずつ教師が説明しなければならないという難しさがある。

3-2. 統語的特徴

英語における自動詞，他動詞の区別は，統語的特徴だけで行うことが可能である。すなわち，ある動詞の直後に前置詞なしの目的語があれば他動詞，目的語がなければ自動詞とする区別の仕方であり，その基準は明解である。

(2.21) The apple falls.　自動詞
(2.22) Tom comes to the meeting.　自動詞
(2.23) He eats an orange.　他動詞
(2.24) He read my diary.　他動詞

ただし，(2.23)，(2.24) で他動詞とされた eat や read には，文中で目的語を伴わない用法がある。

(2.25) He eats too much.
(2.26) He reads in his bed.

これらの文では，意味的には食べる対象（食べ物），読む対象（書物）があることは明らかであるが，それが文中に目的語として明示されていないので，文法上これらの場合は自動詞と分析される。

英語では，構文的特徴によるもう一つの分類として，受動化できれば他動詞，できなければ自動詞とする基準もある。英語においては自動詞の受動文が成立しないので，この基準でも明確に自動詞，他動詞を区別することができる。

一方，日本語は英語の性質とずれがあり，英語のように構文から明確に判断することができない。日本語の自動詞，他動詞の統語的な特徴に関しては，他動詞は目的格を持つ動詞であるということと同時に，その必須補語の数が重要な要素となる。一般に自動詞は主格のみで必須補語を要求しないが，他動詞は必須補語を一項，二項と要求する。

必須補語の数によって自動詞，他動詞を区別する方法で問題となるのは，何が必須補語なのか定かでないことが多いという点である。また，日本語では，文脈上明らかな場合には，必須補語を省略することも可能なことから，十分に客観的とは言いがたい[11]。

対象を表すヲ格名詞句を要求することは他動詞の性質の一つである。ある文の述語である動詞がヲ格名詞句[12]を伴うかどうかで自動詞，他動詞を判定する基準は，松下（1896）に代表される。

例えば（2.27）で表される事態は，いずれもヲ格を持ち，意味的には「殴る」，「曲げる」という働きかけがヲ格で表された対象に向かっている。これらの例から，ヲ格名詞句を持つことが他動詞の特徴として認められる。

（2.27）a　太郎を殴る。
　　　　b　鉄板を曲げる。

しかし，動詞の要求するヲ格が働きかけの対象とは考えられないような場合がある。

（2.28）a　校庭を走る。
　　　　b　海を渡る。
　　　　c　村を出発する。

（2.28）a, b, c で表される事態は，いずれも主体がヲ格名詞句に働きかけているようには感じられない。よって意味的には自動詞に分類される動詞である。しかし，ヲ格を取ることが他動詞の特徴とするのであれば，このような動詞は

11　寺村（1976）では，日本語の言語的特徴として「わかっていることは言わない」ということであるとされる。省略が日本語で一般的に起こる現象であることが示されていると言えよう。

12　松下（1896）の用語では処格名詞とされる。

他動詞に分類されなければならない。

須賀（1981）で明らかにされたように，ヲ格で示されるものには，「対象」と「場所」があり，他動詞が要求するのは対象のヲ格であるとすると，この問題は解決したように見える。場所のヲ格を要求するのは，「走る」，「渡る」，「出発する」のように移動を表す動詞である。（2.28）のような例は，いずれも「場所」を表していると考えられる。しかし，次いで以下のような例が問題になってくる。

(2.29) a　高校を卒業する。
　　　 b　仕事を休む。

（2.29）の動詞はいずれも移動を表すとは言いがたく，ヲ格の名詞も「場所」を指すとは言いがたい。このようなヲ格は，言ってみれば，「対象」と「場所」の中間に位置していると言える。これらの動詞は，自動詞と他動詞のいずれに分類すれば良いのか，判断がつきがたい。

さらに，ヲ格が「対象」というよりは，動詞で表される事態の「原因」を表すような例も存在する。

(2.30) a　友達の結婚を喜ぶ。
　　　 b　将来の進路を悩む。

これらの動詞を自動詞，他動詞のどちらと考えれば良いのかも判断が難しい。さらに，それとは別にもう一つ，対象のヲ格を持つものが他動詞とすると支障が出るものがある。それは，以下のようなニ格を持つ文である。

(2.31) a　太郎が花子に抱きつく。
　　　 b　酔っ払いが上司にからむ。

意味的には(2.31)の動詞はいずれも対象に働きかけているように感じられる。しかし，構文的にヲ格を取らない以上，ヲ格を取るものが他動詞という基準では自動詞に分類されてしまう。このように，ヲ格名詞句を必須補語とするものを他動詞と限定すると，一部のニ格名詞句を取る動詞についても問題が生じる。

以上をまとめると，他動詞は対象を表す格を要求するというように，意味的特徴を組み入れて考えたほうが良いようである。対象を表す格助詞としては，「食べる」，「曲げる」，「睨む」などの動詞の取るヲ格と，「反抗する」，「甘える」，「抱きつく」などの動詞の取るニ格がある。助詞が異なるということは，これら二つの類型で，主体と対象の関係が異なるということである。寺村（1976）では，それぞれを「（動作の）客体」，「（目指す）相手」としている。(2.32)に統語的特徴から見た自動詞構文，他動詞構文をまとめる。

(2.32) 自動詞構文と他動詞構文

（自動詞構文）	N1 が			Vi
（他動詞構文）	N1 が	N2 を		Vt
	N1 が	N2 に		Vt
	N1 が	N2 に	N3 を	Vt

対のある自動詞，他動詞の場合は，すでに示した（2.9）のような構文となり，他動詞文のヲ格が自動詞文のガ格となり，同一事象を表すことができるということが特徴である。

(2.33) 対のある自動詞構文・他動詞構文の統語的対応

（自動詞構文）		N2 が	Ｖｉ
（他動詞構文）	N1 が	N2 を	Ｖｔ

（2.9 を再掲）

一方，もう一つの統語的特徴として，ある動詞述語文が直接受動文になるかどうかで判定する方法があり，これは三上（1953）に代表される。三上（1953）は受動文にできるかという基準で動詞を二分類している。そして，動詞のうち受動化可能なものを「能動詞」（「居る」，「殴る」など），不可能なものを「所動詞」（「ある」，「見える」，「聞こえる」，「似合う」，「要る」，「できる」など）

と呼ぶ[13]。三上（1953）では，能動詞・所動詞と自動詞，他動詞の関係づけが行われている。三上によれば，自動詞には受動化が全く不可能な「所動詞」と，受動化できても，迷惑を受けたという意味を持つ「はた迷惑の受身」にしかならないものがある。一方，他動詞は，全てが受動化でき，その意味は迷惑の意味を伴わない「まともな受身」になる。三上の基準をまとめたのが図2-2である。

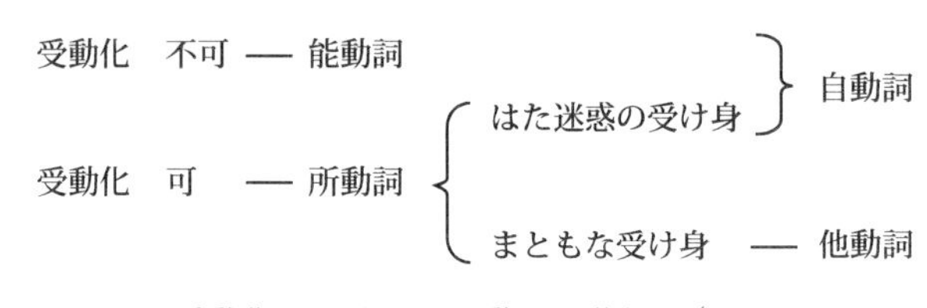

図2-2. 受動化の可否による動詞の分類　（三上1953）

例えば，次の（2.34）aはa'が非文になることから，所動詞と分類される。一方b'，c'は正文なので能動詞となる。また，bはb'が迷惑の意味を持つので，所動詞であるa'同様，自動詞であり，cはc'が迷惑の意味を持たない場合でも成立するので他動詞というように分類される。

（2.34）a　川がある　→　a'　*川にあられる
　　　　b　雨が降る　→　b'　雨にふられる
　　　　c　太郎が次郎を呼ぶ　→　c'　次郎が太郎に呼ばれる

仁田（1982）は，能動文を直接受動文にするためには，その能動文の動詞が「他への働きかけ」という意味的特徴を持つことが必須条件となると指摘している。この指摘は，三上のような直接受動文となるものを他動詞とする立場を支持する。

さて，ここで先ほど問題になったヲ格を伴う「走る」，「卒業する」，「喜ぶ」のような動詞文を三上の基準に当てはめる。すると，直接受動文にならないことから，これらは受動化の可否という条件では自動詞に属するものとなる。

13　伝統的な分類に当てはめると，能動詞は「みつから然する」「物を然する」であり，所動詞は「おのつから然る」に相当する（三上1953:105）。

(2.35) a　校庭を走る。
a'*校庭が走られる。
b　海を渡る。
b'*海が渡られる。
c　村を出発する。
c'*村が出発される。
(2.36) a　高校を卒業する。
a'*高校が卒業される。
b　仕事を休む。
b'*仕事が休まれる。
(2.37) a　友達の結婚を喜ぶ。
a'?友達の結婚が喜ばれる。
b　将来の進路を悩む。
b'*将来の進路が悩まれる。

これとは逆に，ニ格を伴って働きかけを感じさせるような「なつく」「反抗する」などの動詞は直接受動文にできることから，他動詞に分類されることになる。

(2.38) a　太郎が花子に抱きつく。
a'　花子が太郎に抱きつかれる。
b　酔っ払いが上司にからむ。
b'　上司が酔っ払いにからまれる。
c　子どもがその男になついた。
c'　その男が子どもになつかれた。
d　生徒達が山田先生に反抗した。
d'　山田先生が生徒達に反抗された。

このように，ヲ格，ニ格と共起するかどうかという基準で自動詞か他動詞を判断する際に生じていた問題が，直接受動を作るかどうかを基準にすることで解決することが分かる。このことから，直接受動化の可否で自他を判断することの方がより整合性が高いように思える。

ところが，この基準にも問題がある。それは，実際には直接受動文と間接受動文の境界線が揺れており，どれが直接受動文であるかを定めることは困難である場合があるということである。例えば，以下の（2.39）の受動文が直接受動文なのか間接受動文なのかは判定が難しい。

（2.39） a　私は彼に足を踏まれた。
　　　　a'　彼が私の足を踏んだ。
　　　　b　私は先生から叱られた。
　　　　b'　先生は私を叱った。

（2.39） a，b の各受動文は，（2.39） a'，b' のように，同じ事態を表す能動文に書き直すことができる。しかし，同時に（2.39） a，b の受動文は，迷惑の意味を表していると感じられることが多い。この場合，直接受動文とするのか，間接受動文とするのかの判断が難しい。

さらに，直接受動化を用いる基準では，非情物主語の受動文に関する問題もある。次の（2.40）の例を見ていただきたい。

（2.40） a　？もみの木がきこりによって切られた。
　　　　a'　きこりがもみの木を切った。
　　　　b　？コンビニのコーヒーが木村氏によって飲まれる。
　　　　b'　木村氏がコンビニのコーヒーを飲む。

（2.40）a, b のような文が直接受動文として成立しているかどうかの判断には，日本語において非情物を主語とする受動文は，翻訳調という印象を与えるという別の要因が関わってくる。なお，能動文の「対象」が非情物であるときも，ある意味が付加されるときには受動文が成立する。それは，益岡（1987）が指摘する受影性が読み取れる場合，あるいは受動文が非情物の属性を表すときである。なお，受影性とは，ガ格以外のある名詞句が叙述されている出来事の結果として心理的，あるいは物理的影響を受けるということを意味する。

(2.40) a の文は，補文の客体である非情物，「もみの木」に対して，受影性があると話者が感じていれば成立する。

(2.40) a"（村人が大事に育ててきた）もみの木がきこりによって切られた。

迷惑の意味を含め，受影性を持つということが間接受動文の条件と考えられるなら，(2.40) a"のような文は間接受動文であり，対応する能動文が直接受動化できないという状態は変わらない。(2.40) b の文は，木村氏がとても有名なコーヒー通であるなどして，木村氏が飲んだということがコンビニのコーヒーの有意義な属性になる場合，容認されやすくなる。

(2.40) b"　コンビニのコーヒーが（あのコーヒー通で有名な）木村氏によって飲まれる。

属性を表す受動文が，直接受動文なのか，間接受動文なのかは，(2.40) の各文が示すように，判断が難しい。よって，直接受動文が成立するかどうかという基準においても，ヲ格を基準とする場合同様，問題点が残る。

以上，ヲ格を取るかどうか，受動文にできるかどうかで自動詞，他動詞を判定する基準を紹介したが，いずれの基準も例外となる部分が存在し，動詞によっては二つの基準で自動詞，他動詞の判定が異なる場合もある。よって，一つ目の基準として対象を表す格を伴うこと，二つ目の基準として直接受動文化できることの両方が他動詞の性質であり，もっとも典型的な他動詞は両者を満たしていると考えれば良いだろう[14]。

14　動詞を自動詞，他動詞と二極的に表すのではなく他動性の大きさで表すという，プロトタイプ論基づく研究がある。日本語の他動性に関する議論は，ヤコブセン(1989)，Jacobsen(1991) 角田(1991) に詳しい。

3-3. 意味的特徴

ある動詞の描写する事象が実世界，精神世界の出来事のうち，どのような事態を表わしているのか，そして事態のどの部分を切り取って表わしているかを知ることで，その動詞が自動詞であるか他動詞であるかは予測可能である。例えば気象，天体，生理的現象，一人で行う動作など自然に起こる事象，他者や他の事物を介することがない事象は自動詞が用いられる。一方，動作主が何かに働きかける事象には他動詞が用いられる。この自動詞，他動詞の持つ意味的な特徴は多くの研究者によって指摘され，言語学の定義とも我々の直観とも適合する。

3-2 節で統語的特徴として説明した通り，一般に自動詞は主格しか要求しないのに対し，他動詞は主格に加えて一項，あるいは二項の必須補語を要求するという統語的な特徴が自動詞，他動詞にはある。これは上記の自動詞，他動詞の意味的特徴とも一致する。

(2.41) 自動詞構文・他動詞構文の統語的対応
(自動詞構文)　N1 が　　　　　　Vi
(他動詞構文)　N1 が N2 を（に）　Vt

統語的特徴からも分かるように，他動詞文で表される事態は N1，N2 という二つの事物が関与し，主体（N1）の引き起こした事態の影響が他者（N2）へと及ぶものであるのに対し，自動詞文では N1 という一つの事物のみが関与し，事態が主体（N1）のみで成立し，他者に及ばない。このように，他に影響が及ばない事態には自動詞文を用い，主体がある事態を引き起こし，客体に何かしらの影響を与えるときには他動詞文を用いるという意味的な特徴は構文にも表れている。例文で見てみよう。

(2.42) a　花子がケーキを食べる。（他動詞）
b　太郎が二郎を殴る。（他動詞）
(2.43) a　花が咲く。（自動詞）
b　太郎が笑う。（自動詞）

（2.42）の他動詞の事象は，主体の起こした事態が他者に及んでいる。つまり，a であれば，花子の行為がケーキに及び，ケーキは花子の働きかけによってかじられ，胃の中に入れられる。b であれば，太郎の行為が次郎に及び，次郎は太郎の働きかけによって体に衝撃を与えられる。一方，（2.43）の自動詞の事象は，図 2-3 に示すように，いずれも主体 X 以外には影響が及ばずに成立する。これは，普遍的な自動詞の意味的特徴である。繰り返しになるが，自動詞は具体的には自然現象，他の事物を介さない個人の行為，存在などを表わす。

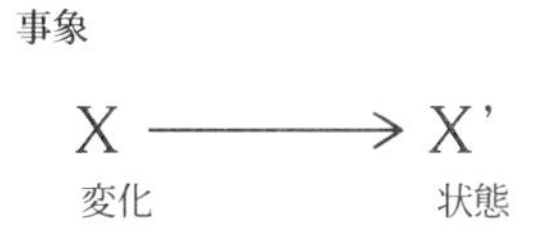

図 2-3. 自動詞で表される事態

さて，図 2-3 で示された他を介さずに起こる事態とは別に，日本語では自動詞文が「他者の働きかけの結果」を表すことがある。自動詞，他動詞が対をなす場合，自動詞文と他動詞文で同一事象を表わすことができるが，この時，話者の視点は異なっており，「働きかけ」に注目する場合は他動詞で表され，「働きかけの結果」に注目する場合には自動詞で表されるという役割分担があるのである（西尾 1978，早津 1987,1989a,1989b など）。例えば（2.44）である。

（2.44）a　今度の委員長は山田君に決まった。（自動詞）
　　　　b　整然と街路樹が植わった。（自動詞）
　　　　c　年末の大掃除で，部屋がきれいに片づいた。（自動詞）

（2.44）の自動詞文はいずれも統語的には潜在化している「働きかけ手」から働きかけられた結果として，成立した事象である。a であれば，例えば委員会などの決定機関が「働きかけ手」として実は存在し，委員長を山田君に決めた結果，今度の委員長は山田君に決まったという事象を表す。b であれば，例えば業者が「働きかけ手」として実は存在し，街路樹を植えた結果，街路樹が植わったという事象を表す。c であれば，例えば家族が「働きかけ手」としており，部屋をきれいに片づけた結果，部屋が片づいたという事象を表す。(2.44)の例がいずれも対応する他動詞を持つ自動詞であることにも注意したい。

日本語では，多くの言語で共通する，自然の変化，行為，存在など他を介さずに起こる事態に加えて，他からの働きかけを受ける場合にも自動詞文で表される。よって，この用法を知らない学習者が，自動詞は「自然現象」，「一人で行う行為」を表すと捉えてしまう場合がある。その結果，例えば「結婚が決まった。」と聞いて，勝手に，自然に「結婚が決まった」と表現しているのだという印象を持ち，無責任だと感じたり，「このスープには海老が入っている。」と聞いて，「海老がスープに飛び込んだのか」と不思議に思ったりすることになる。

対のある自動詞文，他動詞文で表される事象と視点を詳しく見ていくと，図2-4のようになる。他動詞文では，事象のうち，働きかけから変化まで注目する視点を取る。一方，自動詞文では，変化と変化の結果の状態までに注目する視点を取る。

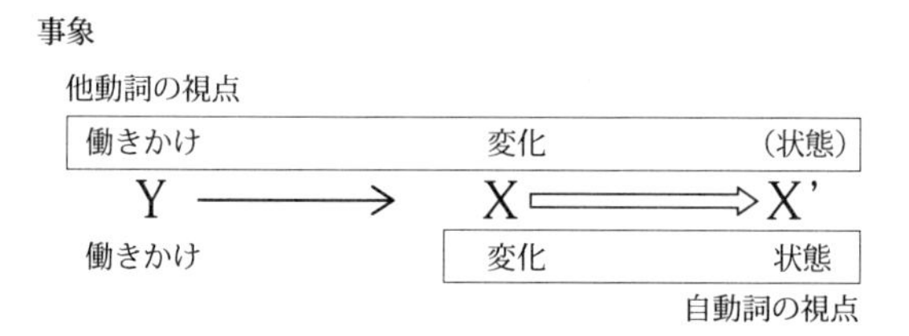

図 2-4. 対のある自動詞・他動詞で表される事象と視点[15]

「意味的に自動詞と他動詞が対応する」とは，同一場面のある事象を自動詞文でも，他動詞文でも表すことができることをいう。上の図においては，働きかけ手Yが受け手Xに何かしらの動作，行為によって働きかけ，影響を与え，Xの状態を変化させる（X→X'）事象が表されている。この意味的関係が成り立つとき，自動詞文でも他動詞文でも表すことができる。ここでいう「変化」とは物質的，外見的な変化に限らず，心理的，内面的な影響といったものも含

15　状態に（　）が付してあるのは，宮島（1985）で論じられたように，他動詞の意味が変化後の状態まで含まない場合があるからである。

めた変化を指す。

影山（1996）では，図2-4で示した事象を，語彙概念構造（LCS: Lexical Conceptual Structure）という考え方で表している。語彙概念構造とは，動詞が表す概念的な意味を抽象的な述語概念で表示した構造である（影山1996:47）。自動詞，他動詞の概念的な意味を語彙概念構造で表すと次のようになるだろう。

（2.45）自動詞・他動詞の語彙概念構造（LCS）
　　a [x ACT (ON y)] CONTROL [BECOME [y BE AT-z]]
　　b [x ACT]
　　c [x ACT (ON y)]
　　d [y BECOME [y BE AT-z]]

影山の説明に沿ってまとめると次のようになる。語彙概念構造のうち，x は動作主，y は被動作者である。x，y は動詞の項である。z は場所である。[x ACT (ON y)] の中にある ACT は活動，ON はその活動が及ぶ先を表す。よって，ACT（ON）は働きかけを表す。[(y) BECOME [y BE AT-z]] の中にある BECOME は変化，BE は継続性を持つ状態，AT は位置を表す。CONTROL は成立を左右するような作用という意味である。

（2.45）の語彙概念構造のうち，a，c は他動詞で表される事象である。（2.45）a は x，y が事象に関わり，x の活動（ACT）が y に及んでいる（ON），働きかけが作用となり，y が変化（BECOME）し，その結果，ある位置（AT）に継続して存在する状態（BE）になるということを表す。この場合，x は二つ目の [BECOME [y BE AT-z]] の成立を左右（CONTROL）する使役主となる。（2.45）a は，働きかけから変化の状態まで一連の変化を描写している。（2.45）c は x，y が事象に関わり，x の活動（ACT）が y に及んでいる（ON），働きかけを表す他動詞であるが，その後，対象に変化（CONTROL 以降の事象）が起こったかどうかまで描写されていない。

ある動詞が対応する自動詞，他動詞を持つかどうかは，偶然に決まるものではない。早津（1989a）によれば，それは動詞の意味する事象の性質と関わっている。具体的には，働きかけの結果の状態に注目する事象の場合には対応する自動詞が存在するが，ある他動詞が働きかけの過程の状態に注目する事象の場合には対応する自動詞は存在しないとされる。この指摘を語彙概念構造で説明すると，対のある他動詞は（2.45）a，対のない他動詞は（2.45）c という語彙概念構造を取るということになる。

(2.45)b, d は自動詞である。このうち, b は x のみが事象に関わり, 活動(ACT)を表すので，動作主が自分自身のみで行う行為を表す。d は y のみが事象に関わり，変化（BECOME）し，ある位置（AT）に継続して存在する状態（BE）になる。よって，他者からの働きかけなしに起こる状態変化を表す。影山（1996:139）は，自動詞に外項（使役主）を加えると他動詞になり，逆に，他動詞から外項を取り外すと自動詞になるという関係にあるとまとめている。

また，影山は，-e-，-ar- という自動詞化接辞によってできた自動詞について，(2.45）a の語彙概念構造に近いが動作主が異なる次の（2.45）e，f の語彙概念構造を提案している。

(2.45） e [y ACT (ON y)] CONTROL [BECOME [y BE AT-z]]
　　　　f [ϕ ACT (ON y)] CONTROL [BECOME [y BE AT-z]]

まず，(2.45) e は反使役化と呼ばれ，ACT (ON) の前の動作主が x ではなく，y になっている。(2.45）e は，y 自体の性質が事態の成立いかんを左右する立場にある。よって，y が動作主になって事象に関わり，その活動（ACT）が y 自体に及ぶことで（ON)，その働きかけが作用となり，y が変化（BECOME）し，その結果，ある位置（AT）に継続して存在する状態（BE）になるということを表す。この場合，使役主が対象物と同一物であるため，統語構造には現れない。この構造を持つのは，日本語の「取れる」，「破れる」，「めくれる」のような -e- という接辞を持つ自動詞であるとされる。

影山は，-e- という接辞を持つ自動詞において，使役主と変化対象が同定されていることは，「勝手に」のような動作主がいないことを意味する副詞と共起するかどうかで確かめられるとしている。

(2.46) 取っ手が勝手に取れた。
(2.47) 紙が勝手に破れた。
(2.48) ページが勝手にめくれた。

（影山 1996，例文 118 a - c より）

寺村（1982a）でも，一般には自動詞とされることが多い「切れる」，「焼ける」，「割れる」，「取れる」，「抜ける」，「売れる」，「見える」，「聞こえる」，「煮える」，「思われる」，「泣ける」のような動詞を，「自発態」という態として，自動詞とは区別している（寺村 1982a:279）。これらの動詞は，形態的にはⅠ類（五段活用）の動詞に -e（ru）のついたものであるという特徴を持つ[16]。この形態の動詞は，「ひとりでに」そうなることを表すといった共通性を持ち，独特の意味的特徴を持つとされ，影山（1996）の反使役化と同じ現象を指摘しているものと思われる。

ところが，-e- という接辞を持つ自動詞でなくても，「勝手に」のような「動作主なしに」という意味の副詞と共起し，他の動作主を取らない自動詞文で表されることがある。例えば，次の例である。

(2.49)（めくれたと思ったら）ページが勝手に戻った。
(2.50) ドアが勝手に開いた。
(2.51) 張り紙が勝手に落ちた。

上記の例から考えると，-e- という接辞を持つ自動詞に絞らずとも，もっと広い自動詞に関して，反使役化は成り立つと考えて良いかもしれない。

現在の日本語教育においては，「切れる」，「焼ける」，「割れる」などのⅠ類（五段活用）の動詞に -e（ru）のついたものは自動詞として指導され，それ以外の「見える」，「聞こえる」，「思われる」とは区別して捉えられる。日本語学習者の習得に関心を持つ本研究は，日本語教育における自動詞，他動詞の捉え方を重視することとし，Ⅰ類（五段活用）の動詞に -e（ru）のついたものを自発態として区別せず，対をなす自動詞の一つとして含める立場を取る。

16　ただし，見える，煮える，聞こえる，思われる，泣けるなども含む。（寺村 1982a）

影山（1996）が指摘する，もう一つの自動詞化接辞によってできた自動詞は先の（2.45）f である。これは脱使役化と呼ばれ，語彙概念構造では ACT（ON）の前の動作主が x ではなく，ϕ になっている。

（2.45）f では動作主の存在が前提でありつつも統語的には出現しない。なにがしかの動作主が事象に関わり，その活動（ACT）が y 自体に及び（ON），その働きかけが作用となり, y が変化（BECOME）し, その結果, ある位置（AT）に継続して存在する状態（BE）になるということを表す。しかし，動作主の存在は全く隠れている。これを脱使役化と呼び，「植わる」，「（絵が）かかる」，「集まる」のような -ar- という接辞を持つ自動詞に見られるとされる。

（2.52）公園には，様々な木が植わっていた。

（2.53）壁にはピカソの絵がかかっていた。

（2.54）（募金運動をして）目標額が集まった。

（影山 1996，例文 102 a - c より）

-ar- という接辞を持つ自動詞においては使役主が暗に存在しているが，それを統語的に顕在化することはできない。

（2.52）' * 市の職員によって桜の木が公園には植わった。

（影山 1996，例文 113 a より）

（2.53）' * 彼によって壁にはピカソの絵がかかった。

（2.54）' * ボランティアの学生によって募金が集まった。

（影山 1996，例文 113 b より）

-ar- という接辞を持つ自動詞は，動作主の存在が隠れているという指摘は興味深い。しかし，-ar- という接辞を持つ自動詞でなくても，使役主を構文的に表示できない自動詞は数多い。例えば，次の例である。

（2.55）* 彼によってドアが開いた。

（2.56）* 子どもによって壁の絵が落ちた。

(2.57) ＊彼女によってお湯が沸いた。

(2.58) ＊市の職員によって枝が折れた。

上記の例から考えると，(2.45) fのような語彙概念構造は，-ar- という接辞を持つ自動詞に限らず，対のある自動詞について共通して成り立つ，汎用性の高いものであると考えて良いのではないだろうか。

以上，対のある自動詞，他動詞の意味的特徴を見てきた。これに対を持たない自動詞，他動詞の意味的特徴も含めて整理すると，次のようにまとめられる。

(2.59) 自動詞・他動詞の意味的特徴

対のある自動詞…他からの働きかけの結果の状態，または他からの働きかけがない事態

（例）木が倒れる，子供が集まる

対のある他動詞…他からの働きかけの過程と結果の状態

（例）太郎が木を倒す，花子が子供を集める

対のない自動詞…他からの働きかけがない事態（自然現象，生理現象，存在など）

（例）風が吹く，お腹がすく，太郎が走る，リンゴがある

対のない他動詞…他からの働きかけの過程

（例）太郎が洗濯物を干す，花子が種をまく

さてここまでに，日本語文法研究における対のある自動詞，他動詞の形態的特徴，統語的特徴，意味的特徴をまとめた。しかし，対のある自動詞，他動詞の特徴には但し書きが必要になる。それは，形態的，統語的に対応する自動詞，他動詞でも，文脈によって意味的に対応しなくなるものが多く存在するということである[17]。すでに3-1節で触れたように，多義語など，いくつもの用法を持つ動詞は，用法によって自動詞，他動詞の対応のパターンが変わってくる。

17　沼田（1989）でも，多義語において自動詞，他動詞対応の欠落があり，さらに，その欠落には偶然，個別的に対応がないとしか言えない場合があることが指摘されている。

(2.60) a　人口増加に歯止めをかける。
b　人口増加に歯止めがかかる。
c　ラジオをかける。
d　ラジオがかかっている。
e *空に明るい月をかける。
f　空に明るい月がかかる。

（西尾 1988 より）

(2.61) a　ナイフでパンを切る。
b　パンが切れる。
c　電源スイッチを切る。
d　電源スイッチが切れる。
e *電池を切る。
f　電池が切れる。
g　侍が次々と人を切る。
h *人が次々と切れる。

(2.62) a　自転車の空気を抜く。
b　自転車の空気が抜ける。
c　コンセントを抜く。
d　コンセントが抜ける。
e　太郎が強豪選手を抜く。
f *強豪選手が抜ける。

(2.60)，(2.61)，(2.62) の動詞は形態的には「かかる－かける」，「切れる－切る」，「抜ける－抜く」の対応を持つとされる自動詞，他動詞であるが，構文として対をなさない場合がある。(2.60) e が非文になるのは自明のことで，他からの働きかけのない自然現象であるにもかかわらず，他動詞文で表されたからである。同じように，(2.61) e も，普通，電池が切れるのには他者が介在しない。このように働きかける他者の存在の想定が難しい場合は，他動詞文で表すと非文になる。これは，実世界ではその状況が想定できないという意味的な制限から説明できる。しかし，自動詞文 (2.61) h，(2.62) f は，他動詞 (2.61)

g，（2.62）e で表された事態について視点を変えて表しているだけなので，他者の存在が想定できるものであり，この説明は成り立たない[18]。すでに指摘したことではあるが，このように動詞によって，またその用法によって，自動詞，他動詞が，構文として対をなさない場合があることが，日本語学習者の自動詞，他動詞の習得をさらに困難にしていると考えられる。

3-4.　ヴォイス表現としての自動詞・他動詞

対のある自動詞，他動詞は広義のヴォイスである。ヴォイス，すなわち話し手の関心が向けられる出来事の部分によって使い分けがなされる文法形式といえば，受動態，使役態などが最初に思い浮かぶ。自動詞，他動詞の対立もまた，受動，使役などと接近し，連続する文法現象として捉えられる（寺村 1977，1982a，野田 1991 など）。寺村（1982a:318）の「他動詞の方から自動詞の方を見ると，背後その延長線上に自発，可能，受け身の形が見える。自動詞の側に立って他動詞を見ると，その向こうに使役の形が見える」という記述は，自動詞と受動態，可能態，自発の意味を持つ自動詞（寺村の用語では自発態），他動詞と使役態の関係を明確に示している。

中でも，受動態と自動詞，使役態と他動詞の接近は，受動，使役形式と自動詞，他動詞の形態が似通っているという形態的類似点，項の増減の仕方が似通っているという統語的類似点にも表れている。

まず形態的類似点については，佐久間（1966）で概して -ru という接辞を持つ動詞は自動詞的，-su という接辞を持つ動詞は他動詞的と指摘されていることにも関わるように，自動詞 -ru と受動形 -(r)are，他動詞 -su と使役形 -(s)ase というように形態が類似している。

次に（2.63）統語的類似点を見てみる。

（2.63）統語的類似点

皆が　この方法を　低温発酵法と　呼ぶ。　（能動）

　　　この方法が　低温発酵法と　呼ばれる。（受動）

18　影山（1996）では，これらは -e- 接辞の自動詞であり，「人」「強豪選手」の性質が，「切れる」，「抜ける」という事態の成立を左右する立場にないから文法的でないとして，反使役化という概念で説明される。

　　　　三宅が　高田を　呼ぶ。（能動）
私が　　三宅に　高田を　呼ばせる。　（使役）

委員長が　日程を　決める。（他動詞）
　　　　日程が　決まる。（自動詞）

（野田 1991 より）

野田（1991）で指摘されるように，受動文では対応する能動文から項が一つ減る。使役文では項が一つ増える。他動詞文と自動詞文では，他動詞文が項が一つ増える。つまり，項の数が一つ増えるのが他動詞文，使役文，一つ減るのが自動詞文，受動文というように共通する。

益岡（1987）では自動詞，他動詞と受動態，使役態の連続性に関して，受動形，使役形の融合の度合いが高くなると独立の単純語としての性格を持つようになり，自動詞，他動詞として分析されるようになると説明されている。また，自動詞と他動詞の受動形，他動詞と自動詞の使役形はそれぞれ同じような事態を表すが意味に若干の違いがあること，対応する自動詞のない他動詞の受動形は自動詞と同じような働きをすることがあり，対応する他動詞のない自動詞の使役形は他動詞と同じような働きをすることがあるということも指摘されている。

使役と他動詞の接近に関わる問題として，「飛ばす」，「驚かす」，「迷わす」，「乾かす」，「減らす」，「漏らす」のような動詞についても議論しなければならない。これらの動詞は，自動詞の語根に -(a)su がついたものであるが，その一部は使役形 -(a)seru の短縮形とも考えられる。

(2.64) 飛ぶ－飛ばす－飛ばせる，驚く－驚かす－驚かせる，迷う－迷わす－迷わせる，乾く－乾かす－*乾かせる，減る－減らす－*減らせる，漏る－漏らす－*漏らせる

これらの動詞は，他動詞であるとして，自動詞と対をなすと考えるか，あるいは自動詞の語根に -(a)seru をつけた使役形の短縮形と考えるか。寺村

(1982a:317) では，自動詞の語根に -(a)seru をつけて普通の使役形にできる場合は，-(a)su は使役形の短縮形とし，使役形を作り得ない場合は，他動詞として自動詞と対応するものであると区別する。この規定を用いれば，(2.64) の動詞のうち，使役形を作らない「乾かす」，「減らす」，「漏らす」は他動詞であり，使役形を作る「飛ばす」，「驚かす」，「迷わす」は使役形の短縮形であると考えられる。この結果，「飛ぶ」，「驚く」，「迷う」は対応する他動詞を持たない自動詞となる。この分析から，同じ形態を持つ他動詞であっても，異なる属性を持つものが含まれていることが分かる。

受動文と自動詞文の意味的な違いについては，3-3 節の意味的特徴のまとめに示した通り，自動詞文では使役者の働きかけが必ずしも前提とされない。これに対して，受動文では働きかけが必須であるということが指摘できる。

(2.65) a　ドアが開いた。
　　　b　ドアが開けられた。

(2.65) a では状況として，風などで勝手にドアが開いたというような，使役者の働きかけがない場面と，誰かがドアを開けたものの誰がやったかには特に注目されていない場面という，いずれの状況も想定できる。一方，(2.65) b では，前者の解釈はなく，誰かがドアを開けた場面しか考えられない。このように，受動文と自動詞文の違いは行為者の前提が必須かどうかということで説明できる。

使役文と他動詞文の違いは，他動詞文は「直接関与」，使役文は「間接関与」と言われるように，使役文が対象の意志を尊重する表現であるのに対し，他動詞文は対象の意志的な行為を尊重せず，場合によっては単なる物のように扱う表現であるとまとめられる（野田 1991)。

(2.66) a　人形を箱に入れる。
　　　b ？人形を箱に入らせる。

（野田 1991:226 より）

(2.67) a *花子を鉄棒にぶら下げる。

b　花子を鉄棒にぶら下がらせる。

(2.66) bは，使役文を用いていることから対象の意志的な行為を尊重することになり，ここでは人形に対して誰かが働きかけて箱の中に移動させる必要があるので不自然な表現となる。この文が自然な状況として，人形に人格を認める人形遊びという文脈を考えることで，はじめて成立可能な文になる。一方，(2.67) aは，花子の意志的な関与が全く見られず，花子があたかも物になってしまったかのように解釈され，非文となる。

この意味の違いが示す通り，他動詞文の客体は非情物，使役文の客体は有情物であることが典型である。ところが，この基準は絶対的なものではなく，次の (2.68) bが示すように使役文の客体が非情物であることも，(2.69) aが示すように他動詞文の客体が有情物であることもありえる。

(2.68) a　ゼリーを早く固める。
　　　 b　ゼリーを早く固まらせる。[19]
(2.69) a　花子を寮に入れる。
　　　 b　花子を寮に入らせる。

非情物である「ゼリー」に働きかけるとき，(2.68) aの「固める」だけではなく，(2.68)bのように「固まらせる」と使役文で表現することができる。(2.69) aは働きかける客体が有情物「花子」である。花子の意志を考慮せずに寮に入れたようなニュアンスがあり，(2.69) bでは花子の「入りたい」という意志を配慮して許可を与えたようなニュアンスがある。(2.68)，(2.69) のように，各構文が成立するかどうかは，各動詞の含意する意味概念の違いによって影響されるようである。

野田 (1991) では，自動詞と受動文，他動詞と使役文のつながりに注目し，ヴォイスの対立をその生産性から文法的なヴォイス，中間的なヴォイス，語彙的なヴォイスの対立の三種類に分け，それぞれのヴォイスの優先関係を考察している。ここでいう文法的なヴォイスとは，能動と受動，使役と非使役の対立

19 (2.68)，(2.69) の例文は柳沢しずく氏（タマサート大学，タイ）の指摘による。

を指す。中間的なヴォイスとは，自動化と他動化の対立を指す。語彙的なヴォイスとは，「死ぬ－殺す」，「できる－作る」のような語彙的な対立を指す。語彙的なヴォイスは，共通の接辞を持たない。文法的なヴォイスの形式は，受動化では -(r)are を接辞とし，使役化では -(s)ase を接辞とするもので，最も生産的である。中間的なヴォイスの形式は，「AR- 」（刺さる sas-AR-u，決まる kim-AR-u)，「 -AS」（減らす her-AS-u，出す d-AS-u）のように文法的なヴォイスに近いものから「φ - φ」（増す ma- φ -su － 増す ma- φ -su）のように語彙的なヴォイスに近いものまでいろいろな段階がある。これは，中間的なヴォイスが文法的なヴォイスと語彙的なヴォイスの間の中間的な性格を持つということを表している。

これらの三つのヴォイスの使用については，優先的に使用されるのが語彙的ヴォイスであり，語彙的なヴォイスがなければ，中間的な語形，それもなければ文法的な語形が使われるという原則（語彙的ヴォイス優先の原則）が存在するとされている。つまり，語彙的ヴォイスの穴を埋めるために中間的なヴォイス，中間的ヴォイスの穴を埋めるために文法的ヴォイスが使われるということである。例えば，以下の（2.70）では「割る」には対応する語彙的なヴォイスは存在しないので，中間的なヴォイス「割れる」が文法的ヴォイス「割られる」より優先的に用いられると説明される。

(2.70) a　私が　　風船を　割る。
　　　 b　　　　＜なし＞　（語彙的ヴォイス）
　　　 c　　　　 風船が　割れる。　（中間的ヴォイス）
　　　 d　　　　 風船が　割られる。（文法的ヴォイス）

寺村 (1976) で指摘された (2.71) も語彙的ヴォイス優先の原則で説明できる。

(2.71)「この辺もずいぶん変わりましたねえ」
　　　「? ええ，ああいうマンションが最近急にたくさん建てられましたからねえ」

（寺村 1976:49 より引用，下線は筆者）

「建てる」に対応する三種類のヴォイスを見たとき，語彙的ヴォイスで対応するものはない。次に中間的ヴォイスの対立を見てみると，「建つ」がある。中間的ヴォイスが存在する以上，原則として文法的ヴォイス「建てられる」が要求されることはなく，中間的ヴォイス「建つ」が用いられる。

野田（1991）は，語彙，自動詞，他動詞，受動態，使役態を共通のルールでまとめることで，優先的に使用されるものを体系的に説明しており，汎用性がある。しかし，「語彙的ヴォイス優先の原則」は，原則であって，絶対的なものではないことに注意しなければならない。つまり話者が何を表現したいか，場面で起こった事象の中で何に注目するかという視点によって，どの形式がふさわしいかは実際には変わる。このことについては，先ほど挙げた（2.70）のような例でも，割る人の存在を強く意識した場合「割られる」が用いられることがあると野田（1991）にも指摘されている。

第4節　視点と自動詞・他動詞

4-1. 視点とは何か

本研究における視点とは，すなわちカメラアングルと言い換えることができる。カメラアングルは，話者がどの部分に積極的に着目したいか，あるいはどの部分に着目せずに，ぼかしておきたいかによって決まる。一連の出来事を表現する際に，例えば話し手の関心が「対象がどうなったか」「対象がどういう状態にあるか」に焦点化している場合には，カメラアングルは対象にフォーカスされている。ある事象を表現する際に，それに関与する名詞のどれを「主役」と見立てるかによって，述語の形がかわることが多くの言語に見られる（寺村1977）。

3-3節で触れた対のある自動詞，対のある他動詞の意味的な使い分けは，この視点という概念を用いて説明することができる。

（2.72）a 運転手は車を家の前に止めました。　（他動詞）
　　　　b 車が家の前に止まりました。　（自動詞）

(2.72) aで表される事象では，運転手は「働きかけ手」であり，車は働きかけの「受け手」である。(2.72) aのような他動詞文が用いられるのは，話者の視点が「車を止めた」動作，あるいは運転手に向けられているときである。一方，(2.72) bのような自動詞文が用いられるのは，話者が「車が止まった」という対象の変化，または車自体に注目しているときである。

以上のように，話者が「働きかけ手」，あるいは「働きかけ」に注目するときは他動詞文が用いられ，「受け手」，あるいは「受け手の変化」に注目するときは自動詞文が用いられる。続けて例を提示する。

(2.73) あれ，洗濯物が片づいている。

(2.74) 順番は決まっている通りです。

(2.73)，(2.74) の例は一見，「受け手」あるいは「受け手の変化」に注目しているとも考えられる。しかし，(2.73) の例では対応する他動詞文を想定しようとしたとき,「働きかけ手」が特定できない。同じように, (2.74) の例では，例えば，「委員会」，「役員」，「係」のような「働きかけ手」が想定できるが，特定できない，あるいは特定する必要がない。このように，「働きかけ手」が不明で特定できない場合，あるいは「働きかけ手」を特定する必要がない，つまり不問である場合がある。そのような場合には，積極的に「受け手」，あるいは「受け手の変化」に視点が向けられたわけではなく，「働きかけ手」を主語として明示する他動詞文を用いることができない，あるいは明示する必要がないという消極的な理由から，自動詞文が選択されたと考えるのが自然である[20]。

以上，視点による自動詞，他動詞の使い分けをまとめると，以下のようになる。

(2.75) 自動詞文・他動詞文の視点

a 話者が「働きかけ手」に注目する→他動詞

（例）私がその宝物を見つけたのだから，私のものだ。

20　益岡（1982）で扱われている降格受動文が用いられる動機と同じである。

b 話者が「働きかけ」に注目する→他動詞

（例）蒸し暑いのに気付いてドアを開けたら，良い風が入って来た。

c 話者が「受け手」に注目する→自動詞

（例）あのアパートには，エレベーターがついていた。

d 話者が「受け手の変化」に注目する→自動詞

（例）クッキーが焼けるまで，ちょっと外出してきます。

e 話者が「働きかけ手」,「働きかけ」に注目しなくてもいい，または注目できない→自動詞

（例）もう受付，終わりましたよ。／カバンの中でお菓子がつぶれている。

a から e の視点の中で，a から d は積極的に何かに注目する視点，e は「働きかけ手」や「働きかけ」に注目できない, 注目する必要がないことによって，消極的に「受け手」,「受け手の変化」に決定された視点であるとまとめられる。

以上，(2.75) でまとめた話者の視点の違いで，例えば以下の (2.76)，(2.77) の学習者の誤用の理由が説明できる。

(2.76)（ふたを力を込めて，取ろうとしている。ふたが取れた瞬間）「？開けた！」

(2.77) ？うれしいですね。冬休みをもうすぐ始めます。

(2.76) はふたが取れるという変化が望まれており，それが成立した瞬間に発話された文である。取れたという変化が起こった瞬間だから，話者が注目するのは，働きかけや誰が働きかけたかということよりも，変化そのものであるため,「開いた」のように自動詞文で表されるのであろう。

(2.77) は冬休みを誰が決定するのかという「働きかけ手」が不問であるため,「始まる」という自動詞文で表される。

なお，視点の一般的な傾向として，事態が成立した直後に「働きかけ手」が自らその事態を言語化する場合は変化に注目し，自動詞文で表されることが多いようである。例えば次の例である。

(2.78)（心の中で）やった，ついに終わった。
(2.79)（ふたが）よし，開いた。
(2.80)（リンゴの皮をむいていて）しまった。切れた。

このように，自分が「働きかけ手」として関わっている事態の成立直後は，時間が経ってからに比べて，自動詞文で表現することが多いようである。(2.81)の文では魚が釣れた直後では自動詞文で表すのが自然である。一方，(2.82)のように時間が経ってから報告する場合の文では，自動詞文でも他動詞文でも良い。

(2.81) おお，大きな魚が釣れた。（自動詞文）
　　　？おお，（私は）大きな魚を釣った。（他動詞文）
(2.82) 昨日，大きな魚が釣れた。（自動詞文）
　　　昨日，私は大きな魚を釣った。（他動詞文）

一方，事態が成立した直後であっても第三者が言語化する場合は，他動詞文であっても構わない。

(2.83) すごい。あのふたを開けた！（他動詞文）
(2.84)（サッカーの試合で）中山，決めたー。（他動詞文）

話者にとって「働きかけ手」として関わっていた事態が成立した直後は，事態の達成がなされたかどうかに最大の関心事であるので，動作の「受け手」に視点が注がれ，カメラアングルがそこに焦点化していることが多い。しかし，第三者の場合は，客観的に事態の成立を見ることができるので，その事態がある人の功績であるなどの場合，行為者を含めて視点に捉えていることがあるのだろう。それに比べて「働きかけ手」自身は，変化はとっさに起こる一瞬の事態であり，その事態を自らを主体にとって客観的に表現するまでには至らないのではないかと考えられる。

ところで，「見つかる－見つける」という動詞は例外的なふるまいをする[21]。この動詞対では，事態成立直後であっても，「働きかけ手」が人を「受け手」としてその状況を言語化する場合は自動詞文では表現できない。

(2.85) 花子ちゃん，見つけた。
　　　*花子ちゃん，見つかった。

「見つかる－見つける」の場合，「受け手」が自らの状態を自動詞「見つかる」を用いた文で表現することになる。

(2.86) しまった。見つかった。

以上，視点による自動詞，他動詞の使い分けを見てきたが，寺村（1976），池上（1981），吉川（1995）などがすでに指摘しているように，話者の視点は話者の主観で個別の状況に応じて完全に自由自在に決定されるわけではなく，言語によって好まれる視点の傾向というものが存在している。

日本語教育の現場では自動詞文が持つ意味の説明として，働きかけの結果に注目する用法があると説明されることがある。しかしその説明を受けた後でも，学習者にとって自動詞，他動詞の使い分けは難しい。それは，学習者の好むカメラアングルと，日本語で好まれるカメラアングルに違いがあることが原因である。日本語の授業では，自動詞は変化の結果に注目，他動詞は行為に注目するというように，話者がどちらに注目するかによって構文が使い分けられると説明されるが，この説明だけでは，ある事象を表現する際，話者である学習者が注目したい部分が行為なのであれば，他動詞が選択されても良いということになる。

例えば，日本語クラスで「お茶が入りました。」，「良い店が見つかりました。」という例文を用いて，自動詞は働きかけの結果に注目するということを教師が

21 「見つかる－見つける」は，特別なふるまいをするため注意が必要な動詞対だが，初級日本語教科書6種の自他動詞対対応表のうち4種で取り上げられている。分析対象とした教科書は巻末の補助資料2を参照のこと。

示した際に，学習者から「その動作をやったのは私です。だから，『私がお茶を入れました。』，『私が良い店を見つけました。』と言いたいです。いいですか。」というような質問が出ることがある。

このカメラアングルの違いという問題に隠れているのは，言語によって自動詞文を好むか，他動詞文を好むかという表現の志向が異なることである。次の（2.87），（2.88）のような日本語の自動詞文は，英語に翻訳すると，他動詞文になるのが自然である。

（2.87）出発の日が決まった。
　　　We have decided the date of our departure.
（2.88）この千円札，くずれますか。
　　　Can you break this 1,000 yen bill for me?

（吉川 1995:193 より）

これを，池上（1981）は，英語のような「する型言語」と日本語のような「なる型言語」があると指摘する。つまり日本語の授業では，言語によって表現の志向の違いがあり，日本語では強い要請がない限りは自動詞表現が好まれることまで含めて説明しなければ，学習者は日本語らしい表現を選んで用いることはできない。

もう少し詳しく説明する。寺村（1976）や池上（1981）によれば，日本語はナル的表現を好むとされる。例えば，以下の（2.89）から（2.91）である。

	《自動詞―ナル表現》	《他動詞―スル表現》
（2.89）	お茶が入ったよ。	お茶を入れたよ。
（2.90）	お風呂が沸いた。	お風呂を沸かした。
（2.91）	大学進学が決まりました。	大学進学を決めました。

（2.89）から（2.91）の自動詞文，他動詞文の対立のうち，特に「働きかけ手」を取り立てて明らかにする必要のない文脈では，日本語では，自動詞文が用いられる。これを他動詞文で表す場合，「私がやった」とか，「間違いなくやった」

というニュアンスが生じる。他動詞文が用いられるのは，あえて「働きかけ手」，「行為」を明らかに示さなければならない積極的動機が必要である。

このように，話者の視点は自由に選択できるというわけではなく，日本語では普通は「働きかけ手」を明示しない自動詞文が優先されて用いられるが，どうしても「働きかけ手」や「働きかけ」を明示する必要がある状況，すなわち，「働きかけ手」が誰なのかを伝えることが必要な状況，あるいは，「働きかけ」を行ったことを伝えることが必要な状況では，他動詞文が用いられるとまとめられる。

4-2. 視点で説明できる非典型的自動詞表現・他動詞表現

非典型的な自動詞文，他動詞文と考えられる結果可能構文（張 1994a,1994b, 1998）のような構文，状態変化主体の他動詞文（天野 1987）も，視点の概念を用いて説明することが可能である。以下では，それらを順に見ていきたい。

4-2-1. 視点で説明できる非典型的自動詞表現

張（1994a, 1994b, 1998）で指摘されるように，日本語では可能を表す文法形式を用いずに無標の形で「可能」の意味を表すことがある[22]。このとき，対のある自動詞文が用いられることが多い。例えば，以下のような例がある。

(2.92) 血管が細くて，針が入らない。
(2.93) 参加者同士がお互いの意見を理解しようと心がければ，会議はうまく進む。

これらの自動詞文は，張（1994a, 1994b, 1998）では「結果可能」と呼ばれ，動作主の意図したある事態，状態変化の実現が動作，行為によって結果的に達成可能なことを表す。

一方，次に示すように（2.92），（2.93）を他動詞で置き換えた文はもとの意

22 張 (1994a, 1994b, 1998) では，他動詞も無標の形で「結果可能」の意味を表すとされる。しかし，自動詞で表される結果可能は，可能の形式をさらに付加して用いることができないことから，より分類基準を厳密にした場合，他動詞の結果可能とは別のものであると考えられるだろう。

味を保つことができない。

(2.92)'　？血管が細くて，針を入(い)れない。
(2.93)'　？参加者同士がお互いの意見を理解しようと心がければ，会議をうまく進める。

置き換えが不可能なのは，「可能」の意味を無標の他動詞文が持たないためである。しかし，(2.92)"，(2.93)" のように他動詞の可能形を用いれば，(2.92)，(2.93) の自動詞文に近い意味内容を表すことができる。

(2.92)"　血管が細くて，針を入(い)れられない。
(2.93)"　参加者同士がお互いの意見を理解しようと心がければ，会議をうまく進められる。

張（1994a, 1994b, 1998）は，結果可能表現に欠くことができない意味素性として二つの条件が挙げられている。

（条件 1）動作主が意図したことは動作，行為の実現ではなく，事態または状態変化の成立であるということ
（条件 2）事態，状態変化が成立するかどうかは動作，作用の結果という視点で捉えられるということ

条件 1 に「意図」という用語が使われている通り，結果可能の表現の「働きかけ手」は有情物である。よって，「結果可能」を表す文には，対のある自動詞が最適であるとされる（張 1994a)。それは，対のある自動詞文が持つ意味によるものである。すなわち対のある自動詞は，他動詞で表される意図的動作による変化に視点を置き，変化が成立したことを含意する。その意図的動作の成立は，他動詞の主体が意図を持って行った，動作，作用の結果としての状態変化という目標の成就を表すので，それが可能に近い意味を持つようになったのだろうと思われる。

4-2-2. 視点で説明できる非典型的他動詞表現

他動詞文の中には，主体が積極的，直接的な働きかけをするのではなく，間接的な関与をすることを表すものがある。天野（1987）では，これらを「状態変化主体の他動詞文」と呼ぶ。この「経験者」[23] が主体となる他動詞文の中には，事態に直接関わる「引き起こし手」である場合と，「引き起こし手」ではない場合があるとされる。

(2.94) a　ジョンは思わず手をついて，窓を壊した。（他動詞文）
　　　 b　太郎はうっかりコーヒーをこぼした。（他動詞文）
(2.95) a　私は洪水で愛車を流してしまった。（他動詞文）
　　　 b　黒田選手は整体師の間違った施術で肘を壊した。（他動詞文）

(2.94)，(2.95) の経験者はいずれも，ある出来事に関わりを持ったり経験したりしている。そのうち，(2.94) a，b は，意図的ではないものの事態を直接に引き起こした「引き起こし手」である。例えば，(2.94) a では，「ジョン」は意図的に窓を壊そうと思って「壊す」動きをしたわけではないが，「壊れる」という変化の引き金となる，手をつくという動きをしている。b でも，「太郎」は意図的にコーヒーをこぼそうと思って，「こぼす」動きをしたわけではないが，「こぼれる」という変化の引き金となる動きをしている。(2.94) a，b のような意図的ではないものの，事態を直接に引き起こした「引き起こし手」である経験者主体の他動詞文は，彭（1990）では，過失的な動作の結果を表し，構文的には過失的動作主をガ格名詞とする「マイナスの意味の他動詞文」と呼ばれる。次の (2.96) もその例である。

(2.96) 私は昨日，財布をなくした。

彭（1990）によれば，この構文の特徴は主体が意図的ではないが動作主であること，事態が成立するための責任者であることであるとされる。「自責の表現」

23　井上（1976：37-38）では，経験者格とはある行為または出来事に関わり合いを持つ，あるいは経験する有生名詞句の格であるとされる。

であり，意味的には失敗を表す行為で，後悔の念が働いていると指摘されている。(2.97) のような例もある。

(2.97) (花瓶にぶつかって，それが落下したことをつげる)
花瓶を落としました。ごめんなさい。

これを自動詞文で表現すると，(2.97)' のように無責任に聞こえることがある。

(2.97)'　？花瓶が落ちました。ごめんなさい。

これは，(2.97) のように他動詞文を用いて「働きかけ手」に注目することにより，自らの事態への関与を積極的に表すことができ，責任の所在が明らかになるからだと考えられる。日本語では，概して自分の責任である事態が起こった場合，他動詞を用いて表す傾向がある。このとき，主体は「意図的な動作」ではなく，事態に親密に関わった「経験者」として，主格に立っている。このような「自責の表現」は，天野（1987）の「経験者主体の他動詞文」の一種である。

ここで，自責ではなく，他者の責任を表した文を見てみたい。

(2.98) A: ごめんなさい。借りていたパソコンが…。
B: ？壊しましたか。

(2.98) では，B が A のことを責めているような印象を与える。すなわち，他動詞文を用いて「働きかけ手」に注目する表現をすると，主語で表された人物の事態への関与を積極的に表すことになり，その結果，他者の責任を糾弾するようなニュアンスになるということである。日本語では，このように他者の責任を表す文では，自動詞を用いて表す傾向がある。

話を「状態変化主体の他動詞文」に戻す。先の（2.95）a，b は，経験者が事態の「引き起こし手」ではない場合である。これらの表現は，自動詞文をもとにし，自動詞文で表された事態と関わる主体を継ぎ足すことで，他動詞文が成立していると考えられる。天野（1987）の指摘する次の（2.99）は，「経験者主体の他動詞文」ではあるが，ガ格名詞が直接的な引き起こし手ではない。(2.99) a，b は他動詞文でありながら，「私たち」が火をつけて家財道具を「焼いた」わけでも，「勇二」が力を込めて前歯を「折った」わけでもない。つまり，主体である「私たち」，「勇二」が「家財道具を焼く」，「前歯を折る」という事態の引き起こし手ではない。むしろ，ヲ格名詞をガ格成分にした自動詞文（2.99）a'，b' と似た意味を表す。

(2.99) a　私たちは空襲で家財道具を焼いてしまった。（他動詞文）
　　　 a'　私たちは空襲で家財道具が焼けてしまった。（自動詞文）
　　　 b　勇二は教師に殴られて前歯を折った。（他動詞文）
　　　 b'　勇二は教師に殴られて前歯が折れた。（自動詞文）
（天野 1987 より）

天野（1987:5）では，「経験者主体の他動詞文」の中でも（2.99）a，b のように，ガ格が引き起こし手ではなく，他者の力によってある状態へ変化する主体を表す他動詞文を「状態変化主体の他動詞文」と呼んでいる。天野によれば，「状態変化主体の他動詞文」を作る条件は二つあり，一つ目は他動詞が主体の動きと客体の変化を同時に表すものであるということである。つまり，多くの有対他動詞がこの意味的条件を満たす。二つ目は，「状態変化主体の他動詞文」のガ格名詞とヲ格名詞は，典型的には全体部分の関係にあるということである。「全体部分の関係」とは，「ガ格名詞⊃ヲ格名詞」という関係であり，広義の包含関係にある。例えば，(2.99) a は家財道具が主体「私」の所有物である。(2.99) b は「前歯」が主体の体の一部が客体に来ている。このうち（2.99）b のような「体全体，あるいはその一部分」を客体とする他動詞文は，彭（1990）では「身体表現の他動詞文」と呼ばれる。例えば，有対他動詞「折る」，「切る」などは，拷問などではない通常の文脈では他動詞で非意図的な事態を表す。

(2.100) a　私は骨を折った。
　　　　a'　骨が折れた。

b　私は指を切った。
b’指が切れた。

（2.100）a, b は，この他動詞文のヲ格名詞をガ格成分にした自動詞文（2.100）a’，b’と似た意味を表す。ところが，経験者を主体とする他動詞文の一種である身体表現の他動詞文でも，対応する自動詞文で表現すると非文法的になる場合がある（彭 1990）。

（2.101）a　私は食中毒でお腹を壊した。（他動詞文）
b *私は食中毒でお腹が壊れた。（自動詞文）

（2.100）a’, b’の自動詞文「骨が折れた」,「指が切れた」とは異なり,（2.101）b の「お腹が壊れた」は非文である。このように，同じように身体表現であっても自動詞文，他動詞文の両方で表現できる場合と，他動詞文でしか表現できない場合がある。自動詞文，他動詞文の対応関係には，語によって違いが生じることが分かる。

さて話をもとに戻すと，天野（1987）によれば，「状態変化主体の他動詞文」は（2.102）のように状態変化主体の他動詞文のガ格名詞とヲ格名詞は全体部分の関係にあることが典型であったが，（2.103）のように「（主体）が（客体）を持つ」と言えれば状態変化主体の他動詞文は成立する。

（2.102）私は，戦争で妻を亡くした。
（2.103）私は，戦争で友人を亡くした。
私は友人を持つ。
（2.104）* 私は，戦争で友人の兄を亡くした。
* 私は友人の兄を持つ。

（2.103）のように，事象の成立に主体の直接関与がなくても，話者が「主体は何かしらの影響を受けた」と感じれば他動詞文で表すことができる。そして，この場合，事象を表す舞台上に，影響を与える使役主の存在が立ち現れ，そこまで広げたカメラアングルが取られるため，他動詞文が用いられるというように，視点という概念を用いた説明ができる。

彭（1990）でもまた，このような他動詞文は自らの不注意，過失で招いた結果で自分が苦しむような意味があるとし，そのときの客体は主体にとって価値の高いもの，所有物，欠かせないものであると指摘している[24]。

「私は昨年妻をなくした。」という表現について，彭（1990）は中国人留学生30名にアンケートを行った結果，22名が「なくした」を「殺した」と理解し，8名が「理解できない」と答えたという。意図的な他動詞が非意図的な意味を持つ「状態変化主体の他動詞文」は学習者にとって理解が難しいということであろう。

さらに問題を複雑にするのは，ここでも自動詞文，他動詞文の対応関係には語による違いが生じるこということである。「状態変化主体の他動詞文」を作る条件，すなわち他動詞が主体の動きと客体の変化を同時に表すものであり，かつ状態変化主体の他動詞文のガ格名詞とヲ格名詞は全体部分の関係にあり，かつ話者が「主体は何かしらの影響を受けた」と感じているという意味的条件を全て満たす場合であっても，必ず「状態変化主体の他動詞文」が成立するというわけではない。例えば，次の例である。

（2.105）a *私は妻を倒した。（他動詞文）
　　　　 b 　私は妻が倒れた。（自動詞文）

（2.105）a の他動詞文は，主体「私」が，妻が倒れたことにどれだけ責任を感じ，影響を受けたと考えていても成立しない。

4-2-3. 視点では説明できない表現

以上見てきたように，自動詞，他動詞を取り巻く現象のうち，いくつかのも

24　状態変化主体の他動詞文は益岡（1987）の挙げる昇格受動文のうちの「受影受動文」に近いもので，主体は客体の変化によって，物理的，心理的に影響を受けるものである。「影響を受ける」ということは直接に影響を受ける客体と間接的に影響を受ける主体とに強い結びつきといった関係がなければならない。その一つが「ガ格名詞⊃ヲ格名詞」という広義の包含関係なのであろう。

のは視点の概念を用いれば説明できることが分かった。しかし，「状態変化主体の他動詞文」の（2.105）a「* 私は妻を倒した」や，身体表現の説明で挙げた（2.101）b「* 私は食中毒でお腹が壊れた」が非文になる理由は，視点という概念から説明することは不可能である。同じように，対のある自動詞，他動詞の対応が構文として成り立たない例は他にも多くある。

(2.106)　*木が切れたから明るいですね。
(2.107)　*しまった，単位が落ちた。
(2.108)　?(話に夢中になってしまい）スープを冷やして，ごめんね。

（2.106）は窓を覆っていた木を誰かが切ったので，明るくなったときの発話である。木を切ったという動作や，誰が切ったかということよりも，木がなくなったという「変化」によって明るくなった，ということが言いたいのであれば，視点の説明によると，自動詞文が用いられるはずである。しかし，この場合は「木を切ったから明るいですね」のように他動詞文で言わなければならない。(2.107) は，「単位を落とす」という文に対応する自動詞文である。このようなマイナスの意味を持ち，それに関する自らの責任を表すときは，普通，他動詞文「単位を落とす」が用いられる。しかし，「窓が壊れた」，「コーヒーがこぼれた」のような自動詞文が存在し，そこに経験者が付与される構造になっているものと異なり，この自動詞文（2.107）は非文であり，どんなときでも「単位が落ちる」と表現することはできない。(2.108）はスープが冷えた責任は自分にあるということを表現している。自分の責任に言及するときには，先ほど見たように，「経験者主体の他動詞文」が用いられるはずだが，実際は，「冷やした」という他動詞文を使うと，わざわざ冷やしたような印象を与え，非文になる。このように，各構文が成立するかどうかは，対のある自動詞，他動詞の語ごとの性質によって異なる。

第５節　まとめ

第２章では，自動詞，他動詞の定義を挙げ，次に本研究が対象とする「対のある自動詞」，「対のある他動詞」の定義を行い，対のある自動詞，他動詞の形態的，統語的，意味的特徴をまとめ，ヴォイス表現の一つとしての自動詞，他動詞の位置を確認した。さらに視点という概念を用いて説明を行った。

第1章で紹介した日本語教師へのインタビューで得られた指摘を再掲すると，(1) 自動詞，他動詞は使い方が複雑，抽象的でよく分からない，(2) 動詞数が多く，記憶をする際の負担になる，(3) 学習していない意味，用法があることもあり，もし学習しても他の文法項目との相違点などで混乱する，という3点が対のある自動詞，他動詞の言語知識に関する問題であった。

これらの問題に関して，日本語教育における教授，学習で解決することがなぜ難しいのか，言語学的特徴から分かったことをまとめると，自動詞，他動詞はすっきりと二分して整理されるわけではなく，語によって，用法によって，様々な特徴が複雑に絡まっていること，そして，その語ごとの特徴によって，構文として成り立つかどうかが決まることが示された。対のある自動詞，他動詞の文法的な特徴を概観したことで，自動詞，他動詞の典型的な説明に合わない現象も多く，それが学習者にとっても，教師にとっても自動詞，他動詞の理解を難しくしていることが指摘できた。

次章からは，学習者側の要因に目を向け，日本語学習者による対のある自動詞，他動詞の習得状況を明らかにする。そのために，まず第3章では，日本語の対のある自動詞，他動詞に関する第二言語習得研究の先行研究に触れる。

第３章　対のある自動詞・他動詞に関する第二言語習得研究の動向と課題

第１節　はじめに

すでに述べたように，対のある自動詞，他動詞は学習者にとって習得が難しい項目とされる（長沢 1995，小林 1996，市川 1997 など）。日本語教育では初級レベルで学ばれる文法項目であるものの，中級，上級レベルの学習者であっても誤用が見られる。例えば，次のような誤用である。

(3.1)　*肉をフライパンに入ります。（英語母語話者・中級）[1]

(3.2)　[発表の前に] *それでは，始まります。（中国語母語話者・上級）

(3.3)　[ゼミの日程調整のとき] *月曜日は集めませんね。

（中国語母語話者・上級）

（第１章例文 1.1 から 1.3 再掲）

日本語の対のある自動詞，他動詞に関する第二言語習得研究を整理するために，第３章では，まずは文法をテーマにした第二言語習得研究の変遷を概観し，それに沿う形で日本語の対のある自動詞，他動詞に関する第二言語習得研究の主要な成果をまとめ，残された課題を明らかにする。

第２節　第二言語習得研究の変遷

第二言語習得研究の歴史は比較的新しい。1940 年代に始まった対照分析（contrastive analysis）による初期の研究では，学習者の母語と目標言語の言語的違いを明らかにすることで学習者の誤用や困難点が予測できると考えられていた。この予測は，ある第二言語を習得する際に，母語の違いによって学習者が直面する困難さに違いがあるという実際の観察に基づくものである（JACET SLA 研究会 2005）。第二言語習得における困難な部分は，母語と第二言語として学ばれる目標言語との言語的なずれに求められた。これが，対照分析仮説（Contrastive Analysis Hypothesis）である。対照分析仮説では，学

1　格関係の正しくない誤用，文脈が不適切な使用に対して記号を分けずにいずれも * で示す。

習とは習慣形成であると規定する行動主義心理学の影響を受け，第一言語からの負の転移，正の転移が第二言語習得に大きな影響を与えると考えられた。そのため，二つの言語の共通点と相違点を明らかにすることが重要な研究課題であった。

しかし1960年代の後半には，言語間にずれがあってもそれが学習者にとって実際に困難である場合とそうではない場合があることが明らかになった。実際に困難な例として，例えば日本語母語話者にとっての英語の可算名詞，不可算名詞の区別が挙げられよう。“problem” は数えられるのか，“solution” は数えられるのかというように，上級であっても英語の可算名詞と不可算名詞を辞書や用例に頼ることなく正しく区別することは日本語母語話者にとって難しい。一方，言語間のずれはあるものの実際には困難ではない例として，主語の省略がある。日本語は文脈上明らかな場合は主語を省略することが多い言語である[2]が，日本語の「図書館に行きます。」という文を英語にしたとき，“＊go library.” とするような日本語母語話者の誤用はほとんど見られないだろう。このことから，母語と第二言語とのずれという要因のみでは，第二言語習得の難しさを正しく予測できないことが研究者の間で共通の見解となってきた。

次に脚光を浴びたのが誤用分析（error analysis）である。誤用分析では，言語間の対照分析による困難点の予測ではなく，第二言語学習者の言語運用に見られる誤用を抽出して，それを記述したり分類したりする方法で分析を行う。このきっかけとなったのは，Corder（1967）である。この研究によって，それまでの第二言語学習において避けられるべきと考えられてきた誤用は，教師にとって，学習者にとって，研究者にとって，それぞれに効用を持つことが指摘された。この外国語学習における誤用観の変化は，その後の第二言語習得研究の発展につながり，今もなお大きな影響力を及ぼしている。1970年代から80年代初頭に盛んに行われた誤用分析によって，誤用は母語からの転移による誤用と発達上の誤用に二分された。前者の誤用は，これまでに行われてきていた対照分析の結果から予測された通りに生じた誤用である。一方，後者の誤用は，学習者の母語を問わずに生じる普遍的な誤用である。誤用分析を通して，学習者の誤用の中には学習者の母語の違いを超えた規則性があることが分

2　寺村（1976）でも指摘される。

かってきた。

ところが，誤用分析にも不十分な点があることが明らかになってきた。誤用を抽出するという分析方法では，学習者が多く用いる語や文法項目はそれだけ誤用数も増える。一方，あまり使用されない語や文法項目は，使用されないがゆえに誤用数も少なくなる。その結果，多く使用される言語項目ほど誤用数が多くなり，その言語項目は習得が難しいという奇妙な結論になってしまう。日本語の場合，例えば助詞の「に」と「で」の誤用は多いが，それは，助詞はその他の品詞に比べて特定の語が使用される回数が多いため，誤用が目立ってしまうということかもしれない。このことから，誤用数だけではなく，全体の使用数の中で誤用がどれくらいの割合で出現するのか，全体の使用を分析対象とし，その中での使用数と誤答数の関係を分析する必要があることが分かる。また，様々な誤用の陰に隠れている現象として，苦手な項目の使用を避ける回避（avoidance）という方略を学習者が取る（Schachter 1974）ことにも留意しなければならない。回避は誤用となって出現しないが，出現しないからと言ってその言語項目を習得できているとは言えるわけではない。これもまた誤用分析の手法では捉えられない点として指摘できる。

このように，誤用分析は，ある時点で学習者が持つ言語体系の全体像を把握することができないこと，さらには発達論的な見方を欠くために，学習者が言語体系を修正しながら学習を進めていく過程が捉えられないことが欠点となる（渋谷 1988）。このような問題点が明らかになると，誤用だけを取り出して分析していては，学習者に内在する能動的，動的な言語システムを捉えることはできないという問題意識が次第に共有され始めた。その結果，誤用と正用をまずは区別せずに，全体の使用をすべて取り出し，そこに表れる学習者の持つ能動的，動的な言語システムを予測する研究が行われることになった。それが中間言語研究である。

誤用の分析から言語体系の分析へという研究の観点の移行には，心理学における学習観の変遷の影響が大きいだろう。学習とは習慣形成であると規定する行動主義心理学から離れ，学習とは能動的な知識の再構築であると規定する認知心理学に基づいて学習観が規定され直すとともに，第二言語習得研究の関心，およびそれに伴う方法論も移っていったようである。認知心理学が規定するように，学習者がインプットから仮説を再構築し続ける主体的な存在であるならば，学習者の頭の中で起こっている仮説の再構築のされ方を明らかにしなければならない。さらには，それをもとにどのようなアウトプットがされるのか，使用される言語体系の全体を観察対象とする必要がある。

学習者の持つ能動的，動的な言語システムである中間言語（interlanguage）は，学習者が用いる言語発達途上の言語体系であり，第一言語の体系でも目標言語の体系でもなく，その中間に位置する学習者独自の体系と定義される(Sekinker 1972)。この定義に従えば，中間言語は次のような四つの特徴を持つと考えられる。まず，(1) 学習者の第一言語の言語体系ではなく，(2) 目標言語の言語体系そのものでもないということである。そして，(3) それはある程度の規則性を持ち，(4) その規則はある程度の継続性を持つ。

第一の特徴に関して，学習者は目標言語を目指して言語運用しているのであるから，使用される言語はどんなに初学者であっても，学習者の第一言語の言語体系ではないというのは予想通りである。それに加えて，学習者が目標言語を発達させる際にアクセスする既有情報は，必ずしも第一言語に限らないことをこの特徴は示しているだろう。第二の特徴に関しては，中間言語が言語発達途上の言語体系であるならば，その途上の言語体系が目標言語の言語体系と同一ではないことは自明である。さて，第三の特徴，第四の特徴を考えるために，先ほど紹介した認知心理学的な学習のしくみをもう一度見てみたい。20 世紀後半から，心理学における学習者観は受動的な存在から能動的な存在として捉え直されることになった。そうして，学習の際，学習者の中で起こっているのは，単なる断片的な知識の絶え間ない蓄積ではなく，取り込まれた情報と既存の情報との関係を整理し，知識の再構築が行われると考えられるようになった。つまり，中間言語の体系には，取り込まれた情報と既存の情報との関係を学習者が意識的，無意識的に整理し，知識の再構築が行われた結果が見られると考えられる。学習者は言語学習を続けている限り，常に言語発達の過程にある。学習者が目標言語のインプットに出会い，それを自らの知識体系に取り込む過程で意識的，無意識的に規則化を行うのであれば，必ずしも目標言語の体系に沿うものではないが，それでも一貫した規則性を持つ可能性がある。さらに，学習者の用いる規則は，現在の能力で処理するために作られた暫定的な，言い換えれば「とりあえずの」規則であるため，言語発達が進み，言語処理能力が向上すれば，より目標言語の規則に近いものに置き換えられると考えられる。このため，第四の特徴のように，ある程度継続性があるが，いつまでもその規則が持続されるとは限らないという特徴を持つ。この更新されるべき規則が見直されることなく，言語習慣的に固定してしまった場合が化石化（fossilization），あるいは停滞化（stabilization）の状態であると考えることができるだろう。

ここで，議論を第二言語としての日本語の習得研究に移す。日本語の第二言語習得研究は1970年代後半に萌芽的な段階が見られる。この時期の第二言語習得研究の手法は誤用分析によるもので，学習者の誤用を収集して記述する研究が外国語教育の現場をフィールドにした語学教師の研究を主力にして活発に行われた。

日本語教育学，日本語学の分野に貴重なデータを提供することになった日本語の誤用分析は二つの異なる目的を持つ。一つ目の目的は，外国語教授のための教材，指導方法の開発に誤用分析の結果を利用しようとする方向で，もう一つの目的は，誤用分析を日本語の文法体系の解明に活用しようとする方向である（渋谷 1988）。収集された学習者の誤用の資料は，前者では教材論，指導方法の改善を目指す日本語教育学研究，後者では対照言語学，日本語文法研究の分野で重要なリソースとなってきた。

そのうち，前者を目的とする第二言語習得研究は，本研究が立脚するものであり，学習者の言語体系の全体像を明らかにすることが目指されている。第二言語習得研究の大きな目標の一つは，第二言語学習者の産出した言語資料，それぞれの過程の変化自体の記述ではなく，そこに現れる学習者独自の言語のメカニズムを解明することにあるとされる（迫田 1998:6）。

学習者独自の言語のメカニズムを明らかにした研究として，代表的なものに迫田（1998），迫田（2001）がある。迫田（1998）は日本語の指示詞について，学習者の母語の指示詞体系が二項対立か，三項対立かに関係なく，中級レベルの日本語学習者が指示詞を用いる際に，「先生」，「人」などの具体名詞にはア系指示詞，「こと」，「感じ」などの抽象名詞にはソ系指示詞が共起する使用パターンが見られることを指摘している。また迫田（2001）は，中級レベルの学習者が場所を表す格助詞「に」，「で」を用いる際に，「中」，「前」などの位置を表す名詞は「に」と共に用い,「東京」,「食堂」などの地名や建物を表す名詞は「で」と共に用いる使用パターンが見られることを明らかにしている。このような使用のされ方は,迫田によれば言語処理のストラテジーであるとされ,学習者がある形態素や語と,その前の意味の分かる語とを結びつけて,固まりとして覚えてしまうことに起因するのではないかと考察されている。学習者の言語体系には,母語と目標言語の持つ規則のどちらでもない独自の規則が働いている可能性があり,これらの研究はそれを実証的に捉えている。

学習者独自の言語システムとは,言語習得の枠を超えた,ヒトの学習に関わる一般化,合理化のシステムと言えるかもしれない。門田(2010)は,心理言語学的な観点から行われる第二言語習得研究を提唱し,その最終目的は,学習者の言語を記述するだけではなく,学習者の内的な処理プロセス,学習プロセスのモデル化することであると位置づけている。この学習者の第二言語処理・学習モデルは,習熟度を変数とした発達モデルであり,普遍的なモデルではなく,言語発達に伴って常に変化していく可変的なものであると捉えられている。

ここから立ち戻って考えると,迫田(1998, 2001)で指摘された中級学習者の指示詞,場所を表す助詞「に」と「で」の興味深い使われ方はいずれも,学習者が日本語のインプットを受ける中で,そのときに持つ内的な処理プロセス,学習プロセスにおいて構築した,目標言語とも母語とも違う学習者言語の独自の規則であると捉えることができる。

迫田(1998, 2001)で指摘されたような,学習者独自の規則は学習者の言語システムのうちのごく一部の限られた部分に見られるのか。それとも,もっと多くの言語項目にも,例えば,その一つとして日本語の対のある自動詞,他動詞の習得についてもそのような規則が働くのだろうか。それについては,第4章から第6章で明らかにする。

さて,ここまでにまとめた第二言語習得研究の変遷を辿るようにして,第3節では日本語の対のある自動詞,他動詞に関するこれまでの第二言語習得研究に焦点化して主要な成果をまとめ,今後このテーマに関する研究がどのように進展していくべきかという方向を示す。

第３節　対のある自動詞・他動詞に関する第二言語習得研究の動向

日本語の自動詞，他動詞は使役，敬語と並び，第二言語学習者にとって習得の難しい項目であると言われる（長沢 1995）。これまでの日本語の自動詞，他動詞の習得研究は大きく分けて，誤用分析による研究（青木 1980，顧 1981，森田 1981，市川 1997）と目標言語の文法規則に関するテストの正答率を指標として，学習者が規則をどれくらい正しく習得できているかを明らかにする研究（守屋 1994，小林 1996，岡崎・張 1998，Morita 2004）に分けられる[3]。

まず，誤用分析による研究を見る。主に作文資料から学習者の誤用が広く集められた資料に市川（1997）がある。市川は誤用を以下のように分類している。

（3.4）対のある自動詞・他動詞の誤用の種類

①語レベルの誤用

（例）*意見が二つに分けている。

②構文レベルの誤用

（例）*私は手紙を書くとき，涙を出します。

（市川 1997 より）

市川（1997）の分類では，格助詞と自動詞，他動詞の対応が正確かどうかで，対のある自動詞，他動詞[4]の誤用を語レベルの誤用と構文レベルの誤用に分けている。まず語レベルの誤用とは，格助詞を間違えたのか，動詞を間違えたのかは分からないが格助詞と動詞が適切に結びついていない誤用である。すなわち，目的格であるヲ格と自動詞が一緒に用いられたり，他動詞が目的格であるヲ格を取らずに用いられたりする。たとえば，上記の「意見が二つに分けている。」という例では，他動詞がヲ格を取らずに用いられている。一方，構文レ

3　これ以外に，自動詞に関する第二言語習得研究に Hirakawa（2001）がある。これは，Levin & Rappaport Hovav（1995）や影山（1996）で論じられる非対格性（unaccusativity）の立証を目指したもので，二種類の自動詞，すなわち非対格自動詞（例：風が吹く，木が植わる）と非能格自動詞（例：太郎が走る，花子が笑う）で習得のしやすさは異なるかどうかを明らかにすることを目的としたものである。これは，対のある自他動詞の習得を見た本研究とは分析の対象が異なるものであると考えられるので，詳しく扱わなかった。

4　市川（1997）は相対自動詞，相対他動詞という用語を使用している。

ベルの誤用とは，格助詞と動詞が適切に結びついているが文脈に合わない誤用である。

市川(1997)は，学習者がどんな誤用をするのか参照する際に役立つ有意義な資料である。しかし，誤用辞典という性格上，誤用だけが抜き出されていて，前後の文脈がないため，学習者の表現意図が明らかにならない場合があることには注意するべきである。例えば，先の「意見が二つに分けている。」という誤用は，動詞を間違えたのか，それとも他動詞文で「意見を二つに分けている」と言いたかったのに助詞を間違えたのかは，文脈の助けがなければ特定できない。さらに，自動詞，他動詞を取り違えたと考えられる場合には，その理由として，学習者が「分ける」が自動詞か，他動詞か混乱したというように，動詞対のうちのどちらが自動詞か他動詞か分らなかった場合や，「分ける」→「分けて」のような動詞の活用が正確でなかった場合，「分（わ）く」→「分ける」のように，そもそも辞書形が不正確で，受動形や可能の形がうまくできなかった場合などが考えられる。このように，誤用だけに着目する誤用分析の結果だけでは，誤用の原因や誤用の生じたプロセスは十分に明らかにすることができない。

市川（1997）でもう一つ着目すべき点は，例えば（3.5）のように、学習者は自動詞の否定をなかなか作れないとする指摘である。

(3.5)　*このコップは落としても，割られない。（中国，学習歴半年～１年）
　　　*この荷物は重たくて，動けない。（中国，学習歴半年～１年）

（3.5）の文はいずれも，自動詞か，他動詞の可能形で置き換えられる。

(3.5)' このコップは落としても，割れない。　（自動詞）
　　　このコップは落としても，割れない。　（他動詞の可能形）
　　　この荷物は重たくて，動かない。　（自動詞）
　　　この荷物は重たくて，動かせない。（他動詞の可能形）

第２章で扱ったように，自動詞は可能の意味を含意する結果可能と呼ばれる用法を持つ[5]。張（2001）は，中国語を母語とする学習者は日本語では結果可能の用法で無標形式で可能の意味を表す状況で，中国語では可能表現を用いるので，学習者が無標の形式ではなく，「〜れる／られる」，「〜（ことが）できる」などの可能形式を付加してしまうケースがあることを指摘している。例えば，次の例である。

（3.6）＊注射もしましたし薬も飲みましたが，それでも体温は下がることができません。

（張 2001:105 より）

「体温が下がる」という無標の自動詞文が可能の意味を表すという用法は日本語教育では指導されることが少なく，その用法を教師や学習者が知らないがゆえに誤用につながることがまずは考えられる。それと同時に気を付けておく必要があるのは，その用法を教えたとしても，それぞれの動詞対についてどちらが自動詞なのか判断して使用できなければ誤用は生じるということである。誤用の原因としてはこの他にも，自動詞のナイ形「割れない」，「動かない」を正確に習得していないという形態の習得が不十分なことが原因である場合も考えられる。それとは別に，自動詞の結果可能の用法であっても，学習者が日常生活の中でよく聞く表現は，日本語環境に長く暮らす学習者の場合は状況に合わせてフレーズで覚えてしまい，用法を知らなくても正しく使用できる場合もあるだろう。このように，学習者の誤用には，複層的な原因が存在していると予想される。

さて次に，学習者の母語を絞って誤用分析を行った研究として英語を母語とする日本語学習者の誤用を扱った青木（1980），中国語を母語とする学習者の誤用を扱った顧（1981），韓国語を母語とする学習者の誤用を扱った森田（1981）を取り上げる。

青木（1980）では，英語を母語とする学習者の発話に出現する誤用が列挙されているが，その中に動詞の誤用例の一つとして自動詞，他動詞の誤用がある。

5　張（1994a, 1994b, 1998）。

(3.7)　*そんなに食べちゃおなかがこわしますよ。

（青木 1980:13 より）

青木（1980）は，英語を母語とする学習者の問題として対のある自動詞，他動詞に見られる格助詞「ガ」，「ヲ」の混同があると指摘している。

顧（1981）では，中国語を母語とする学習者の作文，会話，翻訳文に表れた誤用のうち，動詞の誤用例の一つに「自動詞，他動詞の混同に関する誤用」があるとして，自動詞，他動詞の誤用を挙げている。

(3.8)　*このことは誰がきまったんですか。
　　　*何服かの漢方薬を飲んだら，病気はすっかりなおした。
　　　*ほとんどすべての家庭に電灯がつけています。
　　　*個人の前途をはっきり見えた。

（顧 1981:59 より）

顧は，中国人学習者にとって日本語の自動詞，他動詞を使いこなすことが難しい原因は，中国語と日本語の言語的な性質の違いにあると説明している。中国語は動詞の後に目的語が続く文は他動詞，目的語が続かない文は自動詞と決められるのに対し，日本語では格関係を示す助詞があり，さらに自動詞と他動詞には形態の区別がある。よって，中国人学習者にとっては日本語の自動詞，他動詞を区別し，使いこなすことが難しいと指摘している。

森田（1981）では，韓国語を母語とする学習者の作文に表れた誤用のうち，動詞の誤用例の一つとして自動詞，他動詞の誤用を挙げている。

(3.9)　*お互（ママ）に，力を集まって努力する。
　　　*私たちは，海辺に荷物をおいて疲れた体を休みました。
　　　*漢字が少ない文章では，かな文字がつづけていますから，どこが終わりかよく分りません。
　　　*今年の冬を，私の家であなたといっしょにすぎることを思うと，胸

がどきどきします。

（森田 1981:79 より）

これらの例について，韓国語では自動詞，他動詞が異なる語で表されるので，韓国語からの転移ではなく，日本語の自動詞，他動詞の区別を正確に覚えていないことに起因する誤りであろうと考察されている。

（3.7）から（3.9）の例が示すように，英語，中国語，韓国語を母語とする学習者の運用にはいずれも，市川（1997）で言う，語レベルの誤用，すなわち対のある自動詞，他動詞とその項の不一致に関する誤用が見られる。しかし，その誤用の原因に関する記述は研究によって様々で，日本語と異なって多くの自動詞，他動詞が同形である中国語，英語では，日本語と言語の性質の違いがあるので，格助詞の区別，あるいは自動詞，他動詞の区別の難しさがあると説明される。一方日本語と同じく多くの自動詞，他動詞が異形である韓国語では，自動詞，他動詞の誤用は，自動詞，他動詞を正確に記憶していないことが原因であると説明されている。以上の研究が指摘する誤用の原因は異なるが，見られるのはいずれも，対のある自動詞，他動詞とその格助詞の不一致という形になって表れる誤用である。

対照言語学においては，各言語での自動詞，他動詞の用いられ方を対照し，その異同を明らかにすることで誤用の原因が予測されるが，一つの言語を母語とする学習者の運用を観察するだけでは，その原因が言語転移によるものであるかどうかは明らかにならない。奥野（2005）では，言語転移に関する日本語の第二言語習得研究 47 篇（1990 年代の研究）について調査の手続きをまとめた結果，一言語のみの母語話者に限った研究 32 篇では，誤用の原因が言語転移であると結論づけられることが 27 篇（84.4%）と多いが，三つ以上の言語の母語話者を対象とする研究では，7 篇中 2 編となり，比較する言語が増えると言語転移と結論づけることに慎重になることが指摘されている。この指摘から，誤用の原因が言語転移かどうかを明らかにするためには，複数の母語を持つ学習者の運用を比較することで，そこに母語による違いが表れるどうかを明らかにするべきであることが分かる。

さて次は，日本語の対のある自動詞，他動詞に関する第二言語習得研究として，守屋（1994），小林（1996），岡崎・張（1998），Morita（2004）の四つの研究を取り上げる。

3-1. 守屋（1994）の研究

守屋（1994）は，自他習得の難しさが日本語の自動詞，他動詞のどのような用法上の特徴（使い分けの条件）に由来するのかを調べている。対象は，日本国内の高等教育機関で学ぶ初級，中級前半程度の学習者130名（中国語母語話者60名，韓国語母語話者49名，英語母語話者21名）である。調査の内容は，空欄補充（助詞と自動詞，他動詞の選択）とフォローアップインタビューである。空欄補充（助詞と自動詞，他動詞の選択）では，教師が読み上げるのを調査協力者が聞きながら，その場で回答を行うという方法であった[6]。表3-1に守屋（1994）が調査で用いた問題を示す。

表3-1. 調査票（守屋1994より）

～調査票：動詞の自他～
母語（第一言語）[　　　]語・学習機関名[　　　]大学[　　]年
レベル（現在所属のクラス名）[　　　]・日本国内での学習歴[　　]年
　♪[　　　]に「を／が」どちらかの助詞に○をつけて下さい。
　♪(　　　)内の動詞のよい方に○をつけて下さい。
　　（両方ともよいと思う場合は，2つに○をつけて，助詞と動詞を線で結んでください。）

例）　私の部屋からは，富士山[を／が]よく（見／見え）ます。
(1)　ドア[を／が]風でバタンと（閉めた／閉まった）。
(2)「きのうのパーティはどうでしたか？　たくさん人[を／が]（集め／集まり）ましたか？」「ええ，かなり来ましたよ」
(3)「何をしているの？」「みそ汁[を／が]（あたためて／あたたまって）いるの」

6　助詞部分，動詞部分がどのように読み上げられたかに関しては不明。

(4)「この時間じゃ授業はもう（始めて／始まって）いるな。ああ，今日も遅刻だ」
(5)「さっき３回もあなたに電話[を／が](かけて／かかって)きましたよ」
(6)「おや，メガネ[を／が]（かえ／かわり）ましたね。よくお似合いですよ」
(7)「テーブルにそのコップと皿[を／が]（ならべて／ならんで）ください」
(8)「もしもし，背中に何か（つけて／ついて）いますよ。とってあげましょう」
(9)「だれがこのカップ[を／が](割った／割れた)の？」「わかりません。私が見た時は，もう（割って／割れて）いたんです」
(10)「よく（冷やした／冷えた）ビールがありますよ。一杯，いかがです？」
(11)「髪[を／が]（のばし／のび）たから，カットに行かなければなりません」
(12)「うっかりさいふ[を／が]（落として／落ちて）しまってね，今日はお金が全然ないんだ」
(13)「君の読みたがっていた本，（見つけた／見つかった）？」「うん，図書館にあった」
(14)「そのＴシャツ，どうしてそんなに（汚して／汚れて）しまったの」
(15)　誕生日にきれいなバラがたくさん（とどけて／とどいて），大変うれしかった。
(16)（焼き肉店で）「さあ，（焼いた／焼けた）肉から，順番に召し上がって下さい」
(17)（バイクの後ろに乗る人に）「いいですか？　しっかり（つかまえて／つかまって）いて下さいよ」
(18)「井上先生の授業は休講だよ」「(助けた／助かった)！今日は予習してないんだ」
(19)「私の大切な物は去年の火事でみんな（燃やして／燃えて）しまいました」
(20)「卒論のテーマは？」「おかげさまで，やっと（決めました／決まりました)」

(21) そのボタンを押すと箱のふた [を／が]（開けて／開いて），中から人形 [を／が]（出して／出て）来ます。

(22) 疲れ [を／が]（とる／とれる）には，温泉に（いれて／はいって），全身 [を／が] よく（あたためて／あたたまって），たっぷり眠るのが一番。とにかく体 [を／が] 十分（休める／休まる）こと。そうすれば，疲れは必ず（とる／とれる）ものです。

(23) まずフライパン [を／が]（あたためて／あたたまって），油 [を／が]（いれたら／はいったら）卵 [を／が]（割って，割れて），フライパンに（いれます／はいります）。卵 [を／が]（やいたら／やけたら），皿に（のせて／のって），できあがりです。

集計結果は，自動詞文を選ぶべき問題（自動詞系），他動詞を選ぶべき問題（他動詞系），選択が自動詞文でも他動詞でも良い問題（自他動詞両用系）に分けて示されている。学習者の母語別に解答の傾向を分析した結果，自動詞系 (1)(2)(4)(5)(11)(13)(15)(16)(18)(20) のうち，(1)(2)(5)(11)(15) の項目では中国語母語話者が韓国語母語話者に比べてより多くの誤答をし，英語母語話者は，中国語母語話者と同じような誤用の傾向が見られるとしている。一方，他動詞系および自他動詞両用系は，中国語母語話者と韓国語母語話者で誤答の傾向に差が見られないと指摘している。以上の分析の結果から，守屋は，動詞の自他選択の難しさは自動詞選択の難しさであると結論づけ，自動詞選択は，用法によって連続的に難しくなるとしている。

守屋（1994）は，各動詞文についての結果を個別に示しており，動詞や用法による正答率の違いが分かりやすい。ただし，調査には 27 種類の自動詞，他動詞対が使用され，集計の際には動詞文ごとに誤答の傾向が示されているものの，分析の際には自動詞系，他動詞系，自動詞・他動詞系にまとめられ，項目別の正答数のばらつきが見えにくくなっている。例えば，(18)「助かった！」の正答者数は 130 名中 122 名と多い。この項目は「イベントが人為的に成立し，行為の主体が特定できるが，結果に視点が置かれる場合」であり，自動詞の用法の中では難しい用法であると思われるが，調査の結果では，正答率はきわめて高かった。守屋（1994:158）もこの正答率の高さについて，用法を理解しているというより，むしろ言い回しとして定着していると述べているように，使用のされ方はばらつきがあることを認識している。

守屋（1994）では，項目ごとに正答のばらつきが見られることから，自動詞，他動詞全体の正答数の平均を見るだけでなく，一つずつの項目についての使用のされ方も見ていく必要があることが分かる。また，守屋（1994）の調査方法は，二肢選択法であるので，選択肢が回答の際に手がかりになり，実際の運用のされ方を予測するものとは必ずしも言えないことにも注意しなければならない。

3-2. 小林（1996）の研究

小林（1996）は，小林・直井（1996）で得られた仮説を検証するために三つのテストを用いて行われた研究である[7]。調査の目的として，テスト１では，相対自動詞，相対他動詞を知っているか語彙，活用の正しさを見ること，テスト２では，活用の正しさおよび相対自動詞，相対他動詞を複文の中で適切に使えるか，特に行為の結果の状態を自動詞で表現できるかを見ること，テスト３では，アク，アケラレル，アケルなどが，具体的な談話の場面でどのように選択されるのかを見ることとしている。調査の方法は，テスト１が空欄補充（短文で自動詞，他動詞を補充），テスト２が空欄補充（複文で自動詞，他動詞を補充），テスト３が多肢選択（文脈に適切な表現を選択）であった[8]。

調査の対象は日本国内の高等教育機関で学ぶ中上級（600～700時間の学習歴）の様々な母語を持つ学習者26名である。テスト３に関しては，日本国内の高等教育機関で学ぶ中上級（600～700時間の学習歴）の様々な母語を持つ学習者63名と，オーストラリアの高等教育機関で学ぶ５名，合計68名に実施している。

7　もとになった小林・直井（1996）は，スペインの高等教育機関で学ぶスペイン語を母語とする学習者のべ12名に対する定期的なクイズの結果を分析したものである。

8　テスト３に関しては，比較群である日本語母語話者では自由記述の形式を用いている。

表 3-2. テスト 1- 単文の中での自動詞表現（小林 1996 より一部抜粋）

授業を始めた。授業が（　　　　　）
お金を集めた。お金が（　　　　　）
ひもを切った。ひもが（　　　　　）

表 3-3. テスト 2- 複文の中での結果表現（小林 1996 より一部抜粋）

火を消そうとしても，なかなか火は（　　　　　）
この棒はいくら曲げようとしても，なかなか（　　　　　）
お金を貯めようとしても，なかなか（　　　　　）

テスト 1，テスト 2 に関しては，相対自動詞，相対他動詞だけでなく，使役形，絶対他動詞なども混ぜて行っている。

表 3-4. テスト 3- アク，アケラレル，アケルの談話内での使用調査（小林 1996 より）

あなただったら，何と言いますか。一番自然な言い方を選んでください。

1．部屋に入ろうと思ったのですが，部屋の鍵が見つかりません。
鍵をなくしてしまったようです。
「困ったなあ，　1）ドアがあかない。
　　　　　　　　2）ドアをあけない。
　　　　　　　　3）ドアがあけられない。」

2．そこで，針金を鍵穴に入れて，開けようとしたのですが，
なかなか　1）あきません。
　　　　　2）あけません。
　　　　　3）あけられません。

３．それを見た隣の人が「どうしたんですか」と聞きました。
それで，答えました。
「実は，鍵をなくしたので，　１）ドアがあかないんです。
　　　　　　　　　　　　　　２）ドアをあけないんです。
　　　　　　　　　　　　　　３）ドアがあけられないんです。」
４．隣の人が「鍵ならありますよ。ここに落ちていました。これですか」と鍵を見せました。
「ええ，そうです。」（ガチャガチャと鍵を鍵穴に入れる）
「ああ，　１）あいた。
　　　　　２）あけた。
　　　　　３）あけられた。」

集計の結果，以下の表 3-5，表 3-6 のような結果を得ている。

表 3-5. テスト１，２の結果（小林 1996 より）

(n=26)

	A（正答率 80% 以上）	B（正答率 60% ～ 80% 未満）	C（正答率 60% 未満）
相対自動詞・他動詞の語彙力	15	8	3
活用の正確さ	12	8	6
自他選択の適切さ	8	7	11

表 3-6. 談話レベルでのアク・アケラレル・アケルの使用傾向母語別調査

（小林 1996 より）

（人）

		日本語話者 (n=15)	中国語話者 (n=25)	韓国語話者 (n=20)	スペイン語話者 (n=5)	英語話者 (n=4)	(日系)ポルトガル語話者 (n=3)	その他 (n=11)
問題1	アク	9	2	4	0	2	1	1
	アケラレル	6	17	10	0	0	2	5
	アケル	0	6	6	5	2	0	5
問題2	アク	12	2	5	0	4	1	5
	アケラレル	3	15	9	0	0	2	5
	アケル	0	8	6	5	0	0	1
問題3	アク	8	1	1	1	0	1	1
	アケラレル	7	16	13	0	3	2	9
	アケル	0	8	6	4	1	0	1
問題4	アク	15	4	12	0	2	2	5
	アケラレル	0	2	3	0	0	1	3
	アケル	0	19	5	5	2	0	3

テスト 3 の分析の結果，テスト 1，テスト 2 で見られたように語彙と活用がかなり習得されているにもかかわらず，自他選択の適切さに問題があり，母語別に見ると中国語話者，スペイン語話者に他動詞選択（アケル）が目立ち，韓国語話者では他動詞（アケル），他動詞の受身（アケラレル）の選択が目立つことが指摘されている。この結果から，アケラレル系もアケル系からの派生であることを考え，アケルとアクの習得度は極端に差があり，アクを学習しているにもかかわらず，談話の中で使用できないと推測できると小林（1996）は指摘している。

小林（1996）は，上記の三つの調査の結果から対のある自動詞，他動詞[9]の習得に関して，小林・直井（1996）同様，以下の表 3-7 のような五つの習得レベルを想定している。

9　小林・直井（1996），小林（1996）の用語では，相対自動詞，他動詞となっている。

表 3-7. 相対自動詞・他動詞の習得レベル（小林・直井 1996, 小林 1996 より）

レベル１　語彙を選択する
　　　i）語幹を選ぶ　(ex. ak-　shim- etc.)
　　　ii）自他を選ぶ（ex. akeru/aku, shimeru/shimaru）
レベル２　格助詞を選択する
レベル３　正しい活用形にする
レベル４　意味的に内容に合っている文を作る
レベル５　日本語として適切な表現形を選ぶ

小林（1996）による各レベルの説明では，レベル１は，語彙の記憶の問題とされる。「開く／開ける」,「消える／消す」というような対の語彙を覚える場合，どちらが自動詞でどちらが他動詞なのかという記憶に関する問題であり，学習者は i）まで容易に達するが，ii）に行くときに間違えると説明されている。レベル２は語に合った格助詞の選択，対象を主語にするのか，目的語にするのかという問題，レベル３は構文に合った正しい活用ができないという問題，レベル４は内容に合っている文か作れるかどうかという問題である。レベル４は，レベル３までの段階をクリアし，語彙の選択と格助詞と活用とは正しくても，その意味が内容と矛盾するという問題が生じたものとされ，レベル５は適切性の問題であると説明されている。

小林（1996）は，調査対象となった学習者の大部分は語彙と活用をかなり正確に習得できているにもかかわらず，自他選択の適切さに問題があると指摘している。そして，対になる語彙を覚えること，格助詞を一致させること，その活用形を正確に作れること，という初歩的な学習がほぼ達成されている学習者でも，受身，使役，可能，使役受身，自発のようなヴォイス全体の中で自動詞，他動詞を位置づけ，使い分けるようになるのは困難であることが明らかになったと結論づけている。

小林（1996）は様々な言語を母語とする学習者を対象としており，対のある自動詞，他動詞が母語にかかわらず習得が難しい項目であることを明らかにしている。また，テスト3では，ある場面の中での自動詞，他動詞の使用を見る調査を実施し，その結果から，結果を表す意味を持つ自動詞が難しいということを明らかにしており興味深い。ただし，用いられた調査方法は，先行する動詞および助詞が回答の際に手がかりとなりうる空欄補充および，選択肢が回答の際に手がかりになりうる多肢選択法のテストが用いられていることから，学習者の実際の運用のしかたとは必ずしも一致しない可能性がある。また，テスト3は，動詞対「開く－開ける」で見られた使用傾向であり，その結果を自動詞文，他動詞文全般に拡大して解釈することは難しい。また，選択肢に関わる語が「ドア」，「かぎ」，「開く」，「開ける」，「開けられる」と限られており，それ以外の名詞句を用いて調査を行っても同じような回答の傾向が見られるかどうかは分からない点には注意せねばならない。

さて次は，対のある自動詞，他動詞の第二言語習得研究のうち，学習者の母語を絞って調査を行った研究として，中国語を母語とする学習者を対象にした岡崎・張（1998），英語を母語とする学習者を対象にしたMorita（2004）を取り上げる。

3-3. 岡崎・張（1998）の研究

岡崎・張（1998）によれば，中国語には通常目的語と訳される「賓語」が存在する。「賓語」には，様々な意味的な分類によるタイプがあり，中国語の動詞は「賓語」が取れるかどうかによって，通常他動詞と訳される「及物動詞」と自動詞と訳される「不及物動詞」に分けられる。中国語の「及物動詞」，「不及物動詞」と日本語の自動詞，他動詞は完全な対応関係になっているわけではなく，「及物動詞」の中には，日本語文では自動詞で表されるものと，他動詞で表されるものが存在する。

岡崎・張（1998）は，中国語話者の動目構造（動詞＋「賓語」という文構造）に関する意識の差や「賓語」のタイプの違いが，日本語の自動詞，他動詞[10]の使用のされ方に影響を及ぼすかどうかを調べている。調査の対象は中国語母語話者71名（中国の高等教育機関で日本語クラスに在籍する初級学習者26名，中級学習者16名，上級学習者16名，および日本に留学経験のあり，大学で日

10　岡崎・張（1998）では，調査で扱う自動詞，他動詞の定義は，寺村（1982a）に従っている。

本語を教える日本語教師12名）である。調査の方法は，中国語文（いずれも「賓語」を含む30文）を見て，その文に「賓語」がある場合は，（　）でくくって，その文を日本語文に翻訳するものである。それに続いて，自動詞，他動詞の困難さに関するフォローアップインタビューも行っている。

分析の結果，日本語の自動詞，他動詞の助詞と動詞の組み合わせを正しく訳せるかどうかは，「賓語」のタイプ，意識のされ方とは相関関係がないことが分かった。さらに，相対自動詞文，相対他動詞文では，絶対自動詞文，絶対他動詞文などの文に比べて動詞と助詞の不一致が見られ，日本語訳がうまくできないことを明らかにしている。また，レベルが高くなるにつれて正しい訳が増えることから，学習期間と自動詞，他動詞の正用には正の相関があることが明らかにされている。

以上の結果から岡崎・張（1998:33）では，特に相対自動詞文，相対他動詞文において，動詞と助詞の不一致があったことは，動目構造の干渉が見られた結果であると考えられること，日本語の自動詞，他動詞の習得の困難さには，動詞文において意味の推測を漢字部分に頼り，助詞や活用語尾の部分を読み飛ばすといった漢字の影響があると考えられること，学習者の内にある統語（形式）と意味（意義）とそぐわない用法があることが習得を困難にしていると考えられることが指摘されている。自動詞，他動詞の習得に漢字の影響があるという指摘は興味深い。しかし，中国語を母語とする学習者だけを対象にした研究であるので、言語転移に誤用の原因を求めることは，これまでに指摘した通り慎重になることが必要である。また，岡崎・張（1998）は，調査の集計では各問題文について正答率が出されているが，考察の際には「賓語」のタイプでまとめて集計されており，動詞による結果の違いに関しては分析されていない。また，調査方法に関しては翻訳法が用いられているため，実際の学習者の運用状況とは使用のされ方が異なる可能性があることに注意しなければならない。

岡崎・張（1998）は，これに加えてフォローアップインタビューを行っている。その結果，中国語母語話者にとって，自動詞，他動詞の何が難しいのか，その苦手意識の原因を以下のようにまとめている。

(3.10) 自動詞・他動詞の困難点に関する学習者のコメント

（岡崎・張 1998 より）

・自動詞でもヲ格を取るものがあって，間違えやすい。

（例）帰りを急ぐ，学校を休む，空を飛ぶ，電車を降りる，日本を発つ

・自動詞，他動詞の両方に使われる両用動詞があって紛らわしい。

（例）会議が／を終わる，ドアが／を開く，風が／笛を吹く，景気が／を回復する

・自動詞，他動詞の形が似ていて覚えにくい。

（例）上げる（他）／上がる（自），出す（他）／出る（自），受ける（他）／受かる（自）

・中国語で他動詞となるものが，日本語では自動詞になってしまう。

・不可抗力の事態に対しても他動詞を用いた表現をすることがあり，理解に苦しむ。

（例）お腹を壊す，喉を痛める，熱を出している，転んで頭を打った

・日本語には中国語にはない自動詞の受け身，いわゆる「迷惑の受身」がある。

・「知る」「分かる」のように意味が似ている言葉にも自他の区別があって難しい。

・異なった自動詞，他動詞でありながら，使われる漢字も同じなら送り仮名も同じになることがあって紛らわしい。

（例）開（ひら）く→開いている／開（あ）く→開いている

・中国語では受動的な表現となるものが日本語では1個の自動詞で表されるような場合，そうした表現にはなかなかなじめない。

このフォローアップインタビューは，テストの産出結果からだけでは垣間見えない，学習者の立場から見た困難点が示されており，興味深い。苦手意識の原因に関して，言語習得の当事者である学習者の意見をまとめている点で注目すべき研究である。

3-4. Morita（2004）の研究

Morita（2004）は，動詞の種類（自動詞と他動詞）および日本語のレベルが

対のある自動詞，他動詞[11]の習得にどのように影響するのかを調べている。調査の対象は，オーストラリアの高等教育機関で中級以上のクラスに在籍する英語母語の学習者89名である。対象者は日本語レベルによって，中級Ⅰ（旧日本語能力検定試験３級レベル），中級Ⅱ（旧日本語能力検定試験２級から３級レベル），上級Ⅰ（旧日本語能力検定試験２級レベル），上級Ⅱ（旧日本語能力検定試験１級から２級レベル）に分けられている。調査の方法は，筆記テストとフォローアップインタビューである。筆記テストでは，まず日本語の動詞を英訳し，次にその語が自動詞か他動詞かを選択した上で，さらに対応する動詞を再生するという流れで行っている。

表3-8. 調査（Morita 2004より一部抜粋）

	意味 (meaning)	自動詞 (intransitive verb)	他動詞 (transitive verb)
(1)	沸(わ)かす [　　]	お湯(ゆ)が　(　　)	お湯(ゆ)を　(　　)
			お湯(ゆ) = hot water
(2)	切(き)る [　　]	糸(いと)が　(　　)	糸(いと)を　(　　)
			糸(いと) = string
(3)	並(なら)ぶ [　　]	人(ひと)が　(　　)	人(ひと)を　(　　)

テストで用いられた動詞41項目は，旧日本語能力検定試験の２級から４級レベルのものであるが，主に３級，４級レベルから選ばれている。テストで用いられた動詞対を表3-9に挙げる。下線を付した動詞がターゲット語である。動詞は自動詞, 他動詞の順に示されている。(　　)の数字はテストの問題番号, [　　]の数字は旧日本語能力検定試験でのレベルを表している。例えば，[3:4]は自動詞が３級レベル，他動詞が４級レベルの語であることを示している。

11　Morita（2004）では，自他対応動詞と呼ばれている。

表 3-9. テストで使用した自動詞・他動詞（Morita 2004 より）[12]

自動詞		他動詞	
(3) ならぶ／ならべる “line up / line up”	[4:4]	(1) わく／わかす “boil / boil”	[3:3]
(6) たつ／たてる “be built / build”	[2:4]	(2) きれる／きる “be cut / cut”	[2:4]
(8) さがる／さげる “go down / lower”	[3:3]	(4) ねる／ねかす “sleep / put … to sleep”	[4:2]
(9) おれる／おる “break / break”	[3:2]	(5) はじまる／はじめる “start / start”	[4:3]
(10) へる／へら “decrease / decrease”	[2:2]	(7) とまる／とめ “stop / stop”	[4:3]
(14) はいる／いれる “enter / let… enter”	[4:4]	(11) きまる／きめる “be fixed / fix”	[3:3]
(16) かわる／かえる “change / change”	[3:3]	(12) つづく／つづける “continue / continue”	[3:3]
(17) われる／わる “break / break”	[3:2]	(13) とおる／とおす “go through / let go through”	[3:2]
(18) とどく／とどける “arrive / deliver”	[2:3]	(15) おちる／おとす “fall / drop”	[3:3]
(19) なおる／なおす “be repaired / repair”	[3:3]	(20) やける／やく “be cooked / cook”	[3:3]
(22) とまる／とめる “stay / let… stay”	[3:2]	(21) ひえる／ひやす “be cooled / cool”	[3:2]
(23) なる／ならす “ring / ring”	[3:2]	(24) のこる／のこす “be left / leave”	[3:2]
(25) うごく／うごかす “move / move”	[3:2]	(26) うれる／うる “sell / sell”	[2:4]
(29) すぎる／すごす	[3:2]	(27) あく／あける	[4:4]

12 原典では英語，ローマ字表記。

	"pass / spend"	"open / open"
	(31) なくなる／なくす [3:3] "be lost / lose"	(34) つく／つける [3:4] "be on / turn …on"
	(32) おどろく／おどろかす [3:2] "be surprised / surprise"	(38) かたづく／かたづける [2:3] "be cleaned / clean"
	(37) でる／だす [4:4] "go out of / take … out"	(28) みつかる／みつける [3:3] "be found / find"
	(39) おきる／おこす [4:3] "get up / get … up"	(30) こわれる／こわす [3:3] "break / break"
	(40) やぶれる／やぶる [2:2] "be torn / tear"	(33) あがる／あげる [3:4] "rise / raise"
	(41) あつめる／あつまる [3:3] "be gathered / gather"	(35) にげる／にがす [3:2] "run away / let … run away"
		(36) きえる／けす [4:4] "go off / turn … off"
計	20	21

調査の結果，表 3-10 に示すように，学習者の日本語レベルごとに自動詞と他動詞それぞれの正答率[13]と標準偏差が出されている。

表 3-10. 日本語レベルごとの正答率と標準偏差（Morita 2004 より）　(%)

日本語レベル	自動詞正答率の平均（標準偏差）	他動詞正答率の平均（標準偏差）
中級Ⅰ	33.6 (20.5)	41.3 (21.7)
中級Ⅱ	26.8 (19.4)	36.7 (21.4)
上級Ⅰ	42.4 (18.7)	51.4 (19.9)
上級Ⅱ	75.5 (16.1)	77.6 (18.0)

13　筆記テストの得点は日本語の動詞を正しく英訳し，かつ，その語が自動詞か他動詞かを正しく選択した上で，さらに対応する動詞を正しく再生したもののみに与えられている。さらに，フォローアップインタビューの結果をもとに，単なる推測（guess）で答えた解答は集計で除かれている。

この結果から，学習者は他動詞のほうが自動詞よりも正答率が高い傾向があること，日本語レベルが高くなるほど自動詞も他動詞も正答率が高くなる傾向があることが指摘されている。

また，フォローアップインタビューの結果から，大半の学習者は自動詞，他動詞対を記憶するときに，他動詞をもとにして記憶をするということが指摘されている（Morita 2004:178-179）。この結果，自動詞，他動詞の区別をするときに，他動詞を他動詞であると認識するほうが学習者にとって簡単であり，また，他動詞の方が自動詞に比べて親密度が高くなるとしている。また，多くの学習者が対応する他動詞から自動詞を再生することを困難と感じていることも明らかになった。その理由として，英語には日本語の自動詞のような語が存在しないことを複数の学習者が指摘している。さらに，多くの学習者は，教室その他の日本語学習環境では，自動詞より他動詞の方が聞く機会が多いことから，他動詞の方が自動詞に比べて親密度が高いと答えたことが報告されている。以上の結果から，他動詞が自動詞よりも習得されやすい理由は，(1) 日本語と英語の間の語彙的な違い，(2) 日本語と英語間の文構造の違い，(3) 日本語学習環境における自動詞，他動詞の頻度差であるとまとめられている。

この研究は，英語母語学習者の他動詞への親密さが指摘されており，さらにフォローアップインタビューを行うことで，学習者から見た自動詞，他動詞の見え方について記述を行っている点で興味深い。ただし，Morita (2004) では，調査方法としては空欄補充法が用いられており，呈示されている動詞が回答の際に手がかりとなりうる。また，調査では，自動詞，他動詞を対で習得しているかどうか明らかにすることが目的となっているため，語レベルでの知識を問う調査デザインである。よって，対のある自動詞，他動詞の実際の運用能力とは異なる能力を測っていると考えられる。

第４節　対のある自動詞・他動詞に関する第二言語習得研究の課題

第３章では日本語学習者による対のある自動詞，他動詞の習得に関する主要な先行研究を概観した。対のある自動詞，他動詞に関する第二言語習得研究の結果をまとめると，守屋 (1994)，小林 (1996)，Morita (2004) では，表現の仕方は異なるが，いずれも「自動詞の習得が困難である」という共通の見解が得られている。この結果は，いずれもトップダウン型の習得研究から得られたものである。調査の手法は，文法性判断テストや多肢選択法のように，学習者の自動詞，他動詞に関する言語直観を抽出する方法（守屋 1994，小林 1996 など），および文完成法，翻訳法のように，制限された文脈において自動詞，他動詞を誘出する方法（小林 1996，岡崎・張 1998，Morita 2004 など）で行われていた。

先行研究で「自動詞の習得が困難である」という共通の見解が見られることは重要である。しかし，第1章の日本語教師へのインタビューで明らかになった日本語学習者の対のある自動詞，他動詞習得での言語運用に関する問題点は，(1) 即座に文法的知識（形態，統語，意味）を使用できない，(2) とっさに口から出るほうを使用してしまう，(3) 習った動詞の定着が悪いという3点であった。日本語学習者の対のある自動詞，他動詞に関する従来の第二言語習得研究は，これらの問題点を直接説明するものではない。よって，今後は自動詞，他動詞の言語運用に注目した習得研究が必要になる。

学習者独自の言語システムという観点から捉え直すためには自動詞，他動詞の難しさに関わる学習者の内的な処理プロセス，学習プロセスを明らかにすることが必要である。第二言語習得研究における理論構築にはトップダウンとボトムアップの二つのアプローチがある（Beretta 1991）。文法研究などの枠組みを用いる従来の研究はトップダウン型のアプローチであり，目標言語としての日本語文法の枠組みにどれくらい学習者の言語知識，言語運用が近づくかという観点で学習者の習得が説明されている。その枠組みをいったん保留にし，運用データにおける学習者の使用状況を記述し，そこに学習者なりの規則がひそんでいないかどうかを探るボトムアップ型のアプローチを行う必要がある。

これまでのまとめとして，今後，対のある自動詞，他動詞に関する第二言語習得研究を行う際に必要になるポイント三つを指摘したい。

(1) 自動詞・他動詞の明確な定義づけが必要

先行研究として挙げた研究は，いずれも対のある自動詞，他動詞を研究テーマにしているが，その定義を明確に行っていない場合も多かった。初期の研究では特に，自動詞，他動詞という語で示されるだけで，その研究が対のある自動詞，他動詞のみを扱うのか，対のないものも含むのかという情報さえ示していない場合もあった。これからは分析対象とする自動詞，他動詞について，用語の定義とその範疇を明示しなければならない。

⑵ 語彙的側面への着目が必要

学習者が対のある自動詞，他動詞を使用する際には，自動詞はガ格，他動詞はヲ格といった自動詞，他動詞に共通する文法的知識を理解していても，語によっては，その規則がうまく適用できない場合があるのではないだろうか。図3-1で示すように，従来の研究では自動詞，他動詞をひとくくりにして文法的に見たものであった。これからはその文法的側面だけでなく，語彙的側面にも着目した研究を行うべきであると筆者は考える。その両側面を統合的に考察することで，対のある自動詞，他動詞の習得が多面的かつ体系的に捉えられるようになる。

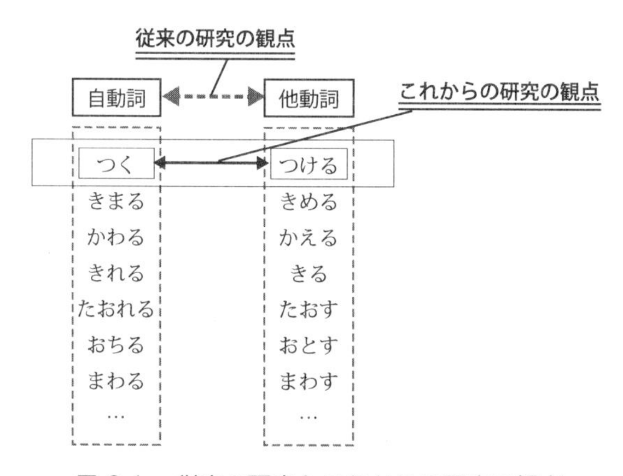

図3-1. 従来の研究とこれからの研究の観点

仁田（2000:16）にも指摘されるように，語は文の構成要素であり，文は語から構成されている[14]。対のある自動詞，他動詞もまた，文法項目であると同時にそれに含まれるそれぞれの動詞が独立した語として機能するという複数層の構造をなしている。このことから，対のある自動詞，他動詞の習得研究は，

14 仁田（2000）では，「語」ではなく「単語」という用語を用いている。

文法項目の習得研究という側面と同時に，語彙の習得研究という側面を持ち，その習得の様相は，より複雑なものであると考えられる[15]。しかし，これまでの第二言語習得研究においては，調査で扱われた動詞の個々の違いは興味の対象外であり，今後はそれを研究の観点に加えるべきである。

(3) 運用データの分析が必要

今までに行われた日本語の自動詞，他動詞の習得研究では，文法性判断テストや多肢選択法，文完成法，空欄補充法，翻訳法などが用いられていた。いずれも文法研究や対照言語学などの知見に基づいて，形態的特徴，統語的特徴，意味的特徴，語用論的特徴に関する日本語の規則をどれだけ学習者が正しく習得しているかを測るようなトップダウンの調査デザインであった。しかし，対のある自動詞，他動詞に関して学習者独自の使用の仕方を明らかにするためには，目標言語としての日本語の規則を指標として正答率を量的に分析するだけでなく，それを一旦脇において，ボトムアップで学習者の実際の使用状況の観察をつぶさに行う必要がある[16]。そのためには実際の運用に近い発話データなどを用いた分析を行う必要がある。

本研究は，これら三つのポイントをとらえて，対のある自動詞，他動詞に関する第二言語習得研究を行う。

15　須賀・早津（1995:229）も，動詞語形に自他の対応があるという語のレベルの問題と，自動詞文と他動詞文が「構文的な対応を持つ」という文のレベルの問題があることに注意しなければならないとしている。
16　迫田（2001）でも同様の指摘がある。また，Larsen-Freeman & Long（1991）でも，言語知識と実際の自由な発話場面における運用とは別個のものとして考えるべきと指摘されている。また，ネウストプニー（2002）でも，ある研究テーマについて調査する際にはどの方法論も単独では理想的とは言えないので，欠点を補うように複数の方法を取ることが望ましいとされる。

第4章　学習者による対のある自動詞・他動詞使用の傾向（1）
― 横断的日本語学習者データの分析を通して―

第1節　目的

第4章，第5章では，実際の運用に近い状況で対のある自動詞，他動詞の使用実態を観察するために学習者の発話資料の分析を行う。第4章では横断的学習者コーパスとしてKYコーパス，第5章では縦断的学習者コーパスとしてサコダコーパスの[1]全データを分析する。

KYコーパス[2]は，口頭運用能力測定テストOPI（Oral Proficiency Interview）の場面における評価者であるインタビュアーと受験者である学習者の間のやり取りを録音したものが文字起こしされた資料である。この資料は，日本語学習者90名が参加するインタビューであり，それぞれのデータは最長30分の長さを持つ。学習者の母語は中国語（C），韓国語（K），英語（E）の三つの言語で，それぞれ30名分ずつ収録されている。学習者の日本語レベルは，各言語ともOPIの判定で初級5名，中級10名，上級10名，超級5名である（鎌田1999，山内1999など）。

KYコーパスを分析する目的は以下の3点である。

1. 対のある自動詞，他動詞の誤用に関して，母語別，レベル別に特徴があるかどうか，あるのであればどんな特徴なのかを明らかにする。
2. 対のある自動詞，他動詞の使用に関して，自動詞全体，他動詞全体に見られる特徴があるかどうか，あるのであればどんな特徴なのかを明らかにする。
3. 対のある自動詞，他動詞の使用に関して，それぞれの個別の自他動詞対に見られる特徴があるかどうか，あるのであればどんな特徴なのかを明らかにする。

1　2019年現在，「中国語・韓国語母語の日本語学習者縦断発話コーパス」，略称「C-JAS（Corpus of Japanese as a Second Language）」として国立国語研究所が公開している。

2　KYコーパス（Ver.1.1）を用いた。

小林（1996）では，対になる語彙を覚えること，格助詞を一致させること，その活用形を正確に作れることという初歩的な学習がほぼ達成されている学習者でも，受身，使役，可能，使役受身，自発のようなヴォイス全体の中に自動詞，他動詞を位置づけ，使い分けられるようになるのは困難であると指摘される。この指摘から，学習者の対のある自動詞，他動詞の使用は，レベルが低いうちは自動詞，他動詞と格助詞を一致させることができない誤用，および，動詞の活用形を正確に作れない誤用がまず見られるが，レベルが高くなるとそれらの誤用が見られなくなり，ヴォイスとして自動詞，他動詞を適切な文脈で使い分けることができない誤用に移行していくということが予測できる。

第2節　分析

2-1. 分析対象

本研究では，KY コーパスに現れた対のある自動詞，他動詞の使用をすべて抽出して分析する。ただし，以下の基準に当てはまるものは分析対象外とする。

・挨拶（例：<u>はじめ</u>まして）などの明らかな定型表現
・文法形式の一部（例：走り<u>かける</u>）
・インタビュアーの発言の直後，同じ動詞を学習者が使用している場合
（例）　T: 今どこに<u>住んでいますか</u>[3]
　　　　S: 今，桂に<u>住んでいます</u>

なお，三つ目の基準である繰り返しについては，活用形が変わっている場合もインタビュアーの発話がヒントになったと判断し，分析対象外とする。

（例）　T: キッチンでいつもご飯を<u>作りますか</u>
　　　　S: <u>作らない</u>です

ただし，インタビュアーの発言の後，インタビュアーあるいは学習者の発話

3　発話データの文字化資料であるため句点がない。KY コーパスの発話の文字化資料においては，全角＊という記号は聴き取り不可能な箇所を表わす。

に別の動詞が出現し，その後，学習者によって同じ動詞が繰り返される場合は，分析対象とする。

（例）T:あなたが生まれたのも育ったのもニュージャージーという州ですか
　　S:あの，生まれたのはニュージャージー州です

2-2. 誤用の認定

抽出された対のある自動詞，他動詞の使用の中で誤用と認定されるものは，対のある自動詞を用いるべき文でもう一方の他動詞を使用した誤用，もしくはその反対に，対のある他動詞を用いるべき文でもう一方の自動詞を用いた誤用である。その中には，市川（1997）の語レベルの誤用，構文レベルの誤用の区別で指摘されたように，文法的に正しくないものと，文法的には正しいが文脈上，自動詞文，あるいは他動詞文を用いるのがふさわしくないものが存在する。まず，KY コーパスに見られる文法的に正しくない誤用として次のようなものがある。

（4.1） *いろんな野菜を小さくて，切れて，（KIM03）[4]

例では自動詞「切れる」を対象を表すヲ格とともに使用しており，格関係が正しくない。文法的に正しくない誤用は 23 項目あった。

次に，文法的には正しいが，文脈上，自動詞文あるいは他動詞文を用いるのがふさわしくない誤用として，以下のようなものがある。

4　KY コーパスに示された学習者を識別する「三つのローマ字＋２桁の数字」という番号であり，これによって被験者の母語と OPI における口頭運用能力の評定結果が分かるようになっている。一つ目のローマ字は母語を表す記号であり，英語（E），中国語（C），韓国語（K）である。二つ目のローマ字は評定結果で，初級（N)）中級（I），上級（A），超級（S）である。三つ目のローマ字はサブレベルを表し，下（L）中（M），上（H）である。なお，上級にはサブレベル中（M）が存在せず，「上級」，「上級−上」で判定されており，超級にはサブレベルがない。最後の２桁の数字は同じ母語で同じレベルの学習者内での通し番号を表す（山内 1999）。例えば KIM03 は，この学習者が韓国語母語話者（K）で中級(I)−中（M）レベルと判定された個人識別番号 03 番の学習者を指す。本研究では，KY コーパスの記号をそのまま用い，学習者の母語，レベル，個人識別を表す記号とした。

(4.2)　*あの映画はあの，10 時，に，あの，始めますから，(EIM07)

文脈上不適切な誤用については，誤用かどうかの判断がゆれることが予想される。そこで，筆者が文脈上不適切な誤用であると判定した項目（43 項目）について，文脈が分かるような形で切り出した調査資料を日本語母語話者（日本語教師経験者）10 名に提示して正誤の判定をしてもらい，8 名以上が誤用と判定した 35 項目について，文脈上不適切な誤用として分類した。これに，先の文法的に正しくない誤用 23 項目を加え，計 58 項目を本研究における対のある自動詞，他動詞に関する誤用とした[5]。

第 3 節　結果

3-1. 対のある自動詞・他動詞に関する誤用の分析

3-1-1. 母語別，レベル別傾向

学習者の対のある自動詞，他動詞の使用数，および誤用数について，母語別，レベル別にはどんな特徴が見られるのだろうか。そこで，KY コーパスにおける対のある自動詞，他動詞の使用数と，その中での誤用数を集計した。表 4-1 は，対のある自動詞，他動詞の誤用が見られた学習者数，および対のある自動詞，他動詞の使用数とその中での誤用数を母語別，レベル別に示したものである。

表 4-1. 対のある自動詞・他動詞の誤用が見られた学習者数，および対のある自動詞・他動詞の使用数と誤用数

母語		初級 (n=5)	中級 (n=10)	上級 (n=10)	超級 (n=5)
中国語	人数	0	7	8	1
	誤用／使用数	0/18	10/251	14/322	1/126
韓国語	人数	0	5	4	0
	誤用／使用数	0/14	10/271	8/327	0/227
英語	人数	0	5	3	1
	誤用／使用数	0/18	9/167	5/305	1/161

5　KY コーパスに表れる対のある自動詞，他動詞の誤用の一覧は，補助資料 3 として巻末に付す。

いずれの言語を母語とする学習者においても，初級においては対のある自動詞，他動詞に関する誤用が見られた学習者はなかったが，中級に入ると半数以上の学習者の発話で誤用が現れた。上級になると，中国語母語学習者では10名中8名であったが，韓国語母語学習者では4名，英語母語学習者では3名と半数を切った。それでも依然，誤用が見られることから，対のある自動詞，他動詞の運用は上級学習者にとっても難しいことが分かる。超級になると，韓国語母語学習者には誤用が見られなかった。その一方，中国語母語学習者では1名，英語母語学習者では1名の発話には誤用が見られたが，いずれの母語でも誤用数は一つであった。

以上の結果から，日本語の対のある自動詞，他動詞の発達においても，Kellerman (1985) の指摘するU字型曲線 (U-shaped behavior) [6] の発達が起こっていることが分かる。その様相を探るために，レベル別の使用のされ方の傾向を見る。まず初級レベルでは，使われる対のある自動詞，他動詞の種類は非常に限られており，その多くが「～時間かかります」,「おふろに入ります」,「～時に起きます」のような一定の表現であることが分かった。このことから，初級レベルで対のある自動詞，他動詞に関する誤用が見られないのは，対のある自動詞，他動詞が一種の定型表現として用いられる段階であるためであると考えられる。つまりこの段階では，「かかる」に対する「かける」,「入る」に対する「入れる」,「働く」に対する「働かす」,「起きる」に対する「起こす」など，自他動詞対のどちらかを選んで使い分ける必要がなく，混乱が生じない段階であると考えられる。

中級以降では，様々な対のある自動詞，他動詞で誤用が見られた。「入る－入れる」は中国語，韓国語，英語母語のすべての学習者の発話で誤用が見られ，「建つ－建てる」,「決まる－決める」,「売れる－売る」,「移る－移す」,「始まる－始める」,「育つ－育てる」,「切れる－切る」は二言語以上の母語の学習者に誤用が見られた。

---

6 Kellerman (1985) は，英語を学ぶオランダ語話者の言語形式の発達を分析し，目標言語の規範に沿った誤用のない言語形式を表出する第一段階，目標言語の規範から逸脱する言語形式を表出する第二段階，誤用のない言語形式を表出する第三段階を設定し，第二段階を底とするU字型曲線の発達をすることを示している。

次に，学習者の母語による傾向の違いについて指摘したい。自他同形の動詞が多い英語や中国語に比べて，自他異形の動詞が多い韓国語を母語とする学習者は，日本語の対のある自動詞，他動詞習得においても有利であると考えられる。このことから，誤用の出現時期，消滅時期を比較すれば，そこに韓国語を母語とする学習者の優位性が現れるのではないかと考えられる。そこで，学習者の母語ごとに誤用者数，および誤用数，使用数に違いがあるか着目してみると，確かに，韓国語母語学習者では，超級での対のある自動詞，他動詞の使用数が英語，中国語に比べて多く，その中には誤用が一例も見られなかった点で際立っていた。しかし，それ以外には，韓国語母語話者の目立った優位性は観察されず，初級では誤用が見られないが，中級で誤用が出現し，誤用が上級まで継続する傾向が半数程度の学習者に見られた。使用数を見ると，中級，上級とも英語母語学習者に比べると自動詞，他動詞の使用数が多かったが，少なくとも上級までは，中国語母語学習者とはそこまで大きな使用数の差はなかった。

3-1-2. 自動詞文・他動詞文の用法別傾向

さて，自動詞と他動詞では，どちらかが難しいということがあるのだろうか。先行研究では，守屋（1994），小林（1996），Morita（2004）が「自動詞の習得が困難である」という共通の見解を示している。さらに，守屋(1994)，小林(1996)では自動詞表現の中でも，特に「働きかけの結果の状態を表す自動詞の運用が難しい」という指摘が共通してなされている。この先行研究の指摘から，学習者が対のある自動詞，他動詞を使用するには，他動詞を正しく用いるようになる時期が自動詞よりも早く訪れるということが予想される。そこでこの点について見てみると，KY コーパス分析の結果，母語を問わず上級学習者の誤用は，自動詞の使用にも他動詞の使用にも見られることが分かった。例を (4.3)，(4.4) に示す。

(4.3)　×他動詞→○自動詞

a もうちょっと上の方には意見は届けないんですね　(CAH05)

b 好きはやっぱりドラマですよね，うん，何かこの話が，ずっと続けているから，理解がすぐできるし　(KA03)

c 爆発，の，ことで，工場が，こわして，なかなか，立ち上がりませんでした（EAH01）

d 2歳ぐらいまで，おりまして，そこから，えーボストン，に移しまして，小学校3年生ぐらいまでかな，そこに住んでまして（ES07）

(4.4) ×自動詞→○他動詞

a 例えば，鳥とか，かわいいのちいさいのねずみみたいの動物ね，子供の心を育つ（CA03）

b あのーやっぱり中国大きすぎるんですからね，全体的に，あのー治まるのはちょっと無理っていうとこがありますからね（CAH07）

c 学校の時は先生が決まるんだから成績を，できるんですね（KAH03）

d あの同じ，年齢の人たちが，あのー，机を並んで，そういうふうに座りました。（EA03）

先に触れたように小林（1996）では，対になる語彙を覚えること，格助詞を一致させること，その活用形を正確に作れること，という初歩的な学習がほぼ達成されている学習者でも，受身，使役，可能，使役受身，自発のようなヴォイス全体の中で自動詞，他動詞を位置づけ，使い分けるようになるのは困難であることが指摘されている。このことから，対のある自動詞，他動詞の発達段階は，語彙レベルの正用，構文レベルの正用，意味レベルの正用，文脈レベルの正用という段階を通って進むことが予想された。しかし，実際の発話データでの使用を分析してみると，例えば初期に克服できるはずの正しい格助詞の選択に関係していると思われる誤用が，(4.3）のb，c，(4.4）のa，c，dのように，上級になっても現れることが分かった。

このことから，対のある自動詞，他動詞の習得は，語彙，構文，意味，文脈と順番を踏みつつ一様に発達していくものではないことが示唆される。つまり，対になる語を自動詞，他動詞として正しく覚えること，格助詞を一致させること，その活用形を正確に作れることという各段階を経ることは，動詞対によっては上級であっても達成されておらず，誤用が見られると考えられる。少なくとも，即時的な処理が求められる発話などの運用場面では，対になる語彙を覚えること，格助詞を一致させること，その活用形を正確に作れることという初歩的な学習において達成されているべき言語知識にとっさにアクセスしにくいとも考えられる。

さて次に，自動詞表現の中でも人為が関わっているにもかかわらず自動詞で表現することが難しい（守屋 1994，小林 1996）という指摘について，分析結果からどんなことが指摘できるのかを見てみる。先行研究から予測すると，人為が関わっているにもかかわらず自動詞で表現することが難しいのであれば，そのような文脈では自動詞を用いるべきところで他動詞を用いた誤用が多いと考えられる。

分析の結果，先行研究の指摘通り，中国語，韓国語，英語いずれの母語話者とも中級，上級レベルで，人為が関わっている文脈で自動詞ではなく他動詞を使用する誤用が見られた。以下の（4.5）は，「人為が関わっているにもかかわらず自動詞で表現する」，つまり働きかけの結果の状態を表す自動詞が使用できないことによる誤用の例である。

(4.5)　*ま自分の努力，次第で，生活も変える（→変わる）し，〈ええ〉えー人生も，あの豊かになる可能性が，あると，いう時代になってきました（CAH01）

*あの，こういうパッケージで，〈うん〉な，四角のパッケージで入れた（→入った）ものなんですけど　(KIH01)

*そうですね，お昼頃は，日本語は，12 時 10 分〈ええ，ええ〉ランチの，ランチの，〈はい〉時に，後で，また授業始めます（→始まります）（EIH03）

ただしその一方で，以下の（4.6）の例のように「人為が関わっているにもかかわらず自動詞で表現する」文脈で自動詞を正しく使用している場合もあった。

（4.6） 8時から始まりますが，あの遅くても良いんですけれど［パーティの説明］[7]（EA03）

アメリカのニューヨークタイムズにのったんですけど（EAH02）

トイレついてます（CA01）

ポケットボール，アメリカの＊＊で穴のあいてる，（KIH01）

以上の分析を通して，守屋（1994），小林（1996），Morita（2004）で指摘されるように，他動詞に比べて，自動詞の習得が困難であること，守屋（1994），小林（1996）で指摘されるように，特に働きかけの結果の状態を表す自動詞の運用が難しいということについては，それを支持する場合もあれば，支持しない場合もあることが分かった。

このことから，学習者の対のある自動詞，他動詞の運用については，自動詞が難しい，働きかけの結果の状態を表す自動詞の運用が難しいという，従来の研究が指摘するような自動詞，他動詞という動詞の種類の別，あるいは動詞の用法という要因以外の要因が関わっている可能性があると考えられる。そこで，次節では自動詞，他動詞という大きなくくりを一度取り払い，動詞対ごとに分析を行うことにする。

3-2. 対のある自動詞・他動詞使用の語別分析

第2章で示したように，自動詞，他動詞は，同じような形態的，統語的，意味的特徴を持った動詞の集合体に与えられた名称である。しかし，本研究では，学習者の対のある自動詞，他動詞の運用に関わる，隠れたしくみを明らかにするためには，動詞の区別，動詞の用法という日本語学的な分類をいったん保留にする。これはつまり，自動詞，他動詞という集合体が学習者言語でも同様のふるまいを見せるという，これまでの対のある自動詞，他動詞に関する第二言語習得研究の暗黙の前提を疑い，それを解体する試みである。そのために具体

7 ［ ］内に発話の際の話題を付す。

的には，自動詞，他動詞という概念でまとめられていた動詞語彙を一つずつ個別に捉え，対のある自動詞，他動詞の使用の実態を，語別に分析した[8]。結果の先取りになるが，動詞対ごとに個別に使用実態を分析した結果，学習者の対のある自動詞，他動詞の運用は，動詞対によって使用のされ方に違いがあることが示唆された。その使用のされ方は二つあり，活用形によって自動詞，他動詞の使用が固定している場合と，自動詞，他動詞の対の一方がいずれの活用形でも一貫して使用される場合である。以下では，これら二つの現象について順に見ていく。

3-2-1. 活用形によって使用が固定している場合

自動詞，他動詞の使用が活用形によって固定しているというのはどういうことか，実際に例を挙げて示したい。次の例は，上級韓国語母語話者（KAH03）の発話から「きまる」「きめる」の使用を全て抽出したものである。

(4.7) 上級韓国語母語話者（KAH03）の「きまる」「きめる」の使用

≪きまる≫

テ（イル）形

正月とかは必ずこの汁を作るです，みんな同じーの汁を作るんですね，〈あーそー〉はい，それは，決まっていることです [味噌汁の説明]

当然とは言わないけど，そう決まっているんですね [支払いの慣習の説明]

辞書形

*なんかいい成績をしてあげたり，〈あーそう〉そ学校の時は先生が決まるんだから成績を，できるんですね [小中学校の制度の説明]

それでー中学生になったら，それじゃなくて成績で決まるんだから [小中学校の制度の説明]

試験で全部決まるんだから，もう落ちて，すっごいかっかりしたり [小中学校の制度の説明]

8　分析の際，「入れて」（はいれて／いれて）や，「開く」（あく／ひらく）など複数の読み方ができる語および動詞形に関しては，KY コーパスで文字化された発話の音声を確認した。

全部試験で決まる〈んー〉んだから，でも小学校は違うんですね [小中学校の制度の説明]

*大学決まるときは，お父さんにも一緒に考えたんだけど [家族の役割の説明]

≪きめる≫

タ形

お母さんが決ま，決めたんですね，やっ＊，なんかお姉さんの結婚も全部お母さんが 決めたし，大学のーなんか行く場所とか，この大学行きなさいとかも全部お母さんが 決めたんですね [家族の役割の説明]

「きまる」,「きめる」の使用を見ると，テ形，辞書形では自動詞「きまる」,タ形では他動詞「きめる」というように，自動詞，他動詞の使用が活用形によって固定している。この学習者の発話では，他動詞「きめる」の発話例で「お母さんが決ま，決めたんですね」とあるように,「きまる」,「きめる」の自己修正が行われている。この発話での自動詞，他動詞の混同は，話しているうちに正しい形に落ち着いた（田中 1999）とも考えられるが，この箇所では，自動詞，他動詞の選択による自己修正が行われたのではなく，辞書形「きまる」あるいはテ形「きまって」で言おうとしたところを，タ形で言わなければいけなかったために,「きめた」と言い直すという，活用形の選択が行われたという解釈もできる。他動詞「きめる」の辞書形で言うべき箇所では,「*学校の時は先生が決まるんだから成績を」「*大学決まるときは」のように,「きめる」を使わずに自動詞「きまる」を用いていることに注目されたい。

KY コーパスにおける学習者の対のある自動詞，他動詞の運用で誤用が見られた語と，その対になる自動詞，他動詞を，学習者の発話からすべて抽出すると，同一学習者の発話データの中に，対のある自動詞，他動詞の両方が出現する動詞対は全部で 11 項目あった。それらのうち，自動詞形，他動詞形が活用形によって固定している場合が 11 項目中 4 項目あることが明らかになった。

最初の例に比べると使用例が少ないが，次の中級韓国語母語話者（KIH01）の「つく」,「つける」もまた，活用形ごとに自動詞，他動詞対の使用が固定している。

(4.8)　中級韓国語母語話者（KIH01）の「つく」「つける」の使用

≪つく≫

テ形

*戦う技術とかそういう，〈うん〉身についてて，[テレビアニメの説明]

*水の味が，水というふうに味がついてないように，しなくて，なんというの，基本的な味 [調味料の説明]

≪つける≫

辞書形

最初，下味をのせ，つけるんです [料理手順の説明]

こういうの，下味をつけるために，[調味料の説明]

テ形では自動詞「つく」，辞書形では他動詞「つける」というように，活用形によって，対の片方のみを一定して使用している。この例では，テ形で言うべき箇所で，「つけて」を使わずに「ついて」を用いた誤用が見られる。

なお，この学習者は，他動詞の辞書形「つける」を「下味を」という名詞句と共に二度使用している。逆に，「下味を」という名詞句は，「つける」以外の動詞と使われている箇所がない。このことから,「つける」が先行する名詞句「下味を」とともに固まりになって使用されている可能性もある。

別の例も見てみよう。(4.9) に見られる中級中国語母語話者（CIM05）の「きれる」，「きる」もまた，自動詞，他動詞対のうちのどちらを用いるかが活用形によって固定している。

(4.9)　中級中国語母語話者（CIM05）の「きれる」「きる」の使用

≪きれる≫

タ形

*肉は切れたり，[料理手順の説明]

*ほ，細く，細くに切れたり，[料理手順の説明]

≪きる≫

テ形

あとは切ってから ［料理手順の説明］

タ形では自動詞「きれる」，テ形では他動詞「きる」というように，動詞が活用形で役割分担しているように見える。そのうち，他動詞のタ形で言うべき箇所で他動詞「きった」ではなく，自動詞「きれた」を用いたことによる誤用が見られた。

(4.10) の上級中国語母語話者（CAH01）の発話における「かわる」,「かえる」の使用では，テ（イル）形，タ形，ナイ形では自動詞「かわる」，辞書形では他動詞「かえる」を使用している。

(4.10) 上級中国語母語話者（CAH01）の「かわる」「かえる」の使用

≪かわる≫

テ（イル）形

国内の事情も変わってるし，［国家の近況の説明］

人間の考え方も，あーそれぞれ，変わってるんだったら［国家の近況の説明］

その点から言えば，ま，少しかわてると思いますけど［国家の近況の説明］

えー，もちろん建物，あー，も変わってるし［国家の近況の説明］

もちろん多少，変わってますーが［故郷の近況の説明］

タ形

今の状況に変わったと，おっしゃるんですが［政府の説明］

変わったものをですね，教えては［教育制度の説明］

ナイ形

政府は，こういう風に変わらないと［政府の説明］

≪かえる≫

辞書形

*ま自分の努力，次第で，生活も変えるし [国家の近況の説明]

まあ，そういう制度はんー，変える必要があると思います [教育制度の説明]

上記の例では，「* ま自分の努力，次第で，生活も変えるし」のように，辞書形で自動詞「かわる」を使わずに，他動詞「かえる」を用いた誤用が見られる。この誤用は文脈を見ると，働きかけの結果の状態を表す文脈であり，先行研究で難しいとされた用法の誤用である。しかし，活用形に着目すると，辞書形ではもう 1 箇所，他動詞「かえる」を使用しているものの，辞書形の自動詞「かわる」は発話中 1 回も用いられていないので，辞書形で発話したことで，他動詞形を使用することとなり，その結果として文脈上不適切になったとも考えられる。

以上，自動詞，他動詞の使用が活用形によって固定している例を見てきた。ここで重要なのは，従来の研究では，「結果の状態の文脈で，自動詞が使えず，他動詞を選択したことによる誤用」として説明される誤用であるが，その中にも，動詞対の両方について正用も誤用も含めて再分析をすることで，活用形による使用の偏りなど，新たな要因が想定されそうな使用例が存在することが分かったという点である。

今回分析対象とした 11 項目のうち，自動詞，他動詞が活用形によって固定しているのは 4 項目であった。それでは，それ以外の使用はどうだったのだろうか。残りの 7 項目のうち 5 項目は同一の活用形で自動詞，他動詞のいずれもが出現していた。それら 5 項目中 2 項目は自己修正において自動詞，他動詞が直後に言い換えられることによって，同一の活用形で両方出現する場合であった。例えば，(4.11) の中級韓国語母語話者（KIM02）の使用では，「あく」，「あける」の言い換えによる自己修正が行われている。

(4.11) 中級韓国語母語話者（KIM02）の「あく」「あける」の使用

≪あく≫≪あける≫

*開けて，開けてあります，あってあります，開いてあります

同様に，(4.12) の中級英語母語話者 (EIL05) の使用では，「はいる」「いれる」の言い換えによる自己修正が行われている。

(4.12) 中級英語母語話者 (EIL05) の「はいる」「いれる」の使用

≪はいる≫≪いれる≫

*パンに，いれ，いれる，はいる，と，やい，やく

このように，同一の活用形で自己修正が行われている場合は，その学習者は，自動詞形，他動詞形を迷いつつも自分なりに文脈に合わせて使い分けていると言えるだろう。

5項目中3項目では，直後の言い換えではないが，発話全体を見渡すと同一の活用形で，自動詞，他動詞のいずれも出現していた。(4.13) の中級英語母語話者 (EIH03) の使用である。この例では，「はじまる」，「はじめる」の両方でマス形が用いられている。

(4.13) 中級英語母語話者 (EIH03) の「はじまる」「はじめる」の使用

≪はじまる≫

マス形

春休み始まりました

≪はじめる≫

マス形

授業始めます

この場合は，自己修正が行われている場合とは違って，その学習者が，ある活用形について，自動詞も，他動詞も使用でき，それを使い分けていると考えられる。しかし，「春休み」と「始まります」，「授業」と「始めます」のように，各動詞が先行する名詞句と固まりになって使用されているという別の可能性は

ある。他の学習者でも，例えば，(4.14) の上級中国語母語話者（CA03）の使用では，「はいる」，「いれる」の両方でテ形が用いられている。

(4.14) 上級中国語母語話者（CA03）の「はいる」「いれる」の使用

≪はいる≫

テ形

クラスも入ってる
方言の入ってる
農業大学入って
*情報を頭に入って

≪いれる≫

テ形

力を入れて

しかし，他動詞「いれる」の使用は，一例にとどまっており，この場合，他動詞「いれる」が先行する名詞句「力を」と固まりになっている可能性もある。

(4.15) の上級韓国語母語話者（KA06）の使用でも，「はいる」，「いれる」の両方でテ形が用いられている。

(4.15) 上級韓国語母語話者（KA05）の「はいる」「いれる」の使用

≪はいる≫

テ形

（テープに声がちゃんと）入ってますか

辞書形

大学に入ること

≪いれる≫

テ形

ラーメンを入れて
*本がたくさんあー入れています

マス形
スープを入れます

第２章で触れたように，「はいる」，「いれる」という動詞対は語根（Root）を共有せず，他の対に比べれば区別がつきやすいので，その使用のされ方は，語根を共有する，その他の対のある自動詞，他動詞対とは異なるかもしれない。

７項目のうちの残りの２項目はいずれも「はじまる」「はじめる」の使用であった。韓国語を母語とする学習者２名（KIM02，KA06）に見られた使用のされ方である。(4.16) の使用では，活用形の途中で言い換えが行われていた。自動詞，他動詞の使い分けを学習者が内省して確認しつつ使用しているような使用である。しかし，この他の使用がいずれの学習者の発話にも存在しなかった[9]ため，これ以上の分析ができなかった。

(4.16) 中級韓国語母語話者（KIM02）と上級韓国語母語話者（KA06）の「はじまる」「はじめる」の使用

≪はじまる≫≪はじめる≫
* 中学の先生を，はじ，はじめ，はじまる（KIM02）
* 研究あー実験はじめ〈あっじっ〉始まります（KA06）

3-2-2. 対の一方のみが使用される場合

次に，KY コーパスにおける学習者の対のある自動詞，他動詞の使用で，対の一方が複数回使用されるが，対のもう一方が出現しない場合を見る。(4.17) は上級英語母語話者（EAH03）の発話から「きまる」「きめる」の使用を全て抜き出したものである。

9　KIM02 の発話に「今は，始めてから，ずっと寂しい時もあるし」という箇所があるが，この「始めて」は「始める」のテ形なのか「初めて」なのか文脈から判断できないので，分析の対象外とした。

(4.17) 上級英語母語話者（EAH03）の「きまる」「きめる」の使用

≪きまる≫

使用なし

≪きめる≫

どんなふうに使ったらいいか，あの決め，決められないわけですね，

*私の意見，あの，はっきり決めていませんね

上の例では，学習者は他動詞「きめる」を２回使用し，自動詞「きまる」が適当な文脈で他動詞「きめる」を使用して誤用となっている。この学習者の発話中には，「きまる」は１回も出現しない。

次に，他動詞「うむ」を用いるべき文脈に，自動詞「うまれる」を使用した上級中国語母語話者（CAH05）の誤用を含む対の使用状況を（4.18）に挙げる。

(4.18) 上級中国語母語話者（CAH05）の「うまれる」「うむ」の使用

≪うまれる≫

物が生まれてくるという

*子供を，生まれてすぐ

≪うむ≫

なし

（4.18）の例では，学習者は自動詞「生まれる」を２回使用し，そのうち１回は他動詞「生む／産む」が適当な文脈で自動詞「生まれる」を使用して誤用となっている。一方，この学習者の発話中には，「生む／産む」は１回も出現しない。

次の（4.19）は，他動詞「そだてる」を用いるべき文脈に，自動詞「そだつ」を使用した上級中国語母語話者（CA03）の誤用である。

(4.19) 上級中国語母語話者（CA03）の「そだつ」「そだてる」の使用

≪そだつ≫

*動物はね，子供の心を<u>育つ</u>

*毎日動物餌をやって，この，こういう心を<u>育ち</u>，と思いますね，アイシンね，<u>育ち</u>

*そっちで子供を<u>育つ</u>，ひとり大変ね

≪そだてる≫

なし

上の例では，学習者は自動詞「育つ」を４回使用し，すべてが誤用となっている。この学習者の発話中には，他動詞「育てる」は１回も出現しない。

第４節　まとめ

本研究では，KY コーパスを用いて，中国語，韓国語，英語という三つの言語のいずれかを母語とし，初級から超級レベルの四つの日本語レベルに分けられる学習者について，対のある自動詞，他動詞の運用の状況に関する分析を行った。分析では，まずは母語や日本語レベルごとの対のある自動詞，他動詞の使用数，誤用数を集計した。次に，語別の使用状況という独自の観点から分析を行った。分析の結果，次のようなことが明らかになった。

1. 対のある自動詞，他動詞の誤用は中級以降[10]に現れ，上級になっても様々な自動詞，他動詞対で混同が見られる。上級までのレベルでは，対のある自動詞，他動詞の使用数，および誤用数に関しては母語による大きな違いは見られなかった。
2. 誤用は自動詞にも他動詞にも見られた。また，初期に克服できるはずの格関係に関する誤用が上級になっても現れることが分かった。
3. 対のある自動詞，他動詞の使用を語別に見ると，自動詞，他動詞は常に両方が使用されるわけではなく，テ形，辞書形，ナイ形などの活用形によって自動詞，他動詞のいずれを用いるかが固定して使用されている場合と，活用形を問わず対の一方のみが使用され，もう一方は一貫して使用されな

10　OPI の判定結果による。

い場合があることが示唆された。

KY コーパスの分析を通して，学習者の用いる対のある自動詞，他動詞には，使用の偏りがあり，その偏り方は動詞対によって異なるという可能性が分かった。しかし KY コーパスの学習者はどのような学習環境で日本語を学習したか詳しくは分からない。また，KY コーパスは横断的発話データであるため，一人の学習者の日本語レベルが向上する中で，対のある自動詞，他動詞の使用のされ方がどのように変遷するのかという，対のある自動詞，他動詞の習得過程を捉えることができなかった。そこで第５章では，一定の教室環境の学習者を対象にした縦断的発話データの分析を行う。

第５章　学習者による対のある自動詞・他動詞使用の傾向（2）
― 縦断的日本語学習者データの分析を通して―

第１節　目的

第４章では横断的発話データを用いて，学習者の対のある自動詞，他動詞の使用状況を分析した。その結果，誤用は自動詞にも他動詞にも見られること，初期に克服できると予想された格関係など文法の誤用が上級になっても現れることが分かった。さらに，動詞対ごとに異なる使用の偏りがあることが示唆された。偏りとは，活用形によって自動詞，他動詞のどちらを使用するかが固定している場合と，活用形を問わず，対の一方のみが一貫して使用される場合である。

第５章では縦断的発話データの分析を行う。分析の目的は，一人の学習者の対のある自動詞，他動詞の使用には動詞対によって異なる偏りが見られるのか，もし見られるのであればその偏り方には学習者それぞれに違いがあるものなのか，それとも学習者全般に同じ傾向になるのか，そして，その偏りは日本語レベルの向上とともにどのように変遷していくのかを明らかにすることである。

第２節　分析

2-1. サコダコーパス

本研究では縦断的データとしてサコダコーパス[1]を用いる。サコダコーパスとは，日本国内の教室環境で学ぶ日本語学習者６名（中国語母語話者３名，韓国語母語話者３名）のそれぞれと１名の日本語母語話者との対話を文字化した資料（合計 45 時間）である。全体の資料収集期間は３年間で，その間約４ヶ月ごとに１時間ずつ計８回（ただし①期から②期の間は８ヶ月）の対話が行われている[2]。

各学習者の個人識別記号は，中国語母語話者 RY，LL，SH，韓国語母語話

1　サコダコーパスは 2013 年より、C-JAS（Corpus of Japanese as a second language）として国立国語研究所より一般公開されている。C-JAS には、それ以前のサコダコーパスと比べ、学習者 ID や発話の表記形態および用例番号などで異なっている点がある。C-JAS は、誤用タグと品詞タグを付与し、検索システムを備えて 2019 年現在，次の URL で公開されている（http://lsaj.ninjal.ac.jp/）。
2　LL，SH，CH は②期のデータが欠損している。

者CH，TN，YNである[3]。資料収集時期と学習者の日本語の学習期間，各回の話題は以下の通りである（迫田1998）。

(5.1)　サコダコーパスの資料収集時期，各学習者の日本語の学習期間，各回の話題

①1991年7・8月　（日本語学習期間約3～4ヶ月）
「小・中学校の先生の思い出」
②1992年3・4月　（日本語学習期間約11～12ヶ月）
「留学1年間を振り返って」
③1992年7・8月　（日本語学習期間約15～16ヶ月）
「私の日本人の友達」
④1992年11・12月　（日本語学習期間約19～20ヶ月）
「私の学校生活」
⑤1993年3・4月　（日本語学習期間約23～24ヶ月）
「日本人について」
⑥1993年7・8月　（日本語学習期間約27～28ヶ月）
「休暇の過ごしかた」
⑦1993年11・12月　（日本語学習期間約31～32ヶ月）
「日本の衣食住について」
⑧1994年3・4月　（日本語学習期間約35～36ヶ月）
「日本での3年間を振り返って」

2-2. 分析の方法

分析する自動詞，他動詞対を「つく－つける」，「きまる－きめる」，「かわる－かえる」に限定する。これらは，第4章の横断的発話データで使用数が比較的多かった動詞対である。

第一言語としての日本語における動詞形の発達を見た岩立（1980）も，動詞

3　各学習者の性別，調査時の年齢は次の通り。中国語母語話者RY（女性，22～25歳），LL（女性，20～23歳），SH（女性，25～28歳），韓国語母語話者TN（男性，21～24歳），CH（男性，18～21歳），YN（女性，21～24歳）。

の活用形を分析する方法として，分析する動詞の数を限定した分析を行っている。このように動詞を限定する理由として，岩立は言語発達の初期段階では変化が個々の動詞で個性的に生じるので，きめ細かな分析が必要であるとしている。第二言語としての日本語における対のある自他動詞の習得過程の分析においても同様の分析を行うことが可能であり，また必要であると考え，本研究でも動詞対を限定した。

以下では，「つく－つける」，「きまる－きめる」，「かわる－かえる」という三つの動詞対について，6名それぞれによって用いられる動詞とその活用形を抽出して整理する。次に，それをまとめる形で全体的な使用の傾向を示す。

第3節　結果

発話データに現れる「つく」，「つける」，「きまる」，「きめる」，「かわる」，「かえる」の使用を全て抽出した結果，「きまる－きめる」，「かわる－かえる」の使用は比較的，資料全体に渡って見られた。一方，「つく－つける」の使用はそれらとは異なり，「気をつけて」，「気がついた」，「けちをつける」などの慣用句や定型表現での使用が多かった。よって，「つく」，「つける」については，分析対象から除外する。

そこで本節では，6名の学習者それぞれの「きまる」，「きめる」，「かわる」，「かえる」の使用を時系列に沿って活用形ごとに整理し[4]，その変遷を表に示す。以下，「きまる」，「きめる」，続いて「かわる」，「かえる」という順に示す。

3-1.「きまる」，「きめる」の使用

3-1-1. RYの場合

表5-1は各期のRYの発話に出現した「きまる」，「きめる」の使用を全て抜き出し，それぞれの動詞について活用形ごとに整理したものである。表中の数字は正用を，（　）内の数字は対のもう一方が適切な文脈で異なる一方を使用した誤用の回数を表す。例えば「きめる」で（1）のように括弧に入った数字が記入されている場合は，もう一方の動詞「きまる」を用いるべき文脈に「き

4　それぞれの学習者の「きまる－きめる」「かわる－かえる」の使用一覧は，補助資料4，補助資料5として巻末に付す。

める」が１回出現したことを表す。

表 5-1. RYの「きまる」「きめる」の使用

動詞	活用形	形式	①	②	③	④	⑤	⑥	⑦	⑧
きまる（自動詞）	タ形	きまった		不明 1						
		きまったんです								1
		きまったんだから								2
	テ形	きまってる							2	
	ナイ形	きまらなければならない								(1)
	辞書形	きまる						(1)		
きめる（他動詞）	タ形	きめたら			1					
	テ形	きめてない	2		1	2		2		
	ナイ形	きめない				(1)				
	マス形	きめました				1				
		きめます			1					
	辞書形	きめること		1	5(1)			1		

それぞれの動詞の使用を見てみると，他動詞「きめる」は，テ形「きめてない」が①期から出現し，②期に辞書形「きめること」が出現し，③期にはテ形，辞書形に加えて，タ形，マス形も見られる。誤用としては，③期に辞書形「きめること」が自動詞の「きまること」がふさわしい文脈で用いられ，④期にナイ形「きめない」が自動詞の「きまらない」がふさわしい文脈で用いられている。一方の自動詞「きまる」は，②期にタ形「きまった」が１度出現した以降はしばらく見られず，その後，⑥期ではじめて，辞書形「きまる」が他動詞の「きめる」がふさわしい文脈で使用されている。なお，他動詞の辞書形「きめること」は，これと同じ⑥期に正用で表れる。⑦期以降は，他動詞「きめる」は出現しないが，自動詞「きまる」が⑦期にはテ形，⑧期にはタ形，ナイ形で出現し，そのうち，ナイ形は，他動詞の「きめなければならない」が適切な文脈で自動詞の「きまらなければならない」が用いられている。

3-1-2. LLの場合

表5-2は各期のLLの発話に出現した「きまる」,「きめる」である。他動詞「きめる」は①期からテ形，マス形，辞書形で出現するが，自動詞「きまる」は④期にはじめて，タ形「きまったから」が出現する。④期には，他動詞のタ形の「きめたのこと」の使用も見られる。⑤期は他動詞のナイ形「きめない」，⑥期は他動詞のマス形の「きめたい」，可能形の「きめられない」が出現するが，自動詞「きめる」は使用されていない。一方，⑦期は自動詞のテ形の「きまっているんですけど」，⑧期は自動詞のタ形「きまったんですから」,「きまたこと」が出現する。LLの使用には誤用がほとんどなく，⑧期に，「自分きめ，きまたこと」のように，他動詞を自動詞に自己修正したために起こった誤用が唯一である。④期には他動詞のタ形「自分きめたのこと」と使用している箇所があることから見ると，これ以降の時期に，どちらを使用するか判断がゆれ始めたとも考えられる。

表5-2. LLの「きまる」「きめる」の推移

<table>
<tr><th>動詞</th><th>活用形</th><th>形式</th><th>①</th><th>②</th><th>③</th><th>④</th><th>⑤</th><th>⑥</th><th>⑦</th><th>⑧</th></tr>
<tr><td rowspan="4">きまる
(自動詞)</td><td rowspan="3">タ形</td><td>きまったから</td><td></td><td rowspan="11">欠損</td><td></td><td>1</td><td></td><td></td><td></td><td></td></tr>
<tr><td>きまったんですから</td><td></td><td></td><td></td><td></td><td></td><td></td><td>1</td></tr>
<tr><td>自分きめ，きまたこと</td><td></td><td></td><td></td><td></td><td></td><td></td><td>(1)</td></tr>
<tr><td>テ形</td><td>きまってるんですけど</td><td></td><td></td><td></td><td></td><td></td><td>1</td><td></td></tr>
<tr><td rowspan="7">きめる
(他動詞)</td><td>タ形</td><td>自分きめたのこと</td><td></td><td></td><td>1</td><td></td><td></td><td></td><td></td></tr>
<tr><td>テ形</td><td>きめてない</td><td>1</td><td></td><td></td><td></td><td></td><td></td><td></td></tr>
<tr><td>ナイ形</td><td>きめない</td><td></td><td></td><td></td><td>1</td><td></td><td></td><td></td></tr>
<tr><td rowspan="2">マス形</td><td>きめました</td><td>1</td><td></td><td></td><td></td><td></td><td></td><td></td></tr>
<tr><td>きめたい</td><td></td><td></td><td></td><td></td><td>1</td><td></td><td></td></tr>
<tr><td>辞書形</td><td>自分きめるの</td><td>2</td><td></td><td></td><td></td><td></td><td></td><td></td></tr>
<tr><td>可能形</td><td>きめられない</td><td></td><td></td><td></td><td></td><td>1</td><td></td><td></td></tr>
</table>

3-1-3. SHの場合

表5-3は各期のSHの発話に出現した「きまる」「きめる」である。SHは一貫して，自動詞は1回も出現しなかった。

表 5-3. SH の「きまる」「きめる」の推移

動詞	活用形	形式	①	②	③	④	⑤		⑥	⑦	⑧
きめる（他動詞）	タ形	きめた		欠損		4	1				
		きめたから								1	
		きめたけど								1	
		きめたこと					2				
		きめたら					1			(1)	
	テ形	きめて					1			2	3
		きめてない			1		(1)		1	(1)	
		きめてます				(1)					
	マス形	きめます			1		1				

④期，⑤期，⑦期には，自動詞「きまる」を用いるべき文脈で他動詞「きめる」を用いた誤用が見られる。自動詞のテ形の「きまってます」「きまってない」，タ形の「きまったら」を用いるべき文脈で，他動詞のテ形，タ形を使用している。このことから，自動詞が適切な場面が発話中になかったわけではなく，自動詞がふさわしい文脈でも，それを使えなかったということであろう。「きめてない」という形式に関しては，③期，⑥期，⑦期では「まだ決めてない」という一定の形で使用しており，定型表現として使用している可能性がある。

3-1-4. CH の場合

以下の表 5-4 は各期の CH の発話に出現した「きまる」「きめる」である。SH 同様，CH の発話でも自動詞「きまる」の使用はなかった。ただし CH は，他動詞「きめる」も使用が少なく，⑧期にマス形と辞書形が 1 回ずつ出現するのみであった。

表 5-4. CH の「きまる」「きめる」の推移

動詞	活用形	形式	①	②	③	④	⑤	⑥	⑦	⑧
きめる（他動詞）	マス形	きめちゃって		欠損						1
	辞書形	きめるんですよ								1

3-1-5. TNの場合

表5-5は各期のTNの発話に出現した「きまる」,「きめる」である。SH, CH同様, TNの発話でも自動詞「きまる」は1回も出現しない。他動詞「きめる」は③期から出現する。誤用としては, ③期では自動詞のマス形の「きまりませんから」, ⑥期ではタ形の「きまった」, テ形の「きまってない」, ⑧期ではテ形の「きまっている」がふさわしい文脈で, 他動詞「きめる」のタ形, テ形, マス形を使用している。

表5-5. TNの「きまる」「きめる」の推移

動詞	活用形	形式	①	②	③	④	⑤	⑥	⑦	⑧
きめる（他動詞）	タ形	きめた					1	(1)		
		きめたから							1	
	テ形	きめて					1	2		
		きめている								(1)
		きめてない						(1)		
	マス形	きめませんから			(1)					
	辞書形	きめるかと					1			

インタビュアー（NS）とのやりとりを観察してみると, ⑧期で, TNの「（スロットでは, いつ出るかという）パターンが決めているんですね。」という発話を受けて, NSが「誰が決めているのか」を聞いている箇所がある。その答えとして, TNは「分かりません」と答えている。このことから, TNはこの発話では, 誰かの行為として「パターンを決める」という表現をするために, 意図的に他動詞「決める」を選択して使っているわけではないと考えられる。

3-1-6. YNの場合

表5-6は各期のYNの発話に出現した「きまる」,「きめる」である。他動詞「きめる」は②期から⑦期まで出現したが, 自動詞「きまる」は⑧期に1回出現するのみであった。

表 5-6. YN の「きまる」「きめる」の推移

動詞	活用形	形式	①	②	③	④	⑤	⑥	⑦	⑧
きまる（自動詞）	タ形	きまったら								1
きめる（他動詞）	テ形	きめて					1		1	
		きめてある						(1)		
		きめている						(2)	(1)	
		きめてなかった		2						
		きめてます						(2)		
	マス形	きめました			1			1		

誤用としては，⑥期に自動詞のテ形の「きまっている」，「きまってます」というべき文脈で，他動詞のテ形の「きめてある」，「きめている」，「きめてます」を用いて誤用になっている。⑦期には自動詞のテ形「きまっている」を用いるべき文脈で, 他動詞のテ形の「きめている」を使用している。YN の他動詞「きめる」の使用は，テ形かマス形に限られた。一方，⑧期に出現する自動詞「きまる」はタ形であり，「きまる」，「きめる」の二つの動詞を用いる際に，活用形次第で自動詞を使用するか，他動詞を使用するかが決定されるような使用の偏りが見られたという可能性がある。

3-2.「かわる」，「かえる」の使用

3-2-1. RY の場合

表 5-7 は各期の RY の発話に出現した「かわる」,「かえる」である。他動詞「かえる」は期間中一度も出現しない。自動詞「かわる」は①期から使用が見られ，全期間では様々な活用形で計 18 回使用されるが誤用はなかった。

表 5-7. RY の「かわる」「かえる」の推移

動詞	活用形	形式	①	②	③	④	⑤	⑥	⑦	⑧
かわる（自動詞）	タ形	かわっただから								1
		かわった	1							1
		かわったこと								1
		かわったところ							1	
		かわったほう								1
		かわったんだから								1

かわる（自動詞）	テ形	かわってきったの						1		
		かわってきた						1		
		かわってみたい				1				
	ナイ形	かわらない	1							1
	マス形	かわりたい				1				
		かわりました							1	
		かわります					2			
	辞書形	かわる	1							
	可能動詞	かわれませんです					1			

3-2-2. LL の場合

表 5-8 は各期の LL の発話に出現した「かわる」,「かえる」である。自動詞「かわる」の使用が目立つが，RY 同様，誤用はなかった。これは偶然，データに他動詞を用いるべき文脈がなかったとも考えられるが，①期の発話で「洋服を取り替える」という文脈では，LL は「チェンジ，チェンジ」と他動詞「かえる」を使用せずに発話をしており，NS の「変えるのね」という確認に「はい」と答えている箇所がある。一方，同期に自動詞「かわる」は，タ形，マス形，辞書形で，「変わったらもう」，「人生の変わるの，少し変わりました」，「少し変わりました」，「変わるの」という使用がある。このことから，LL は①期から複数の活用形で「かわる」は使用できるが，「かえる」は使用できなかったと考えられる。なお，他動詞「かえる」の使用なのかどうか文脈から判定することが難しかった使用例が①期，⑥期，⑧期に見られた。これらは，前後の文脈からは，①期，⑥期では「書いちゃった」「書いた本」の活用の誤用として「かえちゃった」「かえた本」，⑧期では，「変えるか」ではなく「帰るか」のつもりで発話している可能性があり，他動詞「かえる」の使用であるとは確定できなかった。これら 3 例を除くと，LL は他動詞「かえる」を 1 回も使用していないことになる。

表 5-8. LL の「かわる」「かえる」の推移

動詞	活用形	形式	①	②	③	④	⑤	⑥	⑦	⑧
かわる（自動詞）	タ形	かわった		欠損	2					
		かわったほう					1			
		かわったら	1							
		かわったんです								1
	テ形	かわって						1		1 不明 1
		かわってしまって				1				
		かわってきた				1				
		かわっていった								1
		かわってない				1	1			
	ナイ形	かわらないけ（れ）ど（も）				2	3		3	
		かわらないし					2			1
		かわらないです						1	1	
		かわらないと								1
		かわらないんです							1	
	マス形	かわりました	2							
	辞書形	かわる			3	1		不明 1		
		かわるけど					1			
		かわるだから								1
		かわるの	1							
		かわるは				1				
		かわるはず			1					
		かわるんよ						1		
かえる（他動詞）	タ形？	かえたという本（書いたという本？）						不明 1		
	テ形？	かえちゃった（書いちゃった？）	不明 1							
	辞書形？	かえるか（帰るか？）								不明 1

3-2-3. SHの場合

表5-9は各期のSHの発話に出現した「かわる」,「かえる」である。自動詞「かわる」も他動詞「かえる」も同時期の③期から出現する。⑤期，⑥期，⑦期に他動詞「かえる」を用いるべき文脈で自動詞「かわる」を使用した誤用がある。⑤期では，タ形の自動詞「かわった」，他動詞「かえた」で正用が見られたが，他動詞のナイ形，マス形を用いるべき文脈では，自動詞「かわらない」,「かわります」を用いて誤用になっている。⑦期では，③期で正用が見られた他動詞のテ形「かえて」が使用されずに，自動詞のテ形「かわって」を用いた誤用がある。⑦期では，自動詞のナイ形「かわらない」の誤用も⑤期に引き続き見られた。

表5-9. SHの「かわる」「かえる」の推移

動詞	活用形	形式	①	②	③	④	⑤	⑥	⑦	⑧
かわる（自動詞）	タ形	かわった		欠損			1	1		
		かわったかもしれない				1				
		かわったでしょ				1				
		かわったんです						1		
		かわったら							1	
	テ形	かわって						1	(2)	
		かわってきた							3	3
		かわってきて							1	
		かわってくる								1
		かわってほしい								1
	ナイ形	かわらない			1		(1)	4	4(2)	
	マス形	かわり，				不明 1				
		かわりました				5	1		1	
		かわります			1	1	(3)	(1)		
	辞書形	かわるかも（しれない）				1				2
		かわるじゃないよ						1		
かえる（他動詞）	タ形	かえた					1			
	テ形	かえて			1					

3-2-4. CH の場合

表5-10は各期のCHの発話に出現した「かわる」,「かえる」である。CHの発話ではSH同様，自動詞も他動詞も③期から出現する。③期ではテ形「かえて」,「かわって」の両方が使用され，自動詞も他動詞も正用であった。それ以外の活用形では，出現した動詞が自動詞，他動詞の一方に限られており，テ形以外は活用形によって自動詞，他動詞の使用が固定している可能性がある。

表5-10. CHの「かわる」「かえる」の推移

<table>
<tr><th>動詞</th><th>活用形</th><th>形式</th><th>①</th><th>②</th><th>③</th><th>④</th><th>⑤</th><th>⑥</th><th>⑦</th><th>⑧</th></tr>
<tr><td rowspan="12">かわる
(自動詞)</td><td rowspan="2">タ形</td><td>かわったもんだから</td><td></td><td rowspan="16">欠損</td><td></td><td>1</td><td></td><td></td><td></td><td></td></tr>
<tr><td>かわったら</td><td></td><td></td><td>2</td><td></td><td></td><td></td><td></td></tr>
<tr><td rowspan="4">テ形</td><td>かわって</td><td></td><td>1</td><td></td><td></td><td></td><td></td><td></td></tr>
<tr><td>かわってない</td><td></td><td></td><td></td><td></td><td></td><td>2</td><td></td></tr>
<tr><td>かわってません</td><td></td><td></td><td></td><td></td><td></td><td></td><td>1</td></tr>
<tr><td>かわってる</td><td></td><td></td><td></td><td></td><td></td><td>2</td><td>2</td></tr>
<tr><td>ナイ形</td><td>かわらない</td><td></td><td></td><td>2</td><td></td><td></td><td></td><td></td></tr>
<tr><td rowspan="5">辞書形</td><td>かわる</td><td></td><td></td><td></td><td></td><td></td><td></td><td></td></tr>
<tr><td>かわるでしょ</td><td></td><td></td><td>1</td><td></td><td></td><td></td><td></td></tr>
<tr><td>かわるのは</td><td></td><td></td><td>1</td><td></td><td></td><td></td><td></td></tr>
<tr><td>かわるらしい</td><td></td><td></td><td>1</td><td></td><td></td><td></td><td></td></tr>
<tr><td>かわるわけ</td><td></td><td></td><td>1</td><td></td><td></td><td></td><td></td></tr>
<tr><td rowspan="4">かえる
(他動詞)</td><td>テ形</td><td>かえて</td><td></td><td>1</td><td></td><td></td><td>1</td><td>不明
1</td><td></td></tr>
<tr><td>マス形</td><td>かえたい</td><td></td><td></td><td></td><td></td><td></td><td></td><td>1</td></tr>
<tr><td>意向形</td><td>かえよっかな</td><td></td><td></td><td>1</td><td></td><td></td><td></td><td></td></tr>
<tr><td>可能形</td><td>かえれないでしょう</td><td></td><td></td><td></td><td></td><td></td><td>1</td><td></td></tr>
</table>

3-2-5. TN の場合

表5-11は各期のTNの発話に出現した「かわる」,「かえる」である。自動詞「かわる」は④期から⑧期まで出現する一方，他動詞「かえる」は③期に1回見られるのみである。しかしこの使用は，前後の文脈から「変えるか」ではなく「帰るか」のつもりで発話している可能性がある。他動詞を用いるべき文脈で自動詞を使用している箇所はなく，自動詞「かわる」の使用はいずれも正用である。

表 5-11．TN の「かわる」「かえる」の推移

動詞	活用形	形式	①	②	③	④	⑤	⑥	⑦	⑧
かわる（自動詞）	タ形	かわったかな								
		かわったですね				1	2			
		かわったほうがいい				1				
		かわったら							1	
		かわったんですね								1
	テ形	かわって				1	1			
		かわってから				1				
		かわってくる				1				
		かわってない							1	
	ナイ形	かわらん							1	
	マス形	かわります				1				
	辞書形	かわる，ほうがいい				1				
		かわるかも							1	
		かわるから					1			
		かわるようにする				1				
		かわるんですね							1	
かえる（他動詞）	辞書形	かえるか（帰るか？）			不明 1					

3-2-6. YN の場合

表 5-12 は各期の YN の発話に出現した「かわる」，「かえる」である。誤用としては，②期に他動詞のマス形「かえました」を用いるべき文脈で自動詞「かわりました」を用いた誤用がある。一方，②期，⑧期に，自動詞「かわる」のタ形「かわった」，辞書形「かわる」「かわるように」を用いるべき文脈で，他動詞のタ形，辞書形を用いた誤用がある。⑧期には，「かえるようにしました」という YN の発話を受けて，NS が「かえる，韓国に帰るじゃなくて」と確認しているが，それに対して YN は「かえるじゃ，変わる」と自らの発言を訂正している。このことから，⑧期では，「かわる」の使用がされ始めているが，まだ定着していないとも考えられる。音声で確認したところ，この発話は収録テープの A 面から B 面に切り替わった直後のものであり，録音が切れていたため，これ以上詳しく文脈などから分析することができなかった。

表 5-12. YN の「かわる」「かえる」の推移

動詞	活用形	形式	①	②	③	④	⑤	⑥	⑦	⑧
かわる（自動詞）	タ形	かわったな							1	
		かわった人								1
		かわったかもしれない			1					
		かわったんだって								1
	テ形	かわっているかな			1					
	ナイ形	かわらないって				1				
	マス形	かわりました		(1)						3
		かわります		1						
		かわりません		1						
	辞書形	かわる								1
		かわるもんだなー						1		
		かわるんでしょ			1					
	意向形	かわろうと								不明 1
かえる（他動詞）	タ形	かえた		(1) 不明 1						
	テ形	かえて（不明）		不明 1						
	辞書形	かえると思う								(1)
		かえるように								(1)

第４節　考察

以上，自他動詞対「きまる－きめる」，「かわる－かえる」の使用について，学習者６名の使用を縦断的に分析した[5]。各動詞対について全体的な使用の傾向をまとめる。

「きまる－きめる」の使用は，期間中一貫して他動詞「きめる」のみの使用だった学習者が３名（SH, CH, TN），他動詞「きめる」のみの使用から始まり，その後は自動詞「きまる」と他動詞「きめる」の併用が見られた学習者が３名（RY，LL，YN）であった。この場合，移行の時期は一致しなかった。この結果から，「きまる－きめる」は，はじめの時点では，他動詞「きめる」が使用されやすいという使用傾向が見られることが示唆された。このことから，「き

5　再集計をしたため，中石（2004）と数値，形式の記述のしかたが異なる部分がある。いずれも結果には影響しない範囲の訂正であった。

まる－きめる」の使用については，日本語学習初期には，いくつかの活用形で他動詞「きめる」が使用され，その後，自動詞「きまる」が併用されるようになると考えられる。

「かわる－かえる」の使用は，期間中一貫して自動詞「かわる」のみの使用であった学習者が3名（RY，LL，TN），自動詞「かわる」，他動詞「かえる」の併用が同時期から見られる学習者が3名（SH，CH，YN）であった。併用が見られ始めたのは，②期あるいは③期（学習開始から11ヶ月から16ヶ月）であった。このことから，「かわる－かえる」は，自動詞「かわる」のみが使用され，他動詞「かえる」の使用が一貫して見られない学習者と，自動詞「かわる」と他動詞「かえる」の両方が使用される学習者がいることが分かった。ただし，この指摘に関しては，自動詞「かわる」のみの使用だった学習者3名（RY，LL，TN）の発話にはいずれも他動詞「かえる」を用いるべき文脈がなかっただけであるとも考えられる。その他の解釈の可能性として，学習者が「かえる」の使用が必要になる話題を回避しているとも，自動詞「かわる」さえ使用していれば，誤用にならない文脈がそもそも多いとも考えられるが，これ以上の分析はできなかった。

以上，縦断的発話データの分析結果から，「きまる－きめる」，「かわる－かえる」の使用の推移について予想をまとめると以下のようになる。

(5.2)「きまる－きめる」の推移

きめる（他）>　{ きめる（他） / きまる（自） }

(5.3)「かわる－かえる」の推移

かわる（自）≧　{ かわる（自） / かえる（他） }

分析を行う前には，「自動詞の使用が難しい」（守屋1994，小林1996，Morita 2004）という先行研究の指摘から，学習者の対のある自動詞，他動詞の使用は，自動詞がふさわしい文脈にも他動詞が過剰に使用されることから始まり，徐々に自動詞の正しい使用が見られるようになり，最終的に自動詞，他動詞の使い分けが行われるようになるという推移が予想された。しかし，サコダコーパスにおける「きまる−きめる」，「かわる−かえる」を分析すると，学習者によっては一貫して対の片方しか使用しない場合があった。また，「かわる−かえる」の使用に見られたように，自動詞の使用が，むしろ他動詞の使用よりも先行する場合が見られた。

本研究の結果，対のある自動詞，他動詞の使用には，対の一方のみを使用するパターン，あるいは，活用形によって自動詞，他動詞のどちらを使用するかが固定しているパターンが存在することが示唆された。また，他動詞だから早くから使用される，自動詞だから遅くまで使用されない，というように，自動詞，他動詞という動詞カテゴリーで共通して，使用されやすさや間違いやすさが決まるのではなく，それぞれの動詞対によって使用の推移の仕方が異なる可能性が示された。

それでは，どのような原因が，先行して使用される動詞対の一方を決定づけるのか。まず，要因の一つとして，学習者の使用した教科書の影響が考えられる。今回分析したサコダコーパスに登場する６名の学習者は，同一の教育機関において日本語を学び，同一の初級教科書『日本語初歩』を使用している。しかしながら，この教科書には今回分析した動詞語彙「きまる」，「きめる」，「かわる」，「かえる」のいずれも出現せず，教科書の影響については検討できなかった。もう一つの要因として，周囲からのインプットにおける各動詞の使用頻度が関わると想定できる。表 5-13 は，検索エンジン Google（http://www.google.co.jp/）を用いて検索した「きまる」，「きめる」，「かわる」，「かえる」のテ形，タ形，辞書形，ナイ形，マス形の各動詞形を含むサイト数（2004 年 7 月 11 日検索）と国立国語研究所（1997）のテレビ番組における各動詞の頻度の順位を表したものである。

表 5-13 から，学習者が先行して使用するようになる「きめる」，「かわる」は，もう一方の「きまる」「かえる」より多くのサイトで使用され，テレビ番組でも頻出することが分かった。この結果からすると，学習者が先行して使用するようになる対の一方は，周囲の言語環境における使用頻度が関係する可能性があると言えよう。この点に関しては機会を改め，新たな研究を通して明らかにする必要がある。

表 5-13.「きまる－きめる」「かわる－かえる」の出現サイト数とテレビ番組における頻度の順位

動詞	出現サイト数（インターネット）（件）	頻出順位（テレビ番組）（位）
きまる	373000	253
きめる	3929800	166
かわる	8183000	184
かえる	4607000	312

第 4 章，第 5 章の発話データの分析を通し，対のある自動詞，他動詞の習得については，「自動詞」と「他動詞」の使い分けという文法的観点を一旦脇に置き，それぞれの語について発達過程を見る，語彙の習得という観点で行った。そのうち第 5 章では，縦断的発話データを用いて，特定の学習者の自動詞，他動詞使用の様相とその推移の観察を行った。

しかし，データの性格上，詳細な分析には限界があった。第 4 章で扱った KY コーパスでは，先に説明した通り，口頭運用能力測定テスト OPI での評価者であるインタビュアーと受験者である学習者の間のやり取りを録音したものである。OPI では，レベルごとにふさわしい話題があり，評価者が想定される学習者のレベルを考慮しつつ，話題を選択する。また，インタビュアーは，学習者が「おはこ」の話題によって，不当に高いレベルに評価されることを避けるために，話題は学習者ごとに，機会ごとに様々なバリエーションを用意する。このように，話題に個人差がある KY コーパスの分析では，多くの学習者に共通して使用される動詞対は限られた可能性がある。第 5 章で扱ったサコダコーパスは，一人の学習者と一人の日本語母語話者による対話を文字化した資料であった。8 回の資料収集では，学習者に共通した話題が毎回新しく設定されたため，学習者間で同時期の発話内容を比較する際には，用いられる語が比較的揃いやすい。しかし，3 年間の発話内容全体を縦断的に比較する際には，話題ごとに用いられやすい語が異なるため，分析対象にできる共通して使用される動詞対に限りがあった。

いずれのコーパスも自由度の高い発話データであるという性質上，ある動詞の使用が義務的であり，かつ動詞の使用回数を学習者間で均等にするというような分析を行うことはできなかった。このような制限がありつつも，第 4 章，

第５章を通して，対のある自動詞，他動詞は，動詞対によって使用のされ方に偏りがあるという興味深い傾向が見られた。そこで第６章では，動詞の使用回数が学習者間を通して均等になるように，かつ，ある動詞の使用が誘出されるようにデザインした調査を通して，動詞対によって使用のされ方に偏りが見られるかどうかを検証する。

第６章　自動詞・他動詞対の使用傾向に関する仮説の検証
―動画を用いた文完成課題の分析を通して―

第１節　目的

第４章の横断的日本語学習者コーパスの分析，第５章の縦断的日本語学習者コーパスの分析の結果，対のある自動詞，他動詞は，動詞対によって個別に使用のされ方に偏りがあるという可能性が見られた。その偏りとは，自動詞を使用するのか他動詞を使用するのかが活用形によって固定している使用，あるいは活用形を問わず，対の一方のみが一貫して使用される使用である。しかし，いずれのデータも自然発話に近い文脈で収集されたものであったため，学習者によって用いる動詞の種類や数，用法に違いがあり，学習者の運用能力を一般化して捉えることが難しかった。そこで第６章では，対のある自動詞，他動詞の使用に偏りが見られるかどうかを，対のある自動詞，他動詞を誘出するようにデザインした文完成課題を材料にした調査によって検証する。

第２節　分析

2-1. 材料

本研究では視聴覚資料を作成して調査に使用した。この視聴覚資料とは，対のある自動詞，他動詞が用いられる場面を音声と共に収録した動画である。これは，従来の調査で用いられてきた絵や文章では，動きのある出来事や目に見えないような抽象的な出来事を端的に描くことが難しく，誘出できる動詞やその用法が制限されると考えたためである。

視聴覚資料の作成に際し，「つく－つける」，「きまる－きめる」，「かわる－かえる」という三つの自動詞，他動詞対について，動詞対３パターン×活用形（辞書形，テ形，ナイ形）３パターン×先行する名詞句（旧日本語能力試験４級レベルの語彙）３パターンを用いて，計 27 項目の対のある自動詞文，対のある他動詞文を誘出する場面を設定した。その場面では，辞書形，テ形，ナイ形いずれの活用形にも対のある自動詞，他動詞の両方が含まれるようにした。次に，その場面の映像のイメージおよびナレーションの台本を用意して，動画を収録した。

表 6-1 に調査に使用したナレーションとその動詞対，活用形，先行する名詞句を示す。各活用形を誘出する文型として，テ形は「～ている（結果の状態）」，継起の「て」，「～てください」，辞書形は言い切りの形，「～んです」，「～ことができません」，ナイ形は言い切りの形，「～ないんです」，「～ないでください」を用いた。なお，空欄の直前の名詞句の取る助詞は，対比のハになっていたり，ニ格になっていたりする場合がある。

表 6-1．調査に使用したナレーションとその動詞対，活用形，先行名詞句

ナレーション（数字は問題番号，下線は解答用紙の空欄部分）	活用形	動詞対（正答の動詞に下線を付す）	先行名詞句
3. このボタンを押すと，ラジオがつくんです。	辞書形	「つく－つける」	ラジオが
19. このボタンを押すと，テレビがつくんです。		「つく－つける」	テレビが
8. 電気をつける。		「つく－つける」	電気を
21. 電気がついている。	テ形	「つく－つける」	電気が
17. テレビをつけて，いすに座る。		「つく－つける」	テレビを
28. すみません，電気をつけてください。		「つく－つける」	電気を
1. 電気がつかない。	ナイ形	「つく－つける」	電気が
15. テレビがつかない。		「つく－つける」	テレビが
33. ラジオをつけないでください。		「つく－つける」	ラジオを
5. もうすぐ食べ物がきまる。	辞書形	「きまる－きめる」	食べ物が
16. 行くところをきめるんです。		「きまる－きめる」	行くところを
30. 時間をきめることができません。		「きまる－きめる」	時間を
2. もう行くところはきまっているんです。	テ形	「きまる－きめる」	行くところは
27. 食べ物をきめて，先生に言います。		「きまる－きめる」	食べ物を
32. 時間をきめてください。		「きまる－きめる」	時間を
10. 時間がきまらないんです。	ナイ形	「きまる－きめる」	時間が
20. 食べ物がきまらない。		「きまる－きめる」	食べ物が
31. まだ，行くところをきめないでください。		「きまる－きめる」	行くところを

9. 来週から，時間がかわるんです。	辞書形	「かわる－かえる」	時間が
7. お金をかえることができる。		「かわる－かえる」	お金を
26. ペンを鉛筆にかえる。		「かわる－かえる」	ペンを鉛筆に
14. 時間がかわっているんです。	テ形	「かわる－かえる」	時間が
13. ペンを鉛筆にかえてください。		「かわる－かえる」	ペンを鉛筆に
23. お金をかえて，さいふに入れます。		「かわる－かえる」	お金を
22. 時間はかわらないんです。	ナイ形	「かわる－かえる」	時間は
4. ペンを鉛筆にかえないでください。		「かわる－かえる」	ペンを鉛筆に
29. このお金はかえない。		「かわる－かえる」	お金は

調査では，このターゲット27問にディストラクター6問を加えた計33問を用いた。

この視聴覚資料では，再生すると場面を描写するナレーションが映像と共に流れるが，調査協力者に解答してもらう部分にはホワイトノイズが入っている。視聴覚資料の全体の長さは約20分であった。視聴覚資料では問題を無作為に配列し，各映像の後に一律8秒の空白を置いた[1]。

なお，解答用紙には，動詞のはじめの1文字と後に続く文型のみが提示されている。解答用紙において，動詞のはじめの1文字を記載した理由は，回答する動詞を調査のターゲットである対のある自動詞，他動詞に限定するためである。以下に，映像と解答用紙の例を二つ挙げる。

1　調査に用いた説明資料および解答用紙は，補助資料6として巻末に付した。

(6-1) 映像と解答用紙の例

(映像1) 女性が部屋のテレビをつけて，椅子に座る。

図1．映像1

(ナレーション1) テレビを <ホワイトノイズ>，椅子に座る。

(解答用紙1) つ＿＿＿＿＿，いすに　すわる。

(映像2) 女性が机に向かって紙に字を書いている。ペンの文字がかすれるので，鉛筆を出して，ペンと取り替えようとしている。

図2．映像2

（ナレーション 2）ペンを鉛筆に <ホワイトノイズ>。
（解答用紙 2）か＿＿＿＿＿＿＿。

2-2. 対象

調査対象となったのは，日本国内外の複数の教育機関で学ぶ初級後半以降の学習者 214 名（中国語母語日本語学習者 88 名，韓国語母語日本語学習者 126 名）であった。調査協力者はいずれも，対のある自動詞，他動詞は既習であることが背景調査で確認されている。調査協力者の日本語能力を見るために，調査前に SPOT（Ver. A）[2] を実施した。SPOT の得点は，平均 43.2 点（平均正答率 66.5%，標準偏差 14.5）で，最高点 65 点（正答率 100%），最低点 10 点（正答率 15.4%）であった。このことから，調査対象は日本語レベルの差が大きいグループであることが分かる。

2-3. 方法

調査対象となった学習者は，視聴覚資料を見ることで思いついた動詞を次の映像が始まる前の空白時間 8 秒間で解答用紙に記入した。解答の際の注意点として，マス形を思いついた場合は普通形に直して記入すること，次の映像が始まったら，前に戻って解答を訂正してはいけないことが指示された。これらの指示については，調査前に文書で学習者に配布し，調査者がそれを読み上げて確認を行った。説明の後には練習として 3 問（「れんしゅう（1）」～「れんしゅう（3）」）の映像を流し，回答をそれぞれの学習者が一斉に行った。練習終了後は，映像を一端止めて解答を確認し，そのときに質問があれば受けた。

調査前に SPOT を用いた日本語能力のチェックが行われ，調査終了後には，母語，滞日経験，学習歴などを問う背景調査用紙の記入が行われた。調査は，複数の学習者を対象にして一斉に行ったが，実施は複数回に分けられた。所要時間は背景調査，日本語能力測定を含めて，毎回約 1 時間程度であった。

2　SPOT（Simple Performance-Oriented Test）は，自然な速度の音声テープを聞きながら，例えば「ごはんを食（ ）ました。」のように解答用紙に書いてある同じ文を目で追っていき，聞こえたひらがな一文字を解答用紙の（ ）に書き込ませるテストである。所要時間 10 分程度で，日本語の総合的言語能力を測定できることが大きな特徴として挙げられる。（小林・フォード丹羽・山元 1995）

第3節　結果

収録された視聴覚資料に関しては，学習者を対象にした調査に並行するタイミングで，日本語教師9名に対しても同様の課題を実施することで，映像から誘出できる動詞とその文型が一致することを保証した。具体的には，日本語教師8名以上の回答で使用する動詞およびその活用形が一致したもののみについて，学習者の回答を分析することとした。そのため，この時点で「ペンを鉛筆にかえないでください。」は分析から外されることになった。この項目については，調査に参加した日本語教師によって，ペンと鉛筆を取り替える動作が小さく目立たないため，設定が分かりにくいという指摘があった。その結果，「かわる－かえる」のナイ形に関する分析は2問のみで行った。

3-1. 対のある自動詞・他動詞の正答率

分析対象となった26項目について，正答，動詞対のもう片方の動詞との誤選択による誤答（以下，動詞対の誤選択による誤用），その他の誤答に解答を分類した。その他の誤答には，無回答，別の動詞を使用する誤用（例:つ くる），活用形の誤用（例：き まらない→き まない），文型の誤用（例：テレビをつけた，いすにすわる）が含まれる。これらの基準のうち，別の動詞を使用する誤用と活用形の誤用は，例えば「（お金を）かえして」の場合，別の動詞を使用した「お金を返して」なのか，「*換えして」という活用形の誤用であるのかで区別が困難な場合があった。よって，誤用の分類を行う際には，動詞対の誤選択による誤用を項目として設定することにとどめ，それ以上には分類をしなかった。

表6-2では自動詞が正答となる問題文，表6-3では他動詞が正答となる問題文について，調査で用いた問題文とその正答者数，各誤答者数，およびそれらの割合を示す。

表 6-2. 自動詞正選択率　(n=214)

ナレーション（数字は問題番号，下線は解答用紙の空欄部分）	正答（正選択）人	%	誤答（誤選択）人	%	誤答（その他）人	%
3. このボタンを押すと，ラジオがつくんです。（自・辞書）	43	20.1	67	31.3	104	48.6
19. このボタンを押すと，テレビがつくんです。（自・辞書）	43	20.1	86	40.2	85	39.7
21. 電気がついている。（自・テ）	48	22.4	50	23.4	116	54.2
1. 電気がつかない。（自・ナイ）	54	25.2	72	33.6	88	41.1
15. テレビがつかない。（自・ナイ）	65	30.4	93	43.5	56	26.2
5. もうすぐ食べ物がきまる。（自・辞書）	54	25.2	35	16.4	125	58.4
2. もう行くところはきまっているんです。（自・テ）	25	11.7	6	2.8	183	85.5
10. 時間がきまらないんです。（自・ナイ）	26	12.1	38	17.8	150	70.1
20. 食べ物がきまらない。（自・ナイ）	45	21.0	54	25.2	115	53.7
9. 来週から，時間がかわるんです。（自・辞書）	131	61.2	27	12.6	56	26.2
14. 時間がかわっているんです。（自・テ）	7	3.3	1	0.5	206	96.3
22. 時間はかわらないんです。（自・ナイ）	66	30.8	17	7.9	131	61.2

表 6-3. 他動詞正選択率　(n=214)

ナレーション（数字は問題番号，下線は解答用紙の空欄部分）	正答（正選択）人	%	誤答（誤選択）人	%	誤答（その他）人	%
8. 電気をつける。（他・辞書）	130	60.7	52	24.3	32	15.0
17. テレビをつけて(から)，いすに座る。（他・テ）	115	53.7	28	13.1	71	33.2
28. すみません，電気をつけてください。（他・テ）	128	59.8	25	11.7	61	28.5

33. ラジオをつけないでください。 （他・ナイ）	101	47.2	23	10.7	90	42.1
16. 行くところをきめるんです。 （他・辞書）	112	52.3	13	6.1	89	41.6
30. 時間をきめることができません。 （他・辞書）	157	73.4	16	7.5	41	19.2
27. 食べ物をきめて，先生に言います。 （他・テ）	88	41.1	9	4.2	117	54.7
32. 時間をきめてください。（他・テ）	144	67.3	10	4.7	60	28.0
31. まだ，行くところをきめないでください。（他・ナイ）	78	36.4	6	2.8	130	60.7
7. お金をかえることができる。 （他・辞書）	89	41.6	42	19.6	83	38.8
26. ペンを鉛筆にかえる。（他・辞書）	58	27.1	36	16.8	120	56.1
13. ペンを鉛筆にかえてください。 （他・テ）	55	25.7	30	14.0	129	60.3
23. お金をかえて，さいふに入れます。 （他・テ）	80	37.4	29	13.6	105	49.1
29. このお金はかえない。（他・ナイ）	55	25.7	32	15.0	127	59.3

これらの自動詞が正答となる問題文（12 問）での自動詞の正選択率，自動詞が正答となる問題文での他動詞の正選択率（14 問）について，正選択率の平均と標準偏差を集計した結果を表４に挙げる。

表 6-4. 対のある自動詞・他動詞の平均正選択率と標準偏差

動詞のグループ	正選択率（%）	標準偏差
自動詞	23.6	14.3
他動詞	46.4	15.4

ｔ検定の結果，他動詞文の平均正選択率は，自動詞文の平均正選択率に比べて有意に高いことが分かった ($t(24)=3.88, p<.05$)。他動詞に比べて自動詞の方が正選択率が低いことから，守屋（1994），小林（1996）が指摘する通り，自

動詞の方が他動詞に比べて習得が難しいと考えられる。しかし，標準偏差の大きさが示すように，問題文によって自動詞も他動詞も正選択率にはばらつきがあることが分かった。自動詞文と一括りに言っても，「来週から，時間がかわるんです。」は正答率が61.2%であるのに対して，「もう行くところはきまっているんです。」の正答率は11.7%，「時間がかわっているんです。」の正答率は3.3%であった。同じように，他動詞文でも，「時間をきめることができません。」は73.4%であるのに対して，「ペンを鉛筆にかえてください。」は25.7%であった。このことから，自動詞か，他動詞かということだけで正答率を予測することができないことが分かる。

そこで以下では，それぞれの調査協力者の使用を個人別，かつ語別に分析することで，「自動詞の習得が難しい」という従来の指摘が，どの学習者にとっても，そしていずれの動詞対にとっても当てはまるのかどうかを深く探ることにする。

3-2. 対のある自動詞・他動詞の語別使用状況

分析の結果，対のある自動詞，他動詞に関する学習者の使用は，①テ形，辞書形，ナイ形いずれの活用形においても自動詞のみを使用している場合，②テ形，辞書形，ナイ形いずれの活用形においても他動詞のみを使用している場合，③自動詞，他動詞のいずれも使用しているが，どちらを使用するかが活用形ごとに固定している場合，④自動詞，他動詞のいずれも使用し，かつ少なくとも一つの活用形において自動詞形，他動詞形のいずれも使用している場合の四つの使用パターンに分類できることが明らかになった。

以下ではその例として，四つの使用パターンについて，ある1名の学習者が文完成タスクで記入した解答を列挙したい。

(6.2) 対のある自動詞・他動詞の四つの使用パターン

①自動詞のみ：辞書形，テ形，ナイ形いずれの活用形においても自動詞のみを使用し，他動詞が使用されない場合

(例)

*ペンをえんぴつにかわる。　(辞書形—自動詞)

*お金をかわることができる。　（辞書形―自動詞）
*お金をかわって財布に入れます。　（テ形―自動詞）
*ペンをえんぴつにかわってください。　（テ形―自動詞）
時間はかわらないんです。　（ナイ形―自動詞）
*このお金はかわらないんです。　（ナイ形―自動詞）

②他動詞のみ：辞書形，テ形，ナイ形いずれの活用形においても，他動詞のみを使用し，自動詞が使用されない場合

（例）

*ここを押すと，ラジオがつけるんです。　（辞書形―他動詞）
電気をつける。　（辞書形―他動詞）
テレビをつけて，いすに座る。　（テ形―他動詞）
電気をつけてください。　（テ形―他動詞）
*電気がつけない。　（ナイ形―他動詞）
*テレビがつけない。　（ナイ形―他動詞）

③自動詞と他動詞（活用形で固定）：自動詞，他動詞のいずれも使用しているが，どちらを使用するかが活用形ごとに固定している場合

（例）

*行くところをきまるんです。　（辞書形―自動詞）
*時間をきまる。　（辞書形―自動詞）

食べ物をきめて，先生に言います。　（テ形―他動詞）
時間をきめてください。　（テ形―他動詞）

食べ物がきまらない。　（ナイ形―自動詞）
*行くところをきまらないでください。　（ナイ形―自動詞）

④自動詞と他動詞（活用形で固定なし）：自動詞，他動詞のいずれも使用し，少なくとも一つの活用形において自動詞，他動詞のいずれも使用してい

る場合
（例）

＊電気がつけない。　（ナイ形―他動詞）
テレビがつかない。　（ナイ形―自動詞）

なお，対のある自動詞，他動詞の語別の使用状況を分析するに当たっては，分析の信頼性を保証するために，ある個人の学習者の使用において，それぞれの動詞対において各活用形を2回以上使用し，かつテ形，辞書形，ナイ形いずれも欠けることなく使用していた場合のみを分析の対象とした。個々の学習者の回答について，上記の制限に照らした結果，回答の傾向を分類可能な対象者数は，「つく－つける」で83名，「きまる－きめる」で44名，「かわる－かえる」で22名となった。

以下の表6-5は，三つの動詞対について①から④の使用パターンに学習者を分類したときの人数を示している。

表6-5. 対のある自動詞・他動詞の使用パターン　（人）

動詞対	①自動詞のみ	②他動詞のみ	③自動詞と他動詞（活用形で固定）	④自動詞と他動詞（活用形で固定なし）	計
つく－つける	5	19	1	58	83
きまる－きめる	1	15	2	26	44
かわる－かえる	3	1	0	18	22

①②③の場合，その使用にはいずれも誤用を含んでいた。これらの使用では，自動詞または他動詞をもう一方が適当な場合に過剰使用している。一方，④の場合には，誤用を含む場合と使用の全てが正用の場合があった。

分析の結果，「つく－つける」「きまる－きめる」に関しては，自動詞のみの使用に比べて，他動詞のみを使用するパターンが多かったが，「かわる－かえる」では自動詞のみを使用するパターンの方がわずかに多かった。これは，第5章で扱った縦断的日本語学習者コーパスの分析結果と同様の傾向であった。なお，「かわる－かえる」に関しては，③活用形によって使用が固定している場合は1例も見られなかったが，「つく－つける」では1名，「きまる－きめる」では

2名の学習者の使用で，活用形の種類によって自動詞を用いるか，他動詞を用いるかが固定しているような使用が見られた。

3-3. 対のある自動詞・他動詞の使用パターンと学習者の日本語能力[3]

この節では，対のある自動詞，他動詞に関する四つの使用パターンを決定づける要因として，学習者の日本語能力に着目する。日本語能力の指標としてSPOT得点を用い，得点の高低によって学習者の用いる対のある自動詞，他動詞の使用パターンがどのように分布するかを分析した。

図6-3から図6-5は，SPOT得点と「つく－つける」，「きまる－きめる」，「かわる－かえる」の使用パターンの分布を分析した結果である。SPOTの得点を20点以下，21点以上30点以下，31点以上40点以下，41点以上50点以下，51点以上60点以下，61点以上の六つの群に分けて，各群の学習者の各使用パターンの割合を示す。

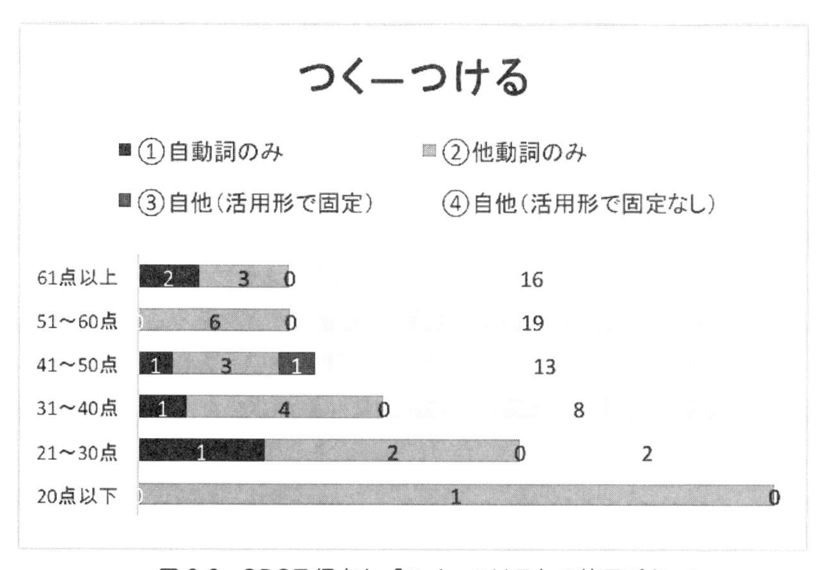

図6-3. SPOT得点と「つく－つける」の使用パターン

3　中石（2005）の分析方法と異なる。SPOTの点数で区分して見ることで学習者の使用パターンの推移を観察できると考えたため，再分析を行った。

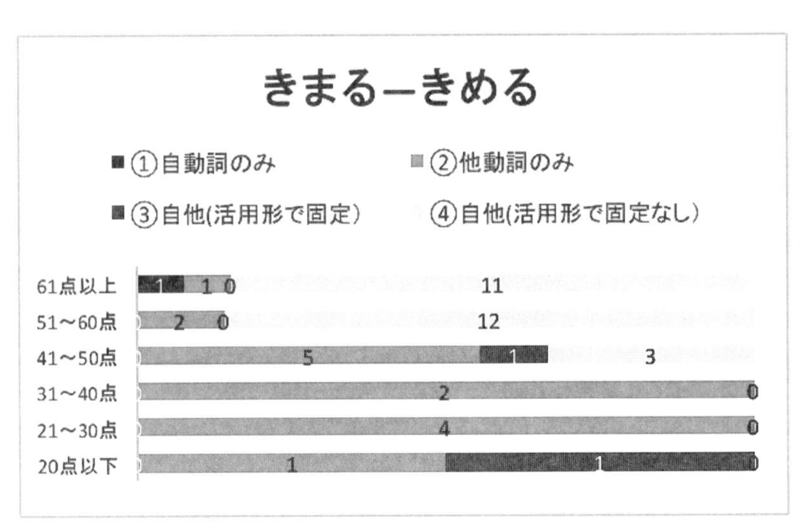

図 6-4. SPOT 得点と「きまる－きめる」の使用パターン

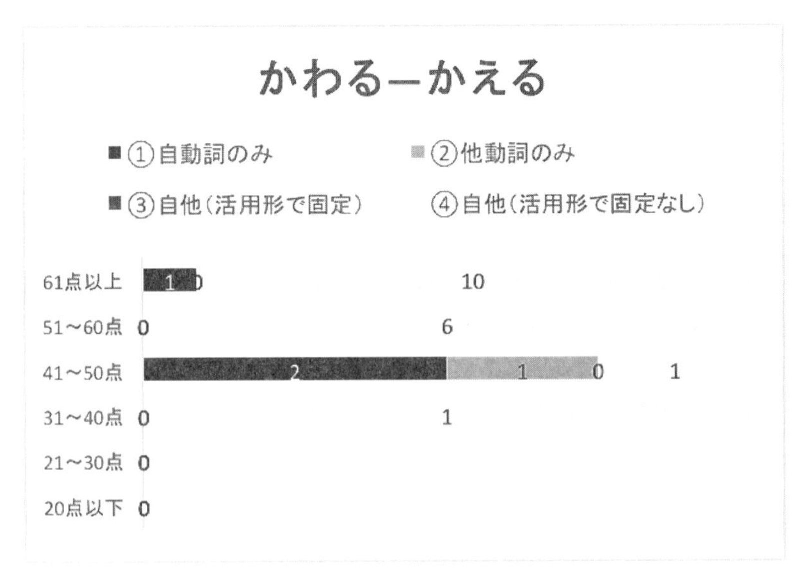

図 6-5. SPOT 得点と「かわる－かえる」の使用パターン

全体的に見ると，日本語能力が向上するとともに④のパターン，すなわち自動詞と他動詞のいずれか一方に偏らず，また活用形も固定されない使用ができるようになるという傾向があるようである。③自動詞，他動詞の活用形が固定する使用は，「つく－つける」で１名，「きまる－きめる」で２名の計３名と少なかったが，この３名はいずれも，SPOT 得点 50 点以下に分布していることが分かった。

日本語能力が低いうちは，三つの活用形をすべて複数回使用できた回答という条件をクリアする学習者が少なく，使用のパターンを詳しく見ることができる学習者が限られた。特に「かわる－かえる」については，SPOT 得点 31 点以上でようやく，この条件をクリアする学習者が出てきた。「かわる」（自動詞）のみの使用に偏った学習者が 41 点以上 50 点以下に２名，61 点以上に１名の計３名，「かえる」（他動詞）のみの使用に偏った学習者が 41 点 50 点以下に１名で，自動詞，他動詞のいずれかに偏った使用をする学習者が「つく－つける」，「きまる－きめる」と比較すると少なかった。このことから，「かわる－かえる」のように動詞対によっては，動詞対の両方を様々な場面で適切に使用できるようになることは，日本語レベルが上がるまで難しいことが分かる。

残りの二つの動詞対ごとの傾向を見てみると，「つく－つける」では，「つく」（自動詞）のみの使用，「つける」（他動詞）のみの使用が，SPOT 得点の高い 61 点以上の群にも分布していた。「きまる－きめる」では，「きまる」（自動詞）のみを使用していた学習者はSPOT 得点の高い 61 点以上の群に１名見られたが，対の一方しか出現しないような使用のしかたは「きめる」（他動詞）のみの使用に偏っていた。この結果から，「きまる－きめる」は「つく－つける」，「かわる－かえる」に比べると，他動詞の使用に偏りやすい動詞対であることが示唆される。以上のように日本語能力と使用パターンの関係を見てみると，その様相は動詞対によって異なっていることが明らかになった。

第４節　考察

第６章で実証した「つく－つける」，「きまる－きめる」，「かわる－かえる」の学習者の使用実態には，「かわる－かえる」で③の使用パターンを欠くものの，「つく－つける」，「きまる－きめる」では，①テ形，辞書形，ナイ形いずれの活用形においても自動詞のみを使用している場合，②いずれの活用形においても他動詞のみを使用している場合，③活用形によって使用が固定している場合，④少なくとも一つの活用形において自動詞形，他動詞形のいずれも使用している場合，の四つの使用パターンがあることが分かった。

四つの使用パターンのうち，①から③の使用パターンは，対のある自動詞，他動詞の学習者の使用には偏りが見られ，その偏りゆえに誤用が生じることを示している。中でも，③活用形によって使用が固定している場合は，各活用形において自動詞，他動詞が対立して存在するのではなく，また，対の一方が優先されて使用されるわけでもなく，いわば，活用形によって自動詞，他動詞が相補分布をなしている使用実態にあると言える。この結果は，小林（2001:156）で指摘された，学習者は「開いて」は「開ける」の活用形であるというように，対の動詞の一方を片方の活用形だと勘違いする混乱をするという指摘と同じ現象を捉えていると考えられる。

ここで，第一言語としての日本語の習得研究に目を向けると，前田・前田（1996:130）の日本人幼児１名（女児）が用いた「開（あ）く」，「開ける」に関して，この幼児は１歳３ヶ月から１歳４ヶ月あたりの使用では，「開く」は「あかない」の形で，「開ける」は「あけて」の形でというように特定の形態で用いるという特徴があったという指摘がある。第一言語と第二言語で共通する使用の傾向があることが分かり，興味深い。

一方，①テ形，辞書形，ナイ形いずれの活用形においても自動詞のみを使用している場合，②いずれの活用形においても他動詞のみを使用している場合は，どの活用形でも自動詞，他動詞対の片方のみが使用され，もう一方が一貫して出現しないものとしてまとめることができる。これらの使用から，学習者が運用の際に，使いやすい一方のみを手持ちの語彙として持ち，様々な活用形でその一方を用いて使用しているという使用実態が予想される。これについては今後，マス形，タ形，意向形にも観察する活用形を広げ，体系的に使用の実態を確認する必要がある。

本研究の結果から指摘できるのは，①から③の使用パターンに見られたような対のある自動詞，他動詞の使用の偏りは，自動詞，他動詞の使用の負担を軽減するために起こった，学習者なりの合理化の結果であろうということである。

そして，この合理化は自動詞全般，他動詞全般に同じような時期に同じような方法で見られるわけではなく，動詞対ごとの別々の様相があると考えた方がよいことが今回の調査から指摘できる。

なお，④の使用パターンは，自動詞，他動詞の両方を使用し，さらに，ある活用形で自動詞，他動詞の両方を使用していたものでいる。この使用パターンが示す習得状況は，その解答に正用と誤用が併存するか，それとも正用のみが見られるかによって大きく異なる。まず，正用のみが見られる場合は，意味的にも形式的にも類似する自動詞，他動詞「つく－つける」，「きまる－きめる」，「かわる－かえる」が，少なくとも調査で用いた文脈の中ではすでに学習者の中で体系化され，正しく使い分けられている段階に至っていると考えられる。一方，正用と誤用が併存する場合は，自動詞，他動詞がある活用形において，自由変異（free variation）で出現しているとまずは考えられる。自由変異はすでに習得された項目（item）に表現上の必要性から別の項目が追加され，それがすでに習得された項目との関係において体系（system）として整理されていないときに起こると言われる（Ellis 1999）[4]。もう一つの解釈としては，学習者の自動詞，他動詞対の使用が活用形以外の要素によって固定しているという可能性である。その他の要素の一つとして想定できるものに，文型がある。例えば，「～てください」という文型と共に覚えている動詞は自動詞なのか他動詞なのか，あるいは「～ている」という文型と共に覚えている動詞は自動詞なのか他動詞なのかというように，文型と特定の動詞が結びつくことによって，自動詞，他動詞の使用が固定している可能性があることが予想される。これを示唆する例として，本調査で使用した問32を見たい。

（6.3）32. 時間をきめてください。

問32について，使用パターンの分類を行うことができた44名の解答を確認してみると，自動詞のテ形を用いて，「きまってください」と記入していたの

4　Cruttenden（1981）は，第一言語における諸側面の発達の観察から，言語学習には個別的にかたまりとして使用される形式を学習する item-learning の段階と形式の体系化，規則化が行われる system-learning の段階があるとした。

は1名（C65）のみで，それ以外は全員が正答であった。このことから，「きめてください」は，定型表現として，それ以上に分割されることなく使用されていると予想される。そこで，この結果を「きめて」というテ形が正答になる問27と比較したい。

（6.4）27. 食べ物をきめて，先生に言います。

この問題では，先の44名のうち36名は正答であったが，自動詞のテ形「きまって」を記入した誤答が4名，「きめている」，「きめたので」，「きめてください」というように，他動詞を用いているが文型を間違えたため，その他の誤答に分類された誤用が4名あった。ここで注目したいのは，問27で自動詞のテ形「きまって」を誤選択した4名のうち3名は，上記の問32では，「きめてください」と正しく他動詞のテ形「きめて」を使用していたということである。言い換えるならば，この3名は，「きめてください」は使用できるのに，「～をきめて，～」は使用できなかったということになる。この使用のされ方から，学習者の自動詞，他動詞対の使用には，活用形だけでなく自動詞，他動詞と相性の良い文型という別の要因が関わっていることが示唆される。これについては，小林（2001:156）でも，「消えている－消した」の対応が，「消える－消す」の対応に戻りにくい学習者が存在することが指摘されている。

使用のされ方を決める要因としては文型の他にも，先行する名詞句が想定される。これは，例えば「お金－かえる」，「時間－かわる」といったように，先行する名詞句によって，自動詞か他動詞かが固定するという可能性である。例えば，本調査で使用した問題文には，問3と問19の文のように，名詞句のみが異なるミニマル・ペアがあった。

（6.5）　3. このボタンを押すと，ラジオがつくんです。
　　　　19. このボタンを押すと，テレビがつくんです。

これらの問題文の正答率（表6-2参照）は，いずれも20.1%で一致しているが，個人の解答を分析すると，ある個人の答えが問3と問19で必ずしも一致しないことが分かった。

例えば，学習者C5の解答では，問3で「つける」，問19で「つく」を使用している。

(6.6)　C5の解答

3. *このボタンを押すと，ラジオがつけるんです。

19.　このボタンを押すと，テレビがつくんです。

詳しく見てみると，「つく－つける」の分析対象者83名のうち，10名の解答で，問3と問19で一致しないことが分かった。

同様に，問1と問15も名詞句のみが異なるミニマル・ペアである。

(6.7)　1. 電気がつかない。

15. テレビがつかない。

このペアでは，9名の解答が問題番号1と問題番号15で一致しないことが分かった。例えば，学習者K55の解答では，問1で「つかない」，問15で「つけない」を使用している。

(6.8)　K55の解答

1.　電気がつかない。

15. *テレビがつけない。

このように，名詞句のみが異なる問題で自動詞，他動詞がともに使用されていることから，先行する名詞句によって自動詞，他動詞対の固定している可能性があるという可能性も考えられる。

以上のような，活用形以外の要素によって使用が固定しているということが，誤答を含みつつ，④の使用パターンに分類された学習者が多かった理由の一つになっているとも考えられる。これについては別の研究で改めて検証しなければならない。

本研究では，「つく－つける」，「きまる－きめる」，「かわる－かえる」という三つの動詞対を扱ったが，活用形による分布を見る分析に耐えうる回答であることを保証するために，三つの活用形をすべて複数回使用できた回答という条件を設けたため，分析可能な学習者数に動詞対によって大きな差が出た。表6-5に示したように，「つく－つける」は83名，「きまる－きめる」は44名，「かわる－かえる」は22名である。それではそもそも，なぜこのような差が出たのか。そこで，「つく－つける」，「きまる－きめる」，「かわる－かえる」の日本語初級教科書[5]における扱いを見たところ，自動詞，他動詞の対応表において，「つく－つける」は6種全てに掲載があるものの，「きまる－きめる」は2種，「かわる－かえる」は4種でしか掲載されていなかった。また，新出語彙として各教科書に出現するかどうかを見てみると，「かわる－かえる」では，6種の教科書のうち，『初級日本語げんき』では，他動詞「かえる」は出現するが，自動詞「かわる」が出現しなかった。また，『新文化初級日本語』では，「かわる」，「かえる」が共に出現しなかった。「きまる－きめる」はこの対が対応表に掲載される教科書1種を含む3種の教科書で，新出語彙として「きまる」が1度も出現しない。また，『中日交流標準日本語』では，「きまる」，「きめる」が共に出現しない。一方，「つく－つける」は，「つく」が1種の教科書で本文中に1度も出現しないことを除いては，それ以外のすべての教科書で本文中に対の両方が出現していた。このことから，「つく－つける」は対のある自動詞，他動詞の学習で取り上げられる動詞対の典型であり，この扱われ方の違いが回答に影響を与えた可能性があるかもしれない。

教室での教授の際に，自動詞，他動詞の典型として頻繁に扱われる動詞対と対応表に表れない動詞対とでは，学習者が正しく使用をするかどうかの度合いが違う可能性があることは考えられる。この点に関しては今後，初級レベルからの使用教科書が明確である学習者を対象にした，別の研究で改めて検証しなければいけない。

5　分析対象となった初級教科書は『しんにほんごのきそ』，『みんなの日本語初級』，『新文化初級日本語』，『Situational Functional Japanese』，『初級日本語教科書げんき』，『中日交流標準日本語』の6種類である。

第５節　まとめ

第６章では，第４章，第５章で扱った横断的学習者コーパスのデータおよび縦断的学習者コーパスのデータに見られた対のある自動詞，他動詞使用の偏りを検証するために，自動詞文，他動詞文を誘出する場面を収録した視聴覚資料を用い，文完成課題による調査を行った。

調査項目とした「つく－つける」，「きまる－きめる」，「かわる－かえる」の三つの動詞対について，学習者の使用には，「かわる－かえる」で③の使用パターンを欠くものの，「つく－つける」，「きまる－きめる」では，①テ形，辞書形，ナイ形いずれの活用形においても自動詞のみを使用している場合，②テ形，辞書形，ナイ形いずれの活用形においても他動詞のみを使用している場合，③自動詞，他動詞のいずれも使用しているが，どちらを使用するかが活用形ごとに固定している場合，④自動詞，他動詞のいずれも使用し，少なくとも一つの活用形において自動詞形，他動詞形のいずれも使用している場合の四つの使用パターンがあることが分かった。

自動詞，他動詞の習得は，文法の習得であると同時に語彙の習得でもある。形態，意味，用法で異なる性質を持つそれぞれの語について，自動詞，他動詞に関する文法の規則を一斉に正しく適用することは難しい。このことから，その習得過程の一時期において合理化が起こり，対の一方しか使用語彙として持たない，あるいは，それぞれの語を特定の活用形と一緒に覚えていて，別の活用形では用いることができないという使用のされ方がなされるのではないか。

第二言語習得研究は，言語システムの研究であると同時に，学習者の内的な処理プロセス，学習プロセスをモデル化することが最終目的である（門田 2010）と言われる。この研究で扱った対のある自動詞，他動詞の使用の偏りもまた，学習者の内的な処理プロセスが垣間見えたものと言えるだろう。

本研究では，調査項目を「つく－つける」「きまる－きめる」「かわる－かえる」の三つの動詞対に限っているため，対のある自動詞，他動詞の習得の全体像を明らかにするためには，より多くの動詞対を調査項目として今後，分析しなければならない。また，本研究で見られた対のある自動詞，他動詞使用の偏りが自動詞，他動詞使用の負担を軽減するために起こった合理化によるものであるならば，日本語の能力が向上した際に，コミュニケーションの要求を満たすために，それがどのような変容を見せるのか，あるいは，このまま語の使用の回避（avoidance）が続き，そのまま定着化（stabilization）してしまうのか，学習者の使用状況の変遷を見ていくことが今後の研究として必要である。

第７章　結論

第１節　本研究のまとめ

本研究は，学習者にとって難しいとされる日本語の対のある自動詞，他動詞について，学習者の使用実態を明らかにした。

第２章では，日本語学習者にとって目標言語である日本語の自動詞，他動詞に関する文法研究に基づき，対のある自動詞，他動詞の形態的，統語的，意味的特徴をまとめた。

第３章では，日本語の対のある自動詞，他動詞に関するこれまでの第二言語習得研究の主要な先行研究を概観した。その結果，これまでの対のある自動詞，他動詞の第二言語習得研究では，日本語の文法研究の枠組みを用いて誤用を記述したり正答率を見たりすることで，習得の進み具合を判断する手法に限られていることを指摘した。その上で，学習者に内在する言語メカニズムは日本語文法の枠組みとは異なる様相を持つという予想をもとに，語彙的観点から自動詞，他動詞の習得を捉えるという本研究の立場を示した。

第４章，第５章では，二つの学習者コーパスの分析を通して，日本語学習者の対のある自動詞，他動詞の使用実態を明らかにした。その際，語彙的観点から自動詞，他動詞の習得状況を捉えるために，動詞対ごとに使用のされ方を分析するという新たな観点を加えた。その結果，従来の第二言語習得研究では他動詞に比べて自動詞が難しいとされてきたが，実際には自動詞，他動詞のどちらが早い時期から正しく使用されるかは動詞対によって異なるということが分かった。さらに，学習者の使用の仕方には偏りがあり，対の一方しか一貫して用いられないような使用パターン，あるいは，自動詞，他動詞の両方を用いるが，活用形によってどちらを用いるかが決まっているような使用パターンが見られた。

そこで，第６章では，前章までの学習者コーパスの分析で見られた，自動詞，他動詞の偏った使用のされ方を検証するために，学習者間で共通して，特定の自動詞，他動詞を特定の活用形で引き出す検証調査を行った。調査の結果，対のある自動詞，他動詞使用には次のような偏りが見られた。すなわち，学習者の使用は，①テ形，辞書形，ナイ形いずれの活用形においても自動詞のみを使用している場合，②テ形，辞書形，ナイ形いずれの活用形においても他動詞のみを使用している場合，③自動詞，他動詞のいずれも使用しているが，どちらを使用するかが活用形ごとに固定している場合，④自動詞，他動詞のいずれも使用し，少なくとも一つの活用形において自動詞形，他動詞形のいずれも使用している場合，の四つのパターンがあるということである。この結果から，学習者は自動詞，他動詞の両方を様々な文脈で自由に使い分けているわけではなく，得意な一方で多くの場面をカバーしているという習得段階が存在する可能性が示された。これは，学習者の内的な習得のメカニズムとして，自動詞，他動詞使用の負担を軽減するために起こる合理化であり，その結果として，対の一方が過剰に使用される時期があると考えられる。その場合の得意な一方は，常に他動詞あるいは自動詞というわけではなく，動詞対によって，あるいは学習者によって自動詞であったり，他動詞であったりするということも明らかになった。

従来の対のある自動詞，他動詞に関する第二言語習得研究では，自動詞，他動詞を文法項目と捉え，調査で用いる語を統制せずに自動詞，他動詞として集計の際にまとめた上で，自動詞が難しいか，他動詞が難しいかを正答率の比較から示す方法が取られてきた。しかし，対のある自動詞，他動詞に関しても学習者特有の使用のしかたがあるとすれば，それは自動詞，他動詞という文法項目の正答率を比較するような捉え方だけでは明らかにならないのではないかという発想から本研究はスタートした。

一連の研究を終えた今，その予想の通り，習得段階は動詞対によって異なっていることが分かった。このことから，文法として様々な自動詞，他動詞を一括して捉えるのではなく，語彙としてそれぞれの自動詞，他動詞を分けて捉え直すという観点の必要性を本研究は示すことができた。本研究で示された，自他動詞対のうちの一方が使われやすいという，対のある自動詞，他動詞対の使用の偏りは，その他の文法項目，語彙項目の習得にも見られる可能性がある現象である。例えば動詞の活用の習得，多義語の習得などでは，語による習得の違いが予想される。もっと多くの文法項目で，語ごとに使用の偏りが見られるかどうかを見てみることは有効であろう。

第2節　本研究の意義

本研究がなされるまでの日本語の第二言語習得研究では，対のある自動詞，他動詞の習得は「自動詞，他動詞の混同」，「自動詞，他動詞の使い分け」，「自動詞，他動詞の選択」ということばで捉えられてきた。つまりその前提として，学習者は自動詞，他動詞の両方を使用語彙として持っているということである。そして，それらが構文によって，あるいは文脈によって使い分けられるようになるが，それに至る前の自動詞，他動詞のそれぞれの形態と文法規則がまだ習得できていない時期には両者が混同されるという習得段階が存在するのだと考えられていた。

本研究の結果はこの前提を覆す重大なインパクトを持つものであった。すなわち，日本語の対のある自動詞，他動詞は，学習者の立場から見ると，自動詞，他動詞が文法項目としてすべての語彙で一斉に習得されるのではなく，動詞対ごとに個別に習得がなされる，語彙的側面を持つものであることが分かった。その結果，動詞対によって，対のうちのどちらか一方しか用いることができない場合や，対の両方が用いられるものの動詞の活用形ごとに使える動詞が一方に制限されるという場合が見られることが分かった。これは，日本語母語話者の捉え方とは異なる驚くべき結果であった。

第二言語としての日本語の習得研究という分野における本研究の意義は，以下の2点である。

(1) 第二言語習得研究を行う際に，データ分析を積み重ねて仮説を提示するボトムアップ型のアプローチが必要になることを明らかにした。

従来の対のある自動詞，他動詞に関する第二言語習得研究は，日本語文法研究の枠組みに基づいて習得の難しい部分を予想した上で，正答率から習得の進み具合を判断するトップダウン型のアプローチによるものであった。一方，本研究では，従来の枠組みをいったん保留にし，学習者独自の言語の様相の解明を目指したボトムアップ型のアプローチを行ったものである。本研究の結果，自動詞，他動詞を一括して捉える従来の枠組みとは異なり，学習者の対のある自動詞，他動詞の使用の仕方には動詞対ごとに違いがあることが明らかになった。本研究によって，学習者の言語メカニズムを解明する際には，「学習者の見方」から捉えなおす手法が必要であることを実証的に示すことができた。
(2) 文法項目に関する習得研究を行う際に，語彙的側面にも注目することが必要になることを明らかにした。

本研究の結果，対のある自動詞，他動詞は，これまでの研究で言われるように，他動詞に比べて自動詞の使用が難しいわけでは必ずしもなく，動詞対ごとに使用傾向が異なることが明らかになった。対のある自動詞，他動詞は文法項目であると同時に，それぞれの動詞が独立したふるまいをする，複数層の構造をなしている。すなわち，対のある自動詞，他動詞の習得は，文法項目の習得という側面と同時に語彙の習得という側面を持ち，その習得の様相は重層的なものであることを示すことができた。

この主張をまとめると，学習者の対のある自動詞，他動詞の習得状況としては，自動詞全体，他動詞全体が揃って習得段階を上がっていくという仕組みに習得の道筋がなっているわけではなく，動詞対ごとにどの習得段階にあるのかが異なっているということが予想される。図 7-1 は本研究の結果から考えられる，対のある自動詞，他動詞の習得段階のイメージである。習得段階は自動詞全般，他動詞全般に一気に進むということではなく，例えば「あく－あける」，「きまる－きめる」など，それぞれの動詞対が一つずつ，個別に習得段階を進んでいくと考えている。

図についてもう少し詳しく説明すると，対のある自動詞，他動詞が「使い分け」という形で正しく使用できるようになるためには，習得の目標は二つある。まずはある動詞対について，自動詞，他動詞の両方をどの活用形でも用いることができることが，学習者の一つ目の習得目標となる。どの活用形でも自動詞，他動詞が揃ってはじめて，両者を選択して，使い分けるという段階に至ることができる。その使い分けができるようになってはじめて，二つ目の習得の目標である，表現の志向が日本語母語話者と一致しているかどうか，すなわち日本語の視点を学習者が使い分けているかどうかについて議論することができるようになる。

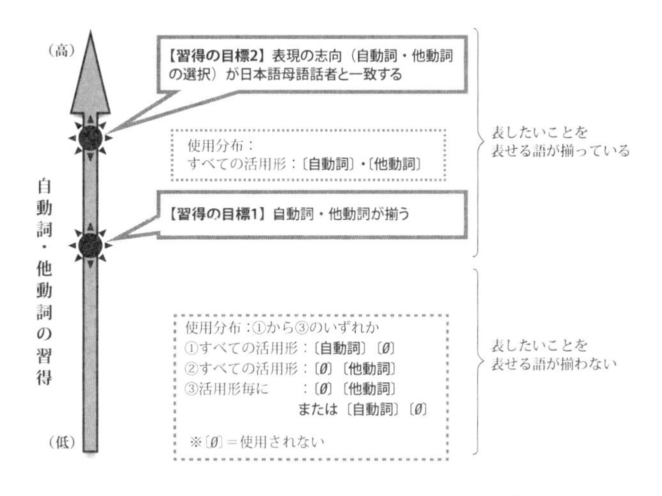

図 7-1. 対のある自動詞・他動詞の習得段階

繰り返しになるが，この習得段階は自動詞全般，他動詞全般に進むわけではなく，動詞対ごとに異なっていると考えられる。すなわち，ある動詞対，例えば「あく－あける」については，習得の目標２を達成していたとしても，別の動詞対，例えば「きまる－きめる」では，習得の目標１に停滞しているという状況が生じる。また一見，学習者が自動詞，他動詞を正しく用いているように見えても，習得の目標１が達成される以前の段階にある場合がある。例えば，「開けている」，「開けてください」，「ドアを開けて，入ります」という正しい使用が見られた場合，その使用の裏には，テ形だから他動詞形しか使えないという学習者の習得状況が潜んでいる可能性がある。その場合は，別の活用形を用いる際には，「開く－開ける」に関する誤用が見られたり，テ形を用いる場合に常に他動詞を用いてしまうため，「*教室には誰もいないのに，ドアが開けている。」のように文脈にふさわしくない使用が見られたりするだろう。

さらに，習得の目標２「表現の志向が日本語母語話者と一致している」についても，それが達成される以前であっても，例えば，「具がたくさん入っている。」，「お風呂が沸いたよ。」などの表現に日常生活で出会い，それをフレーズとしてそのまま記憶することで正しく使用できる場合が考えられ，その結果偶然，表現の志向が日本語母語話者と一致しているように見える場合も考えられるだろう。「自動詞，他動詞を正しく使用できる」というのは，このように語彙的観点を持つ，重層的なものであり，さらにそれは動詞対ごとに異なる段階を経て達成される習得状況であると考える。

このような語彙の習得という観点は，対のある自動詞，他動詞だけではなく，その他の文法項目に関しても重要になる。文法と語彙とは言語成立の基本的な二要件であり（仁田 1982:270），語は文の構成要素であり，文は語から構成されている（仁田 2000:16）とするならば，ある文法項目を用いた構文には，様々な語が使用されるというように，どのような文法項目もその使用は複数層の構造をなしていると考えられる[1]。本研究を通して，第二言語習得研究においては，従来の文法項目に関する研究が着目してきたような文法的側面だけではなく，それぞれの語の表れ方の違いに着目し，習得の語彙的側面にも着目することが必要であることが示された。

第３節　日本語教育への示唆

ここで，第１章で挙げた日本語教師のインタビューにおいて指摘された対のある自動詞，他動詞の言語運用に関する問題点を再掲する。

(7.1)　対のある自動詞，他動詞の言語運用に関する問題点
- 習った動詞を使わない，定着が悪い。（初級：2，初中級以上：3）
- 活用が辞書形以外になると困る。（初級：1）
- とっさに口から出る方を使用するので間違える。（初級：1）
- 規則を考えながら話すので，発話に時間がかかる。（初級：1）
- 規則が分からなくなってしまう。（初級：1）
- 教科書の練習はできるが，実際の使用で間違える。（初中級以上：2）
- 助詞を間違える。（初中級以上：2）
- 自動詞，他動詞を不自然な文脈で使用する。（初中級以上：1）

（1.8 を再掲）

1　文法項目がどんな動詞，形容詞，名詞と組み合わされて使用されやすいかをまとめたものに，中俣（2014）がある。

これらをまとめると，(1) 即座に文法的知識（形態，統語，意味）を使用できないこと，(2) とっさに口から出る方を使用してしまうこと，(3) 習った動詞の定着が悪いことという三つの問題点に分けられた。

学習者独自の文法を明らかにした本研究の終わりに，辿ってきた研究の道筋から見えてきたものと関連させて，これらの問題点を改めて整理し直したい。まず，従来の第二言語研究でも言われてきた対のある自動詞，他動詞の困難点が，次の二つである。

・助詞を間違える。(初中級以上：2)
・自動詞，他動詞を不自然な文脈で使用する。(初中級以上：1)

一方，次の四つは，学習者が対のある自動詞，他動詞に関する知識を運用に結びつけられないことによる困難さである。

・規則を考えながら話すので，発話に時間がかかる。(初級：1)
・規則が分からなくなってしまう。(初級：1)
・教科書の練習はできるが，実際の使用で間違える。(初中級以上：2)
・習った動詞を使わない，定着が悪い。(初級：2，初中級以上：3)

さらに，次の二つは，従来の研究では「練習不足」，「説明不足」として片づけられがちな困難点であるが改めて見直すと，学習者独自の文法体系を反映していると思える指摘である。

・活用が辞書形以外になると困る。(初級：1)
・とっさに口から出る方を使用するので間違える。(初級：1)

学習者は自動詞，他動詞を学んだからと言って，即座にすべての活用形を自由に使いこなすことができるわけではないことが1点目の指摘からも分かる。2点目の「とっさに口から出る方」というのは，一見，自動詞，他動詞の使用は自由変異で，そのときの気分によって口から出やすかった方が使われると思われそうだが，そうではなく，自動詞，他動詞はシステマティックな相補分布をなすような使用の偏りがあるということが本研究を通して分かった。そして，その偏りとは，動詞によって，自動詞のみ，あるいは他動詞のみがコンスタントに用いられる場合もあれば，自動詞，他動詞の両方が用いられているように見えるが，その使用のされ方が活用形ごとに固定している場合があるということである。

従来の日本語教育における対のある自動詞，他動詞の指導は，日本語文法研究の知見を応用したものであり，そこには「日本語学習者がどう学ぶか」という観点は直接的には含まれることが少ない。しかし本研究の結果，日本語学習者が対のある自動詞，他動詞を使用するとき，自動詞，他動詞を文法研究が予測するような規則で使い分けているわけではなく，それとは異なる使用の規則が見られることが分かった。

日本語の対のある自動詞，他動詞に関する学習者言語のメカニズムは，従来の，自動詞，他動詞をグループ化して言語規則を教える指導方法とは一致しないことが明らかになった。しかし，これは従来の指導方法にも意味がないと言っているのではない。意味的，統語的に同じようなふるまいをするグループを，対のある自動詞，他動詞として，総体的に説明することによって，学習者の記憶の負担を軽減できる可能性を捨ててはいけない。特に，自他同形の動詞の多い言語を母語とする学習者には，別々のよく似た形の動詞で，同一事象の異なる視点に注目するという，意味的役割分担があるという現象は，明示的に教授されない限り気づきにくいことなのではないだろうか。さらに懸念されるのは，このような明示的な教授がなければ，二つの動詞は，同一の動詞，あるいはその活用形として，学習者に誤解され続けられる可能性さえあるのではないだろうか。

以上のような理由から自動詞，他動詞をグループ化して，その文法的な規則を教える指導は必要である。しかし，そのような指導がされる中で日本語教師が知っておかなければならないのは，まず，「自動詞はガ格，他動詞はヲ格とともに使う」，「対応する他動詞のヲ格の名詞を自動詞のガ格にして言い換えると，同じような意味を表すことができる」というように，規則として提示された自動詞，他動詞の対応は常に成り立つわけではなく，語ごと，用法ごとに個別の違いがあるということである。よって，指導の際には，例文の動詞が語レベルで自動詞なのか，他動詞なのかを確認するだけではなく，その動詞を用いた構文が自動詞文，他動詞文に置き換えられるのか，言及する必要がある。

また，学習者の使用に関しては，学習者がある動詞対をある文脈で正しく使用できたからといって，その学習者が自動詞全般，他動詞全般を習得したというわけではなく，それ以外の活用形，文脈では誤用が生じることがあるという可能性も教師は知っておかなければならない。また，ある学習者の自動詞，他動詞の使用において誤用が見られない場合であっても，なじみのない別の動詞対を使用する際には，共起する助詞を間違えたり，文脈に適切な構文を用いることができなかったりするような初歩的な誤用が生じ得るということを教師が理解しておくことが重要である。

第4節　今後の課題

本研究で残された課題として，以下の2点が挙げられる。

第一に，対のある自動詞，他動詞の使用パターンを決定づける要因の解明を行うことである。それらは主に学習者の属性，すなわち母語，学習歴，日本滞在経験，学習環境などである。また，動詞の使用頻度については第5章の考察で触れたが，それ以上深く分析することができなかった。それ以外にも言語的要因では，動詞の意味素性，動詞の形態，動詞の多義性，環境的要因として，学習者の用いる教科書や辞書での扱いなどインストラクションの影響などが想定される。今後，対のある自動詞，他動詞の使用パターン，および語の出現しやすさを決定づける要因が何なのか明らかにする必要がある。

第二に，第二言語としての日本語における対のある自動詞，他動詞の習得過程と第一言語としての日本語における自動詞，他動詞の習得過程との様相の異同を明らかにすることも検討すべき課題である。母語習得研究の分野では，前田（1997）が日本語を母語とする幼児の言語発達において，個別の動詞によって発達の仕方に違いがあることを報告している。この報告をもとに前田は，幼児の語彙発達の研究成果を踏まえた文法的機能，文の統語的関係を考える際には，語ごとの用法を捨象して一つの文法として考えるのではなく，語彙の側からも文法を考えるべきであるという主張をしている。これは，第二言語としての日本語における対のある自動詞，他動詞の習得過程を語彙的観点から捉え直し研究対象とした本研究の主張と通じるものである。

本研究は，対のある自動詞，他動詞の習得研究に，語彙的観点の必要性があることを示した点で先駆的であった。これは，教育現場での学習，指導にも大きな示唆を与えるものである。今後，本研究で得られた結果をもとに，実際の教育場面において具体的な指導を行い，教育現場，日本語文法研究，および第二言語習得研究の有機的な連関を形作る必要がある。

補助資料

1.『分類語彙表』に表れる対のある自動詞・他動詞

	2.1 抽象的関係			
	2.111 関係	2.112 異同	2.113 包摂	2.120 存在
aru-eru		当てはまる - 当てはめる	かぶさる - かぶせる くるまる - くるめる ふりかかる - ふりかける からまる - からめる まざる - まぜる	
aru-u			くるまる - くるむ	
u-eru	役立つ - 役立てる			
eru-u			脱げる - 脱ぐ	
iru-osu				
iru-asu				
u-asu				
eru-asu				
eru-su※				
ru-su				
その他				

※正確には (r)eru-su の対応となっている。

2.1 抽象的関係				
2.121 出現	2.122 成立・発生	2.123 仕上げ	2.124 残存・消滅	2.125 保存・除去
		仕上がる - 仕上げる		
	起きる - 起こす		亡びる - 亡ぼす	
ばれる - ばらす 出る - 出す			果てる - 果たす 絶える - 絶やす	
隠れる - 隠す		つぶれる - つぶす		
	起こる - 起こす まき起こる - まき起こす		なくなる - なくなす 残る - 残す	
現われる - 現わす			消える - 消す なくなる - なくす 尽きる - 尽くす 亡ぶ - 亡ぼす	

	2.1 抽象的関係			
	2.130 整備	2.131 でき・利き	2.132 はずれ・損じ	2.133 取合せ・つりあい
aru-eru	具わる - 具える			
aru-u				
u-eru	整う - 整える そろう - そろえる			かなう - かなえる
eru-u				
iru-osu				
iru-asu				
u-asu		利く - きかす 空く - 空かす		
eru-asu	欠ける - 欠かす			
eru-su	乱れる - 乱す		はずれる - はずす	
ru-su	散らかる - ちらかす			
その他				

2.1 抽象的関係				
2.134 こみ・しまり・ゆるみ	2.135 障り	2.14 力	2.1500 変化	2.1501 改新・変換
しまる - しめる ひきしまる - ひきしめる		盛り上がる - 盛り上げる	変わる - 変える	改まる - 改める 変わる - 変える 代わる - 代える 入れ換わる - 入れ換える 切り換わる - 切り換える
ゆるむ - ゆるめる たるむ - たるめる			入れ違う - 入れ違える	
				なおる - なおす

	2.1 抽象的関係			
	2.1502 開始・終了	2.1503 連続	2.1510 動き	2.1511 揺れ・振れ
aru-eru	始まる - 始める 終わる - 終える			
aru-u				
u-eru	やむ - やめる 休む - 休める かたづく - かたづける	続く - 続ける		
eru-u				振れる - 振る ゆすれる - ゆする
iru-osu				
iru-asu				
u-asu	済む - 済ます		動く - 動かす うごめく - うごめかす	ゆるぐ - ゆるがす めぐる - めぐらす
eru-asu	果てる - 果たす			ふるえる - ふるわす
eru-su				
ru-su				まわる - まわす
その他	済む - 済ませる			

2.1 抽象的関係				
2.1512 停止	2.1513 起立・横臥など	2.1514 傾斜・転倒など	2.1515 据え・置き・つり・掛けなど	2.1516 はめ・うずめ・投げ
止まる - 止める とどまる - とどめる	横たわる - 横たえる	ころがる - ころげる	ぶらさがる - ぶらさげる かかる - 掛ける ひっかかる - ひっかける	はまる - はめる 収まる - 収める うずまる - うずめる つかる - つける うまる - うめる
				はさまる - はさむ
	立つ - 立てる さかだつ - さかだてる そばだつ - そばだてる 伏す - 伏せる	傾く - 傾ける		
	起きる - 起こす			
		ころぶ - ころばす		
			垂れる - 垂らす	
		倒れる - 倒す		
		ころがる - ころがす ひっくり返る - ひっくり返す くつがえる - くつがえす ひるがえる - ひるがえす 裏返る - 裏返す		浸る - 浸す
	寝る - 寝かせる そびえる - そびやかす			

	2.1 抽象的関係			
	2.1521 移動・発着	2.1523 走り・飛び・流れなど	2.1524 通過	2.1525 追い・逃げなど
aru-eru			伝わる - 伝える	
aru-u				
u-eru	どく - どける のく - のける			
eru-u		はじける - はじく		
iru-osu				
iru-asu				
u-asu		飛ぶ - 飛ばす 吹き飛ぶ - 吹き飛ばす 漂う - 漂わす		
eru-asu	ずれる - ずらす それる - そらす			逃げる - 逃がす
eru-su		流れる - 流す		のがれる - のがす
ru-su	移る - 移す 渡る - 渡す		通る - 通す 突き通る - 突き通す	
その他	及ぶ - 及ぼす			

2.1 抽象的関係				
2.1526 進退	2.1527 往復	2.1530 出入り	2.1531 込み	2.1532 しみ・漏れ・汲み・潜みなど
			納まる - 納める 詰まる - 詰める	潜まる - 潜める
進む - 進める 退く - 退ける		ひっこむ - ひっこめる		潜む - 潜める
			抜ける - 抜く	
				もる - もらす
		出る - 出す はみ出る - はみ出す あふれ出る - あふれ出す 浮き出る - 浮き出す はい出る - はい出す 飛び出る - 飛び出す 抜け出る - 抜け出す しみ出る - しみ出す 流れ出る - 流れ出す 湧き出る - 湧き出す		もれる - もらす
			はずれる - はずす	
	帰る - 帰す 返る - 返す 戻る - 戻す			
		はいる - いれる		閉じこもる - 閉じこめる しみる - しませる

	2.1 抽象的関係			
	2.1540 上がり下がり	2.1541 乗り降り・浮き沈み	2.1550 合い・組み・解けなど	2.1551 組合せ・まとめなど
aru-eru	上がる - 上げる 持ち上がる - 持ち上げる つり上がる - つり上げる のし上がる - のし上げる はね上がる - はね上げる 吹き上がる - 吹き上げる 巻き上がる - 巻き上げる 下がる - 下げる	のっかる - のっける		まとまる - まとめる
aru-u				
u-eru		浮かぶ - 浮かべる 沈む - 沈める		
eru-u			ほどける - ほどく	
iru-osu	おりる - おろす 落ちる - 落とす おっこちる - おっことす	降りる - 降ろす		
iru-asu			ほころびる - ほころばす	
u-asu	したたる - したたらす 降る - 降らす		合う - 合わす ほころぶ - ほころばす 解く - 解かす	組み合う - 組み合わす
eru-asu	垂れる - 垂らす		解ける - 解かす	
eru-su	こぼれる - こぼす		ほぐれる - ほぐす はずれる - はずす	みだれる - みだす
ru-su	くだる - くだす			散らかる - 散らかす
その他		乗る - 乗せる 浮く - 浮かべる	合う - 合わせる	組み合う - 組み合せる かみ会う - かみ合わせる

2.1 抽象的関係				
2.1552 散り・分かれなど	2.1553 開閉	2.1554 結び・重ね・積み	2.1555 集合	2.1556 出会い・伴ない など
隔たる - 隔てる	閉まる - 閉める	重なる - 重ねる	集まる - 集める	
		つながる - つなぐ		
	あく - あける 開く - 開ける	結びつく - 結びつ ける		
	閉じる - 閉ざす			
散る - 散らす				
はずれる - はずす				
分かれる - 分ける		積もる - 積む		

	2.1 抽象的関係			
	2.1560 接触・接近	2.1561 隔離	2.1562 寄り添い・並び	2.1563 打ち・当たりなど
aru-eru		遠ざかる - 遠ざける	連なる - 連ねる	当たる - 当てる 打ち当たる - 打ち当てる つき当たる - つき当てる ぶつかる - ぶつける ぶっつかる - ぶっつける
aru-u				
u-eru	付く - 付ける くっつく - くっつける ひっつく - ひっつける 吸い付く - 吸い付ける まきつく - まきつける からみつく - からみつける 近づく - 近づける		添う - 添える 並ぶ - 並べる	
eru-u				
iru-osu				
iru-asu				
u-asu				
eru-asu				
eru-su		離れる - 離す		
ru-su				
その他	寄る - 寄せる 近寄る - 近寄せる			

2.1 抽象的関係				
2.1564 押し・引き・突き・すれなど	2.1565 防ぎ・ふさぎなど	2.1570 変形	2.1571 破壊・切断など	2.1580 増減
		折り重なる - 折り重ねる 曲がる - 曲げる ひんまがる - ひんまげる かがまる - かがめる 締まる - 締める	くぼまる - くぼめる	加わる - 加える 付け加わる - 付け加える たまる - ためる
	ふさがる - ふさぐ		刺さる - 刺す	
		かがむ - かがめる たわむ - たわめる	傷つく - 傷つける くぼむ - くぼめる	
		折れる - 折る ねじれる - ねじる よれる - よる よじれる - よじる まくれる - まくる	裂ける - 裂く くじける - くじく ひしげる - ひしぐ くだける - くだく もげる - もぐ 破れる - 破る やぶける - やぶく 割れる - 割る 切れる - 切る ちぎれる - ちぎる 剥げる - 剥ぐ むける - むく すりむける - すりむく そげる - そぐ	
				満ちる - 満たす
		反る - 反らす	ほころぶ - ほころばす	
			剥がれる - 剥がす	殖える - 殖やす はみ出る - はみ出す
			こわれる - こわす つぶれる - つぶす くずれる - くずす	
		裏返る - 裏返す		余る - 余す
		ねじける - ねじる	ほころびる - ほころぶ すり減る - すり減らす	増す - 増す 減る - 減らす

	2.1 抽象的関係			
	2.1581 伸縮	2.1582 広げ・深め・早め・薄めなど	2.1583 強め・衰えなど	2.16 時間・時刻
aru-eru	縮まる - 縮める つづまる - つづめる	広がる - 広げる 広まる - 広める 挟まる - 挟める 高まる - 高める 深まる - 深める すぼまる - すぼめる つぼまる - つぼめる 早まる - 早める	強まる - 強める	
aru-u				
u-eru	縮む - 縮める	すぼむ - すぼめる つぼむ - つぼめる すくむ - すくめる		進む - 進める
eru-u				
iru-osu				
iru-asu	延びる - 延ばす			
u-asu		ふくらむ - ふくらます		
eru-asu		ふくれる - ふくらす		明ける - 明かす 更ける - 更かす おくれる - おくらす
eru-su				
ru-su				
その他		ふくらむ - ふくらす 細る - 細める	弱る - 弱める	

2.1 抽象的関係		
2.17 位置・方向	2.18 形	2.19 過不足・優劣など
	丸まる - 丸める	極める - 極まる
向く - 向ける 背く - 背ける うつむく - うつむける うつぶす - うつぶせる あおむく - あおむける	角だつ - 角だてる ひっこむ - ひっこめる	
		割り切れる - 割り切る
	とがる - とがらす へこむ - へこます	
それる - そらす	縮れる - 縮らす	
はずれる - はずす		
かたよる - かたよせる	とがる - とがらかす	

	2.3 精神および行為			
	2.300 感覚・疲労・睡眠	2.301 気分・情緒	2.302 対人感情	2.303 表情
aru-eru	休まる - 休める			
aru-u				
u-eru	力づく - 力づける くつろぐ - くつろげる	苦しむ - 苦しめる おちつく - おちつける なぐさむ - なぐさめる		
eru-u			やける - やく	
iru-osu				
iru-asu				
u-asu		驚く - 驚かす 喜ぶ - 喜ばす 悩む - 悩ます わずらう - わずらわす		
eru-asu	覚める - 覚ます	じれる - じらす		
eru-su				
ru-su				
その他	寝る - 寝かす 寝る - 寝かせる	おびえる - おびやかす	あまえる - あまやかす	

2.3 精神および行為				
2.3040 努力・忍耐	2.3041 志望・反省	2.3042 誇り・恥じ・気どり・ひがみなど	2.305 まね・学習・慣れ	2.3060 思考・認識・知解
				知れる - 知る
				迷う - 迷わす まどう - まどわす
			慣れる - 慣らす	まぎれる - まぎらす

	2.3 精神および行為			
	2.3061 比較・選択	2.3062 試験・計量・探求・発見	2.3063 推測・判断	2.307 誤り・訂正・証明など
aru-eru		見つかる - 見つける	きまる - きめる	
aru-u				
u-eru				
eru-u				
iru-osu				
iru-asu				
u-asu				
eru-asu				
eru-su				
ru-su				
その他				

	2.3 精神および行為			
	2.310 呼び名・名づけ	2.312 言語・表現・報知	2.313 談話・問答	2.314 聞かせ
aru-eru		伝わる - 伝える		
aru-u				
u-eru				
eru-u				
iru-osu				
iru-asu				
u-asu				
eru-asu				
eru-su				
ru-su				
その他				

2.3 精神および行為				
2.308 計画	2.3090 見る	2.3091 見せる	2.3092 聞く	2.3093 かぐ・味わう
	見える - 見る			
			聞こえる - 聞く	

2.3 精神および行為				
2.3150 書き	2.3151 読み	2.32 創作	2.330~2.331 文化・風俗・祝福・処世	2.332 労働
				勤まる - 勤める
			はやる - はやらす	働く - 働かす

	2.3 精神および行為			
	2.333 生活・衣食住	2.335~2.336 結婚・宗教的行為	2.337~2.338 遊び・騒ぎ	2.3390 全身的動作
aru-eru	泊まる - 泊める			
aru-u				
u-eru	脱ぐ - 脱げる			
eru-u				
iru-osu	起きる - 起こす			
iru-asu				
u-asu				
eru-asu	覚める - 覚ます			
eru-su				
ru-su				
その他	寝る - 寝かせる			つかまる - つかまえる とらわれる - とらえる

	2.3 精神および行為			
	2.343 失敗	2.350-2.351 交わり・応接	2.352 約束・交渉	2.353 競争・攻防・勝敗
aru-eru				
aru-u				
u-eru				平らぐ - 平らげる
eru-u				
iru-osu				
iru-asu				
u-asu		会う - 会わす		
eru-asu				負ける - 負かす
eru-su				
ru-su				
その他				敗れる - 破る

2.3 精神および行為				
2.3391 立ち居	2.3392 足の動作	2.3393 手の動作	2.3394 口の動作	2.342 行為

2.3 精神および行為				
2.360	2.363	2.364~2.365	2.366~2.367	2.3680
支配・統治	人事	教育・救護	請求・命令・制約	待遇
治まる - 治める		助かる - 助ける		
とらわれる - 捕らえる				

	2.3 精神および行為			
	3.3681 頼り・おもねり・責め・仕返しなど	2.3682 ほめ・しかり・おだてなど	2.3683 だまし・なだめ・いじめ・あざけりなど	2.370 所有・取得
aru-eru				
aru-u				
u-eru				
eru-u				
iru-osu				
iru-asu				
u-asu				
eru-asu				
eru-su				
ru-su				
その他				

	2.3 精神および行為			
	2.379 貧富	2.381 農漁など	2.382 工業	2.383 運輸・医療・興行など
aru-eru		植わる - 植える		
aru-u				
u-eru			建つ - 建てる	
eru-u				
iru-osu				
iru-asu				
u-asu	賑う - 賑わす			
eru-asu				
eru-su				
ru-su				治る - 治す
その他				

2.3 精神および行為				
2.371 支払・消費	2.375 損得	2.376 取引・売買	2.377 授受	2.378 貸借
	儲かる - 儲ける			
費える - 費やす				

2.3 精神および行為				
2.384 裁縫・炊事・洗濯・掃除など	2.3850 設備・処理など	2.3851 練り・塗り・射ち・その他	2.3852 扱い・使用	2.386 製造
		練れる - 練る		

	2.5 自然現象			
	2.501 光	2.502 色	2.503 音	2.504 におい
aru-eru		染まる - 染める	静まる - 静める	
aru-u				
u-eru				
eru-u				
iru-osu				
iru-asu				
u-asu	光る - 光らす 輝く - 輝かす ひらめく - ひらめかす ちらつく - ちらつかす ほのめく - ほのめかす 透く - 透かす きらめく - きらめかす		鳴る - 鳴らす とどろく - とどろかす	
eru-asu	ぼける - ぼかす ぼやける - ぼやかす			
eru-su		けがれる - けがす よごれる - よごす		
ru-su	映る - 映す			
その他				

2.5 自然現象				
2.506 凝り・粘り・澄みなど	2.511~2.513 煙・乾湿	2.515 晴雨	2.516 凍り・さびなど	2.5161 火
固まる - 固める				煮つまる - 煮つめる うだる - うでる ゆだる - ゆでる
		やわらぐ - やわらげる あわだつ - あわだてる		煮立つ - 煮立てる
				焼ける - 焼く 煮える - 煮る
凝りる - 凝らす				
澄む - 澄ます	乾く - 乾かす	照る - 照らす 曇る - 曇らす 降る - 降らす		
ふやける - ふやかす とろける - とろかす	濡れる - 濡らす 涸れる - 涸らす	晴れる - 晴らす 荒れる - 荒らす	溶ける - 溶かす	焦げる - 焦がす 燃える - 燃やす むれる - むらす
				燃える - 燃す むれる - むす
濁る - 濁す				ともる - ともす
	うるおう - うるおす うるう - うるおす うるむ - うるませる			

	2.5 自然現象			
	2.517 熱	2.581 生・生育	2.582 死	2.583 生理（生殖）
aru-eru	ぬくまる - ぬくめる 暖まる - 暖める			
aru-u				
u-eru	ぬるむ - ぬるめる	育つ - 育てる		
eru-u				
iru-osu				
iru-asu		生きる - 生かす		
u-asu	沸く - 沸かす			すく - すかす (腹が)へる - へらす
eru-asu	さめる - さます 冷える - 冷やす	生える - 生やす 肥える - 肥やす	枯れる - 枯らす	
eru-su				こなれる - こなす
ru-su		かえ(孵)る - かえす		
その他	ぬくもる - ぬくめる	生まれる - 産む		

次の二つの条件を満たす動詞対を『分類語彙表』から抜き出し，寺村（1982a）の10の型に分類した。なお利便性を考慮し，複合動詞もリストに入れている。なお，語の表記のしかたは『分類語彙表』に従う。

(1) 動詞対の両方が『分類語彙表』の同一の分類項目に掲載されているもの

(2) 自動詞・他動詞が形態的，統語的，意味的に対応するもの

2.585 病
癒える - 癒やす 腫れる - 腫らす
治る - 治す
しびれる - しびらせる

2. 初級教科書の対のある自他動詞対応表に表れる動詞対

6種類の初級日本語教科書に掲載されている自他動詞対の対応表に記載されている動詞対を表にまとめる。また，その対応表に出現する動詞がその教科書の何課に初出するかを示す。

動詞と教科書の交わったマスには，それぞれの動詞の初出課を記載する。例えば，「開ける」と「しんきそ」の交わるマスの「15」は，「開ける」という動詞が『しんにほんごのきそ』第15課に初出することを表す。それぞれの教科書の自他動詞の対応表にその動詞対がペアで掲載されている場合は網掛けで表す。例えば，「新文化」の「上げる－上がる」は対応表にはペアで出現するが，「上げる」は教科書の課で取り上げられていない。

動詞対 上段他動詞 下段自動詞	旧日能試基準（級）	対応表掲載数	しんきそ	みんな	新文化	ＳＦＪ	げんき	標準
			全50課	全50課	全36課	全24課	全23課	全50課
開ける	4	6	15	14	14	5	6	16
開く	4		26	29	26	7	18	32
上げる	4	4	33	33		13		31
上がる	4		32	43	21	15		27
集める	3	4	38	18	27	15	16	29
集まる	3		47	47		27		31
合わせる（す）	1	1			33			
合う	3		40	40	21			
入れる	4	6	17	16	9	11	16	30
入る	4		13	13	9	5	6	14
動かす	2	1			26			
動く	3		23	23	26			
売る	4	2	15	15			10	
売れる	2		35	28			16	
起こす	3	3			26	17	16	30
起きる	4		4	4	6	5	3	4
起こる	2	Cf.					21	
落とす	3	5	29	29	7	11	18	
落ちる	3		36	43	16	8	18	
折る	2	1		34	32	20		
折れる	2			29				
降ろす（下ろす）	2	2	30	48	25	12	15	30
降りる（下りる）	3		16	16	10	12	6	32

変える(換える)	3	4	13	18		11	23	18
変わる	3		14	35		11		32
かける	4	3	7	7	19	9	7	
かかる	4		11	11	10	11	10	
片づける	3	2	25	30	21	16		
片づく	2			26	28			
決める	3	2	31	30	11	11	10	
決まる	3					11	19	
切る	4	3	7	7	12	9	8	
切れる	2		29	43	26			
切らす	-	Cf.				11		
消す	4	6	15	14	26	5	6	26
消える	4		26	29	26	8	18	32
壊す	3	5	37	37	19	11	18	
壊れる	3		29	29	25	8	18	
下げる	3	3	33	33				32
下がる	3		32	43		21		12
閉める	4	6	15	14	14	5	6	32
閉まる	4		26	29	26	7	18	32
進める	2	1						32
進む	2							
倒す	2	1			19			
倒れる	3		39	39		17		
出す	4	5	17	13	9	2	16	
出る	4		13	13	10	12	6	
つける	4	6	15	14	13	5	6	18
つく	3		26	29	26	8	18	
伝える	3	1						32
伝わる	2							24
続ける	3	1	25	31		18	21	
続く	3			32			16	
届ける	3	3	48	48		15		
届く	2			36		13		7
止める	3	4	17	14	12	8		32
止まる	4		23	29	26	11	20	30
泊める	2	1						
泊まる	3		19	19	21	17	10	
取る	4	1	14	14	9	3	10	
取れる	2			43	23			

直す	3	3	18	20		14	16	
直る	3			32		20		
治す	2	4				14		
治る	3		32	32	16	20		
なくす	3	3	17	17	19	13	12	
なくなる	3		43	38	23	19	23	
鳴らす	2	2			21			32
鳴る	3					16		
並べる	4	2	30	30		15		27
並ぶ	4			39				32
煮る	2	1			12			
煮える	2							
乗せる	2	1			26			
乗る	4		16	16	10	5		
延ばす	2	1						
延びる	2		47					
始める	3	5	18	14	22	11	8	20
始まる	4		45	31	16	7	9	4
外す	2	1	42	33		18		
外れる	2			29				
冷やす	2	1		32	16	17		
冷える	3							
増やす	2	2			33			32
増える	2			43	18			23
降らす	-	1						
降る	4		14	14	16		8	
回す	2	1	23	23	26	19		
回る	3				26	20		
見つける	3	4	40	31		11	12	
見つかる	3		46	34	19	11		
戻す	2	1		30	16			
戻る	3		49	32	26	15		
焼く	3	1		46			21	
焼ける	3		39	39				
汚す	2	3		37	19	22	18	
汚れる	3		29	29	27	21	18	
沸かす	3	1		42			17	
沸く	3						18	
割る	2	1			19			
割れる	3		29	29	26			

（注）表中の略語はそれぞれ次の通り。旧日能試基準＝旧日本語能力試験における語彙のレベル（例：3 ＝ 旧3級），対応表掲載数＝本文中あるいは巻末の自他動詞の対応表にその動詞対を含む教科書の数，しんきそ＝『しんにほんごのきそ』，みんな＝『みんなの日本語初級』，新文化＝『新文化初級日本語』，SFJ=『Situational Functional Japanese』，げんき＝『初級日本語げんき』，標準＝『中日交流標準日本語初級』を表す。また，Cf. として示された「起こる」，「切らす」は，いずれの教科書でも対応表には記載されていないが，「起こす」，「切れる」と対応している動詞であるため参考として表中に掲載した。

6種類の初級日本語教科書に掲載されている自他動詞対の対応表には，全部で50種の動詞対があった。そのうち，掲載が多かった動詞対15対を以下にまとめる。

掲載された教科書が6種あった動詞対（5対）
開ける－開く，消す－消える，閉める－閉まる，つける－つく，入れる－入る

掲載された教科書が5種あった動詞対（4対）
落とす－落ちる，壊す－壊れる，出す－出る，始める－始まる

掲載された教科書が4種あった動詞対（6対）
上げる－上がる，集める－集まる，変える－変わる，止める－止まる，治す－治る，見つける－見つかる

掲載されることがが多い動詞対は，「自動詞，他動詞といえば，この動詞対」というように典型的な対であり，日本語の授業でも紹介されることが多いと思われる。それ以外の動詞対と比べると，指導される機会が多く，学習者にとってなじみがある語であろう。上記以外の動詞対についても十分に指導される機会があるのか，また，指導の頻度によって定着度に差があるのかは調査を通して確認する必要がある。

3. KYコーパスに表れる対のある自動詞・他動詞の誤用

表1. 中国語を母語とする学習者の誤用

学習者	誤用の種類	誤用
CIL02	文脈に不適切 ×自→○他	T：中国のときの生活と日本の生活ではどこが違いますか S：あーれはー，たとえば，あれスーパーの，売れるのものが，〈んー〉日本にいっぱい新しいのいいものでしょ，ちょっと値段高いですから，〈んー〉んー中国の，ちょっと，あまり良くない
CIL03	文脈に不適切 ×自→○他	S：ちょっとあまいな T：どうするんですかちょっと教えてくださいよ，いつも S：んー，少し塩でしょ，〈ん〉うん，何も入らないです，これだけ T：あーそれだけ S：うん，〈んーあーそうですか〉ん，〈なるほど {笑い}〉塩だけいつも，〈んーんー〉うん
CIM02	文脈に不適切 ×他→○自	S：あの，これ，これ，アパートは，あの，〈はい〉何年くらい，建てる
CIM04	文法的に誤り ×他→○自	S：うん，てつてーあのー，容器，を家なかにあります，〈ん〉だから，この湯，する，通るとき，〈えー〉このー熱が，〈はい〉だ，出します
	文脈に不適切 ×自→○他	T：どうしたらいいでしょうね，〈そうですね〉ん，じゃーその車を，あの修理に出してもらえますか，なおしてくれますか S：んーなお T：壊れたところ S：壊れた T：もうなお S：なおってない，できません，と思います T：なおすことはできない S：そう
CIM05	文脈に不適切 ×自→○他	S：あー，肉は，うん，切れたり，ほ細く細くに切れたり，〈うん〉んーあとはうん，野菜もうーん，うーん，
CIH02	文脈に不適切 ×他→○自	S：小説は，中国の小説は，んー，普通はわたし読んだ，小説は，あのー，えー，事実のー，〈うん〉報告書という，〈えーえー〉小説です，〈ええ〉あれは，普通中国の，んー雑誌のなかに，載せて
CIH03	文法的に誤り ×自→○他	S：やー音楽を，流れながらものすごく，遅い，動作で，〈ん〉あのそしてね，んー，あの，人間の，あのなんか，あのーブレース，これはね

	文脈に不適切 ×他→○自	T：あのー1年しか入れない人，あるいは全然入れない人がたくさんいるのに，どうしてSさんは3年も入れたんですか S：えー抽選して，あてたんです｛笑い｝
	文脈に不適切 ×他→○自	S：日本語は，日本語は，なんなん，こうのう，ということ，いろいろたとえば，あのー，〈ん〉CDは6まい，乗せるとか，〈ん〉そんないろいろ機能が，あんまり好きじゃないんです，
CA01	文脈に不適切 ×他→○自	S：ドイツ語むつかしいし，それで勉強したら役に立てると，〈あああ〉言われました
CA02	文脈に不適切 ×自→○他	S：腹に入って，あー，軽い，あの何か，食事をして，あさしょくは，朝食はあまり，あの複雑ではないですね，
	文脈に不適切 ×自→○他	S：破壊力，ボールの破壊力，大きくして，そのピン，全部倒れます
CA03	文法的に誤り ×自→○他	S：例えば，鳥とか，かわいいのちいさいのねずみみたいの〈んーんー〉動物ね，子供の心を育つ
	文法的に誤り ×自→○他	S：毎日動物餌をやって，〈んー〉この，こういう心を育ち，〈あー〉と思います，アイシンね，育ち
	文法的に誤り ×自→○他	S：うん，そうです，〈あーそうですか〉日本語，結婚，私はちょっと遅くなって，〈ええ〉日本の来る前に，〈ええ〉日本に来たいね，〈うん〉そうすると，自分で妻，そっちで子供を育つ，一人大変ね，〈んー〉なかなか
	文法的に誤り ×自→○	S：いろいろの情報を頭に入って，中国の，農業の問題はね，〈うん〉た，大変と思います，
CAH01	文脈に不適切 ×他→○自	S：ま自分の努力，次第で，生活も変えるし，〈ええ〉えー人生も，あの豊かになる可能性が，あると，いう時代になってきました
CAH02	文脈に不適切 ×他→○自	S：あの，大地の子は，〈ええ〉おもに，あの，中国，の，あ残した，〈はい〉日本の孤児たち，の，生活
CAH05	文脈に不適切 ×他→○自	S：もうちょっと上の方には意見は届けないんですね，
CAH06	文法的に誤り ×自→○他	S：古いものをあのーみんな，その残っていないというか，は，発掘されていない
CAH07	文脈に不適切 ×自→○他	S：やっぱり中国は　人がおさまる社会で，〈んー〉日本はえーという，民主的に，〈んー〉あのー，たとえば1つ簡単な例をあげてみるとね

	文脈に不適切 ×自→○他	S：うん，中国，うん，私から見ればやっぱり日本の方がいいと思いますけど，でも中国は今のところは，人が治まらないと，あのー，要するに，中国 40 年間社会主義の歴史でね，〈んー〉あのー人間はね，やっぱりこういうシステムに慣れてしまってるんですよ，
	文脈に不適切 ×自→○他	S：あのーやっぱり中国大きすぎるんですからね，全体的に，あのー治まるのはちょっと無理っていうとこがありますからね
CS05	文脈に不適切 ×自→○他	S：あーやっぱり，あの，一つ山みたいなごみ収集，なん，なんて，ごみ収集所っていうか，そういうま，一つ山みたい，こう，燃えるんです，

表 2. 韓国語を母語とする学習者の誤用

学習者	誤用の種類	誤用
KIL02	文法的に誤り ×他→○自	T：本だけ忘れたんですか，かばんとか入れ物に入ってないんですか S：あー本がいれー，あー本が，入れて，のファイルです，んー本だ，本ーと辞書，〈ん〉です
KIM02	文法的に誤り ×自→○他	T：そんなに遠くないですよ，それから，1 年勉強した後はどうするんですか S：韓国に帰って，〈ええ〉中学の先生を，はじ，はじめ，はじまる
	文脈に不適切 ×自→○他	S：窓は，開けて，開けてあります，〈あっ，そうですか〉あってあります，開いてあります
KIM03	文法的に誤り ×自→○他	S：あー，あー，人参や，人参や，いも，人参やいもや牛肉や玉ねぎや，いろんな野菜を，小さくて切れて
	文脈に不適切 ×自→○他	S：あー，私は，まだ，私の実力が，〈えーえー〉足りないですから，あ，ま，続いて勉強をしている ｛笑い｝ ところです
KIM04	文法的に誤り ×自→○他	S：わくのは，みずを，〈あーあー〉みずわく，〈あー，あー，あー〉違いますか
	文脈に不適切 ×自→○他	S：それから，水を少し入れて，火をつけて，〈ええ〉わきます，わきます
KIH01	文脈に不適切 ×他→○自	S：どうしてって，だから，もっと自分の勉強を，〈あーあー〉たとえば，〈あー〉あの，電子工学というのは二つで分けてるん〈あー〉あの，コンピュータのハードウェア部門と，〈ええ，ええ〉ソフトウェア，ん，だから，その，深く教えてくれないんです

	文脈に不適切 ×自→○他	S：いろんな，あの，ぶじゅ，ぷしゅつ，ぷしゅつ，あー，なんか技術とか，戦う技術とかそういう，〈うん〉身について，〈うん
	文脈に不適切 ×他→○自	S：あの，こういうパッケージで，〈うん〉な，四角のパッケージで入れたものなんですけど，
KA02	文法的に誤り ×他→○自	S：赤ちゃんが今，もう，げんこうに育てます，とか，そういう点で，おもしろいなと思いました
KA03	文法的に誤り ×他→○自	S：好きはやっぱりドラマですよね，〈ドラマ〉うん，〈うん〉何かこの話が，〈うん〉ずっと続けているから，〈ええ〉理解がすぐできるし，
	文脈に不適切 ×自→○他	S：私の帰るときは，〈ええ〉あまりＴＶ，〈ええ〉見ること，時間がないから，多分，帰ったら，〈ええ〉そのまま，〈うん〉ついて，〈うん〉おきます
	文脈に不適切 ×他→○自	S：うん，〈うん〉北朝鮮の，〈ん〉17名の，〈ん〉あー，一つの家族が，〈ん〉みんな中国に移して，中国の，〈ん〉何か知り合いの人に助けてもらって，
KA06	文脈に不適切 ×自→○他	S：あーその後あー，朝御飯まあ食べるときもあるし，〈え〉まあ，7時ぐらい，あー家を出ます，〈え〉そして研究室に行きます，〈えっえ〉8時ぐらい研究室について，何かしょ掃除とか整理とかして，〈はーはーはー〉あ　講義して，〈ははは〉何かあー，あのときのそのときのその日のあー研究予定とか，〈え〉それによって，〈え〉研究あー実験はじめ〈あっじっ〉始まります
KAH03	文法的に誤り ×自→○他	S：なんかいい成績をしてあげたり，〈あーそう〉そ学校のときは先生が決まるんだから成績を，できるんですね
	文脈に不適切 ×自→○他	S：んー，子供育ったことないからよく知らないんだけどー，うーん，そうかな，今はちょっと似ている，〈ん〉と思っているんですね，
	文脈に不適切 ×自→○他	S：んー，それでー，それ大学決まるときは，お父さんにも一緒に考えたんだけど，その他の小さいこ，小さな事，あまり言われたことないんですね，〈んー〉自分の人生だからとか

表 3. 英語を母語とする学習者の誤用

学習者	誤用の種類	誤用
EIL05	文法的に誤り ×自→○他	T：上の何を押して S：ぼ，ボタン，〈あーボタンを〉はい，押して，あのー，あと，あー，あと服，入れ，て，〈ん〉と，カバー，〈うん〉カバーをしまって，〈うん〉と，待ちます
	文脈に不適切 ×自→○他	T：やきそばの S：あーっと，あの野菜と，肉，〈んーんー〉と，そば，〈んーんー〉を，パンに，いれ，いれる，〈うんうん〉はいると，やい，やく，〈はーはーはーはー〉
	文脈に不適切 ×自→○他	T：分かりました，〈はい〉じゃすぐ行きます，えー場所はどこですか S：あのー，大学ん，[大学名 2]，〈えーえー〉の前です，〈はーはーはーはーはー〉マクドナルドのパーキング，あのー，マクドナルドの，〈えー〉分からないけど，マクナノルド，マクドナルドの，〈えー〉車の，〈えー〉止まる，所，〈はい〉分かりますか
EIM04	文脈に不適切 ×自→○他	S：あの，人を 7 人も殺す，ことに決まった，んですけれどでも，〈んー〉そそのい意味は分からない，分かりません，〈あーそうですかー〉んー
EIM05	文法的に誤り ×自→○他	S：あのー，あの，焼きそばと焼きそば，ヌルヌルヌル 日本語で何というかな，焼きそば，あのー，ソースと，キャベツと，あのネギと，いろいろなあの野菜に入って
	文法的に誤り ×自→○他	S：はいはい，あのーパンで，あのオイルに入って T：パン S：パン，パン，〈あーあーあー，うん〉オイルに入って，〈うん〉あの先に肉，に入って，〈うん〉あの焼きそば
	文法的に誤り ×自→○他	S：細い，〈あーはいはいはい〉焼いて，いろいろな野菜に入って，あのー cook してあのー
EIM07	文脈に不適切 ×他→○自	T：はい，何時に S：えーっとね，あの映画はあの，10 時，に，あの始めますから，〈えー〉あの，ちょっと前に，〈えー〉あのね，9 時，40 分ぐらいに，〈えー〉会いましょうか
EIH03	文脈に不適切 ×他→○自	S：そうですね，お昼頃は，日本語は，12 時 10 分〈ええ，ええ〉ランチの，ランチの，〈はい〉時に，後で，また授業始めます，
EA03	文法的に誤り ×自→○他	T：どういうふうに勉強しましたか，小学校では S：あーアメリカでは日本と同じです，あの同じ，〈うん〉年齢の人達が，〈ええ〉あのー，机を並んでそういうふうに，〈ああ〉すわりました

EAH01	文法的に誤り ×他→○自	S：多いです，〈あ，そうですか〉わたしの町で，あー10年前にね，〈ええ〉80パーセントは，〈ええ〉あのー仕事ないと聞きました，〈ええ〉あのー，コベントリーという町は，〈ええ〉あの，あー，工場が多くて，車，とオートバイクと自転車の工場，〈ええ〉だったら第二次戦争で，〈ええ〉爆発，の，ことで，〈ええ〉工場が，こわして，〈ええ〉なかなか，〈ええ〉立ち上がりませんでした，〈ああそうですか〉
	文法的に誤り ×他→○自	S：それで今，〈ええ，ええ〉イギリスのロールスロイスと〈ええ〉ジャンキワーとか〈ええ〉販売ヒューマンより，〈ええ〉とよたとニッサンの車がよく売ります，〈ああそうですか〉けっこうショックでした
	文脈に不適切 ×他→○自	S：わたしが，こちらに引っ越ししてから，〈ええ〉あのーだいだい，一軒の家とアパートはたくさん新しく，〈はい〉建てた，むかしは，〈ええ〉畑ばかりと聞きました，〈ああそうですか〉ええ，〈はい〉あんまり緑はないですね最近，
EAH02	文法的に誤り ×他→○自	S：なんか東京はね，それ，そういうアメリカの大きい町と違って，〈うん〉大きいー，まあほんとに大きい町ですけども〈うん〉なんか，あの町が，それぞれならん，ならべてるっていう，〈ふーん〉かんじがしますよねー東京は，〈うんうんなるほどね〉だから，っていうかわたしささ，ささづかに住んでるんです
ES07	文脈に不適切 ×他→○自	S：2歳ぐらいまで，〈ああ，じゃ〉おりまして，そこから，えーボストン，〈はい〉に移しまし〈ええ〉て，小学校3年生ぐらいまでかな，〈ああ〉そこに住んでまして

4. サコダコーパスに表れる「きまる－きめる」の誤用

RY の使用

RY ①

0059　NS：　ど，何を勉強したい？
0060　RY：　今，決めてない，あー，あまり知らない，何を
0061　NS：　そうか，うん，えーと，Y さんはどこから来たんですか？
0062　RY：　中国［都市名］から

0192　RY：　わたし，そう，かもしれないよ，待って，長いよ
0193　NS：　うん
0194　RY：　だめ，今どのくらい日本で住んで，今決めてない私
0195　NS：　うんうんうん

RY ②

0104　NS：　でどうして，もいっぱいあるでしょ，そのほかにも商学院の先生
0105　RY：　うん，専攻は，あーあの名前の，う，そばで
0106　NS：　うん
0107　RY：　書いたよ
0108　NS：　あーそかそかそか
0109　RY：　うん，この，の商学部，何勉強，だから，決まったよ
0110　NS：　あーそう，へえーで 1 回だけ会ったことあるの
0111　RY：　1 回だけ
0112　NS：　ふーん，でじゃあ S 大学も行きました？
0113　RY：　行きました

1162 RY： どういうふうにやったら便利
1163 NS： うんうんうん
1164 RY： 役に立つ，これは，自分の決めることでしょ
1165 NS： そうねえ，もう決まってるわけね，[以下の発話不明]
1166 RY： そう

RY ③

0296 RY： // これは日本人のやり方的な
0297 NS： そうよねー，うん
0298 RY： あ，中国人自分何かあったら，あ，多分，自分が決めることですよ
0299 NS： ああそうかそうか，だから，まわりが残業してるから / うん / 何となく，自分も本当は帰りたいんだけど / うん / あの，あ，一人だけ帰るのは悪いから / うん / 一緒に残って何となく残業するわけね
0300 RY： そうですよ
0301 NS： あ，だから，中国の人は自分で決めるわけね
0302 RY： うん
0303 NS： 今日は早く帰らないといけないから，もう帰りますと
0304 RY： うん，うん

0387 NS： そうか，で，そもそも最初に日本に来たいって言ったのはあなた，だけじゃなくて両親も行ってほしいと思ってたのね
0388 RY： これは自分は決めること
0389 NS： ふーん
0390 RY： ええ，…両親は，別にあまり，言わなかったですよ
0391 NS： ふーん，そうですか
0392 RY： もし決めたら
0393 NS： うん

0394 RY： いいです

0443 NS： あそう／うん／，もし，けっ，あの，好きな人ができたらどうするの？
0444 RY： あの，父と母，あのひと，よく知らないですよ
0445 NS： うん
0446 RY： だから，なにがひとあったら全部自分で決めること／うん／，だからちょっと不安ですよ／そうねえ／，うん
0447 NS： そうでしょう
0448 RY： うん
0449 NS： いるの？ そういう人？
0450 RY： んー，まだいない（笑）こんな

0539 NS： ふーん，じゃあ，CY さんと同じ問題があるんだ，来年どうするか
0540 RY： そうですよね
0541 NS： うん
0542 RY： …だいたい同じですよ，来年はー／ふーん／，まだはっきり決めてない，だからこのが，夏，［都市名］帰ったら，両親，よく，ちょっと相談して／うん／，あと決めますよ

0990 NS： 例えばどんなとき，どんなときに強いっていうか，どんなときに日本の女の人弱いなあと思った？
0991 RY： んー，何がか，あ，かてん，ん，なにが，あること，が，決めること，多分日本の奥さんは，主人のこと聞いて，／うんうんうんうんうんうんうん／，うん，私のお母さんはこんなことしてないです，はい
0992 NS： 何か物を買うときとか，／うん／決めるときには必ず，ご主人に聞くわけね，日本は
0993 RY： うん

0994　NS：　あー，それ分かった？

1012　NS：　なるほどね，中国の女の人は強いか
1013　RY：　ちょっとね，強いですよ
1014　NS：　ふーん，日本の女の人はちと弱いかな
1015　RY：　多分これは，経済的，きめること
1016　NS：　あそっかそうか，経済的なものがね／うん／，ご主人が働いてるからね／うん／，そうだわねー，[テープ中断]そっか，中国の女の人と日本の女の人は，違うんだよね

1023　RY：　普通は，大体両方持っています(笑)
1024　NS：　あ，そう？
1025　RY：　ええ
1026　NS：　両方が別々に？
1027　RY：　別々じゃなくて，たぶん，あ，あん，なにか，買いましょうか／うんうん／，あ，2人で決めること
1028　NS：　ふうん，でも例えば食費ってあるじゃない？ 毎日ご飯の，ものとか
1029　RY：　あ，これはお金，一緒，おいてますよ

RY④

0081　NS：　ふーん，そう，あのＲＹさんは，あのー，来年大学院に入るの？
0082　RY：　いやまだ決めてないですねー
0083　NS：　いま研究生？
0084　RY：　はい

0107　NS：　中国に帰るか，ってこと？ それか別の大学にいく？
0108　RY：　まだはっきり決めてない，もし，できたらー

0109　NS：　うん
0110　RY：　あー，本科生，なりますね

0191　RY：　勉強しに行く
0192　NS：　何の？
0193　RY：　やっぱりー，中国語
0194　NS：　うーん／うん／，あーそう
0195　RY：　もう決めました
0196　NS：　その人が
0197　RY：　うん

1016　RY：　車持ってな，ないたらー，ちょっと，困りますですね，つうこう
1017　NS：　うんうん，あー，そうすると，K大学か
1018　RY：　ん，まだ決めない，うーん，かもしれないですね
1019　NS：　だって，LLとCMのねー，大学はないもんねー，経済は
1020　RY：　LLとCMは大学は入りたくない（笑）
1021　NS：　どうして？
1022　RY：　制服いやですよ，私おばあさん（笑）こんな高校生みたいな制服着たら，こまりますよ（笑）

RY⑤

使用なし

RY⑥

0102　RY：　//うん，うん，私に聞いたよ，うん
0103　NS：　疲れるの，とか／うん／
0104　RY：　何をするのか，私は，いや，まだ決めてない，しか，答え，

ない，ほんとに，まだ，分からない，うん，だい環境の問題，自分の決めることじゃない，と思う

0105 NS： 何の問題？

0106 RY： うーん，例え，自分，は，4年卒業したら，日本語と，専門の知識ー，全部，手に入れた，でも，あー，この，んー，能力を，使う，チャンスが，くださ，れば，いいけど，/ うん / うーん，今度はどうなるのはね，ちょっと，分からないです

0659 RY： （笑）まだ，受けるは恥ずかしいよ，（笑）ゆったら

0660 NS： そんなことはない

0661 RY： 今年はね，まだ，いくうらとか，はっきり決めてない，私，RRはね，ぜったい，いっくと言ったよ，多分最後のチャンスだ

0662 NS： そうだね

0663 RY： と言った，うん，私はね，もう1年経って，まだ，こう，はずかしいよ

0664 NS： そりゃ，恥ずかしいけど，でも，せんかったら，勉強せんでしょ

0665 RY： うーん，そうよねえ

0678 NS： ああ，怖いっていうよりは？

0679 RY： そう

0680 NS： うん

0681 RY： そう，一人暮らしして，何でも自分で決まる，うん

0682 NS： ええ，

0683 RY： そう，いいなーと思って？

0684 NS： そう

RY ⑦

0087　NS：　中国は？ 広い？

0088　RY：　たぶん，あのー，建築／うん／あのー，基本的な／あそっかそっか／距離が決まってるよ

0089　NS：　あーそっか，あんまり近くにしてはいけませんって

0090　RY：　あーはい，あの太陽のーなんか，あー浴びる／うん／浴びる太陽とか全部計算して／うん／作るよ

0242　RY：　あの，国営の，あの家はねえ，だいたいあの形は決まってるですよ／ふーん／あの例えば6階，の，マンションとか／うん／もっと高いな，10何階のマンションとか／うんうん／うん，こんな風な部屋，あ建物／うん／うん，自分の部屋はね，ほとんど2階たてとか／ふうーん／うん，高くはないですよ

0243　NS：　あー，そうかそうか

0244　RY：　うん，古いだし

RY ⑧

0101　NS：　驚いたことといっぱいあったでしょ

0102　RY：　そうですね

0103　NS：　どんなこと？

0104　RY：　あー，私来たときはね，お姉さんも，あの，就職決まったんです，だから

0105　NS：　お兄さんじゃろ？

0109　NS：　そうでしたね，はい

0110　RY：　二人とも就職決まったんだから，（うん）一緒に広島にいる時間，多分10日間ぐらいしかないと（ふんふんふんふん）来たときもう知ってたんよ，だから，すごく不安だった，う

ん

0111　NS：　ふーん，で，どうでした？ 10日間は一緒にいられたけど（はい）それから

0112　RY：　それから私一人ぼっちになったよ（笑）

0221　NS：　うん，そして？

0222　RY：　あー，そして，もう，何もかも決まったんだから，まいいや，自分す，あの好きなことやればいいじゃないと思った

0223　NS：　あーそう，みんな，そう言ってくれたの？

0224　RY：　うん，私こ，あの経済こうがく（合格）の，何かこうがく（合格）したんと，あのー，知らせてくれたら，あとはすぐに東京に行ったんよ，うん

0348　RY：　帰ったらね，もう9月でしょう，あの，試験受けるかどうか決まらなければならないとき

0349　NS：　あーそうかあ

0350　RY：　うん，ちょっとしか迷わなかった，もう，あの，学部の試験受けると思って

0351　NS：　あー，もう秋に決めたのね，もう大学院やめて，学部にしようって

LLの使用

LL①

0108　LL：　あ，だから，私も，私，す，す，高校生／うん／終わったり，だけ，じゃあ，どうしようかなー，／うん／大学行ったら，いいけど，／うん／長いす，長すぎるね，／うんうんうん／かえたら，もう，みんな若いの，も，私年寄りになる，／（笑）／どうするん，／うんうんうん／そう，だから今，大学行くとか，

英語勉強，まだきめてない

0615 NS： えー，それはね，じゅう，20人ぐらい受けて，／うーん／一人だけ，／うん／行けるんですね，／あーはーはーはー／でも，私2番だったの，2番だから，1番の人が行くのね，2番はダメです，／うんうん／で，でも，私は，あ，しょ，ショックでね，あ，もう，もう，あきらめました，で，広島の高校のね，英語の先生を，あのー，します，と決めました，でも，そしたら，1週間して，1番の人が，いきま

0641 LL： うん，やってたらとか，あー寂しいとか，あーどうするとか，でもこの道が私自分決めるの，／うん／時々ね一人で，あ，ベッドなかで泣くね，寂しいとか，あー，／あーそう／ほんと苦しいです，一人，一番，日曜日が一番嫌い

0643 LL： そう，誰もいない，もう，学校もないでしょ，休み，／うん／だからいつもな，あ，ベットなかで泣く泣く，あーでもこの道が私自分きめるの，／あーそう／仕方ない，うん，でもなんかねもし，泣いたらお母さんも

LL ③

使用なし

LL ④

0487 LL： うん，でもね，んー，あっちは良くないの場所，かもしれないけど，でも，んー，あっちの店はね，そんなに悪くないですよ，店長とか，んー，も，なんか，バイトさんおいい，大学のバイトさ，大学のバイトさんおいいですよ，みんなもね，

んー，でもいいお客さんとか悪いお客さんとかよく分からないけど，一応に，店きったら，じゃあお客さんでこれ作って，それだけ，何もない，それだけで，だからいいお客さんわるいこと私もよく分からないけど,外でつき合うとか全然しない，電話番号連絡は全然しない，それを，あ，すみません，電話番号ないですとか言われて，私はこっちだけアルバイト／うん／い，なんか，以外のもの，以外のことは全然しません／ふーん／ど，あのう，はいたときね，もうパート決まったから，だから，あのうそんなに悪いことはない，と思う

0533　LL ：　うん，この話，私，誰でも話して／うん／してないけど，ほんとに3時でもやてた，だから，大学のお金貯まって，払ったの，自分から払ったの，だから，もしその仕事無くなったら，私も大学入れないと思う，お金がないから，両親からもらうじゃない，両親もちろんゆったら出してくれるけど，悪いから，自分決めたのことだから，やっぱり自分でやろう，そんなに悪いことしてない，うん，と思うから，うん

LL ⑤

0274　LL ：　そうですねえ，帰らないというか，うん，日本人，日本，日本にいって，日本って，二つ目的あるよ／うん／，一つは，お金 /uh-huh/，もう一つはがっこ /uh-huh/，両方とも，なんか一つとら，とらな，決めないといけないですよ，学校取るの人はもちろん疲れるし，夜バイトしないといけないし，お金めの ｛不明｝ するの人は，あの，ビザが切れても，日本にいる／うんうん／，お金たまったらまた向こうに帰る，二つ人間があるですよ，うん，でもほとんどの留学生は，やぱり，み，未来のことは，考えたことないというか

LL ⑥

0153　NS：　ふーんそうか，どうするの？ 卒業してから

0154　LL：　そう，いろ，んー，いちお，いろいろ考えたんですけど，でもまだ迷って，今回，夏休み利用して国へ帰ってやっぱり両親と相談して，あと

0155　NS：　うんうんうん

0156　LL：　決めたいと思うから

0254　LL：　まだはっきり分からない，だから，あの，こんなことを，まだ両親に相談しないと，／ふーん／自分がきめら，なかなか決められないというか／そうねえ／あんまり，やっぱりうん，親に対して悪いから，も，何年間ずっと日本にいるから

LL ⑦

0026　LL：　うーん，1年20何枚20何枚そうですよねえ，うーん

0027　NS：　ねえ，だ，他の日本人の友達は80枚ぐらい書くわけ？

0028　LL：　あ，おなじ20枚です

0029　NS：　えーっ？ //うそー

0030　LL：　//20枚以上，いちおう20枚以上は決まってるんですけど，うん

0031　NS：　あ，じゃあ留学生だから20枚じゃないの？

0032　LL：　じゃないです，日本人と同じ

LL ⑧

0179　NS：　おじいさんおばあさんばっかり

0180　LL：　そうです，／あーそー／おじいさんおばあさんばっかりで，あと，私たちはほとんどねたんたいで一緒に，行動するんですよ，つ，だれだれだっひとりひとりとかぜったいいう，だ

めです禁止ですから，買い物とか，／あーそう／ぜったいだんたいで，はい

0181　NS：　あーそうなの

0182　LL：　はい，それもう，あー行くときにもう決まり，決まったんですから，うーん

0183　NS：　そーう，じゃあ，そのなんていうかな，団長さんみたいな人がいるわけ？

0311　NS：　どいうこと？ 夏休みに帰って

0312　LL：　うーん，だから，日本に？ も，一人は寂しくて，もう本当，一人，だったんですから，すごく寂しいですよ，／うーん／だからー，ちょっと，うーんやっぱり一家族と一緒に方がいいと，うん，考えて，でもやはりだめですよ，もうこんな，こんなかわるそん，あれ変わって，もう，両親もすごく迷惑かけるですから，／うん／，うんもうじぶん，きめ，きまたこと？ ちゃんと，守らないと，うん

SHの使用

SH ①

使用なし

SH ③

0156　SH：　あの，とりあえず，／うん／，日本語勉強，1年半ぐらい勉強して，あと，O大学の医学部また

0157　NS：　うーん，//O大学の？

0158　SH：　//はいりたい，はい

0159　NS：　うーん

0160　SH：　でもねー，うん，まだ決めてない，日本語もし上手になったらー，医学部が，研究生とかなりたい

0201　NS：　うーん，看護婦さんは，得意の科目選ばなくていい？
0202　SH：　そうです，あのー，病院つとめと前にー，なんか，決め，決めます

SH ④

0807　SH：　全部じゃないです
0808　NS：　じゃ，例えばさー，［都市名］の市内に住むんだったら，一人だけど，/はい/田舎に住むんだったら，二人とかって言うことができるわけ？
0809　SH：　はい，戸籍はどこに決めてます

0860　NS：　えらい，いつ分かったの？
0861　SH：　あのー，ちょっと，ビザ取らない，そのとき，決めた
0862　NS：　あー，そう

0873　SH：　はい，なんか，少し話したよ，/うんふん/そのときー，なんか，いろいろ手続きし，し，/うんふん/なんかやっていますから，/うんふん/ま，一応，あー，はいはい聞くだけ，何がいろいろ，機会とか，だし，出さなかった，もしビザとった，やっぱり，と，私の方，/うん/日本来るとかいゆって，/うんうん/2人一緒に，/うんふん/住みに，あー，別居はあまりよくないゆって，/うん/で，もしダメたら，あっちの，主任になります，/うんうん/だから，あの，じゅ，10月の15日，決めた，ビザ取らなかった，/あー/私電話かけた，あー，分かりました，もう少しの間，もうどうしよう，あと2年間ぐらい，/うん/2年半ぐらい，次の日ちょっとなー，

このボスなー，［都市名］に行って，／うん／あのー，決めた，／あー／主任なります，はい，いいですよ

0929　SH：　1月の，切符は11日決めた，でも，ちょっと，18日かなー
0930　NS：　（笑）
0931　SH：　分からない，できるかどうか
0932　NS：　あーそう
0933　SH：　はい

SH ⑤

0218　SH：　あのー，CYさんの家に行きました／あ，そう／，あ，行きました，そうなんです，なんか，この日，やっぱり，ちょっと，なんか，ちょっと，なんかあって，あまり気持ち良くないし，さびしいかなー？／うん／ま，広島に遊びに行く，なんか，あの，にじゅう何日じゃなくて，ほんとは，3月末／うん／，3，29日とか／そうそうそう／，そういう時間に行くつもりで，まー，同じかなーと思って，急に行った，やっぱりRYさん，だいたい，どういう，何時ごろ家にいます，知っていますから
0219　NS：　あー，そう
0220　SH：　同じ中国のかた，日本のかたみんな，予約して，あと行くでしょ
0221　NS：　うんうんうん
0222　SH：　日本，中国の方，大丈夫かなー思って（笑）
0223　NS：　（笑）中国の人ってそう
0224　SH：　うん，あのー，夜6時半ぐらい，決めた，7時ぐらいの新幹線乗って行った
0225　NS：　うそー
0226　SH：　急によ，私，いつも，こういう風によ

0227 NS： あ，そう
0228 SH： 決めたことすぐやりたい
0229 NS： あー，そうかー，おもしろいねー，昔から？
0230 SH： やっぱり昔から
0231 NS： まー，そうだわねー，日本に来るのも決めてぱっと来たんでしょ？
0232 SH： はい（笑），決めたこと，もし，やらない，なんか，いらいらします
0233 NS： うんうんうんうん
0234 SH： 決めたら必ずぱっとすぐやります
0235 NS： 血液型何？
0236 SH： A 型

0347 NS： ふーん，じゃ，なんていうかな，なかなか難しいねー
0348 SH： 難しい
0349 NS： ねー
0350 SH： おもしろいのやっぱり，たぶん，私，年，みんなより上かもしれない，なんか，彼氏とか恋人（こゆびと）できて，みんな目の前，いろいろ言われて，彼氏はどう，どうとかかんとか，男前とか，いろいろ言われて，ちょっとなんか，おもしろいよー，きめてないでしょ，最後，すぐ言います，みんな

0425 NS： それ，夜中？
0426 SH： 夜中，あのー，たまに夜中も行きます，あの時間は2週間前決めます，だいたい
0427 NS： ふーん
0428 SH： この日は，看護婦さん，なんか，足りないとか，夜中行って，昼，昼間足りないとか行って，そういう

0689 SH： はい，つらい，でも，つらい思ったら，卒業したら，どうすればいい？ 聞かれた，分からない，まだ，私も，私は，もうちゃんともう決めて，卒業したら帰りますって，そこまでもうあと2年，2年頑張って，自分の夢がありますから，RYさんは夢がないよ，今，どうすれば，本当，そこまで私は，彼女はすっごくつらい，分かる，よく分かります，ただ，この前，いつも通り，IGさん，一緒に，近いでしょ／うん／いろいろ話した，もう，あまり感じていないかもしれない，今IGさんは横浜に行って，今，彼女，一人でしょ，今，もっとつらいかもしれない，この前，いっぺん電話来た

SH⑥

0576 SH： うん，辛かった1番，あのー学校の，学校さがしとか大学受けるの時期，そんな，12月／うん／，広島おった時／うん／，12月ころ，もういろいろことあって，自分の学校もまだ決めてない，あのー1年だけでしょ，[組織名]／うんうん／，だから，あれもう，そんな事もあって，いろいろ事あってつらくてつらくて，その時一番痩せた，今2キロ太ったから

SH⑦

0257 NS： あー，じゃ［都市名］は国の方でしてくれるわけ？
0258 SH： はい，／あー／まい，まいとしー，何ヶ月何日からと／うん／か決めて
0259 NS： あー，国が決めるのねー？
0260 SH： はい，／あー／だからあたし［都市名］の方に行ってー，え，11がつーごろ，／うん／結構寒かった，そのーとき，入れたんよ，／うん／もう家にも，しゃ，あ，シャツ1枚だけになっ，／あーそう／たので，よく上海より良かったんで，住みやすい

0357 NS： えー，でも，普通作る前に，寝室の部屋ってゆって決め//
てー，でしょー？

0358 SH： //決めた，決めたけどー，/うん/あのー，しゅじんとこの前相談して，/うん/やっぱり台所と，あのー，寝室じゃなくて，友達あつー，集まる場だとどういう？

0359 NS： リビング//じゃなくて？ リビング//のこと？

0360 SH： //り，リビング，//り，リビングのこと，あのー，この，なんというかな，壁，いらない/うん/，あのー，どういうかなー，たーもそんな高さの，/うんうん/あのー，かうんたみたいに作ってー，中にも見える

0387 NS： そー，忙しいんでしょう？

0388 SH： あのー，部屋買うも，急に決めたからー

0389 NS： あー//そう

0390 SH： //しゅーにん，うん，/あーそう，へー/急に決めて

0391 NS： うん，部屋を買うって言っても，あの，マンションじゃないでしょ？

0392 SH： マンションみたい

0393 NS： あっ，マンションみたいなのかー

0394 SH： はいー

0403 NS： それは国からーお，あのー，家が，もらえるのー？

0404 SH： もらえますけどー，おと，あの，主人のお父さん，12月末までー，一つ部屋もらうかもしれないー，まだ決めてない

0405 NS： どしてー？

0406 SH： え，だってー，今のー，今のーお父さんのへや？ いっこー10畳の部屋もらい？ お母さんと二人，住んでますでしょう，/うんうん/隣は私と主人の部屋でしょう？ だからー，お父さんの，あのー会社のレベル，比べて，あ，比べたら，

少ないの方 / ふーん / だからまだ，もらえます，やっぱり，あの，とー，この人のー，会社のー，地位，とか関係ありますけれども / あーそう，はー / そういう風に関係

0426　SH：　もら，もらったらもうー，もう一つ部屋，っていう，// 両方でー
0427　NS：　// あー，そうかそうかそうかー，だか，もらってもいいけどー，自分たちがもっと早くー，いつ，いつんなったらもらえるわけー？
0428　SH：　もしー，決めたらー，えーとー，一応今年の末言われてー，でも最近きーてないなー手紙なんか書いてない，どーかなー，分からない，まだ
0429　NS：　あーそう，じゃ例えば 40 歳になったらもらえるとかってゆー事はない
0430　SH：　そーでもない
0431　NS：　何で決まるわけ？
0432　SH：　何で，かな，やっぱり人間関係とかー，仕事の関係とか，色々複雑，し，しほしゅじゃない，しかいしゅう

SH ⑧

0563　NS：　はじめて帰ってたから？
0564　SH：　その，学校一応決めて，岡山も決めて，こっちのアパートも探して，一人で，ここで，アパート探してもう
0565　NS：　えー，一人で探したの？
0566　SH：　うん，学校の先生，こうむの人？ / うん / 一緒に，助けて，うん
0567　NS：　泣きたかったね

0716　SH：　// 技術？

0717　NS：　//〈?〉技術，うん，そうそうそう，//上手にする
0718　SH：　//どんな？ やっぱりどういうか，静脈の，/うん/，探すことかな，探すことというか，あの，この静脈の深さとか，太さとか，まっすぐかどうか，一応自分で決めて，うんー，後はどうかな，針さすの深さ，自分手なんか感じてるよ，入ってかどうか感じてるよ

CHの使用

CH ①

使用なし

CH ③

使用なし

CH ④

使用なし

CH ⑤

使用なし

CH ⑥

使用なし

CH ⑦

使用なし

CH ⑧

0161　NS：　色々調べてみてこれは偏平足だってったら
0162　CH：　や，だから最初身体検査やるんですよー，／うん／で，この人げんえきとか，／うん／それともぼうえいとかね，決めるんですよー
0163　NS：　何？ げんえきとぼうえいって
0164　CH：　げんえきって言ったら，ふ，現役の軍人，／うん／国を守る，／うん／ぼうえいって言ったら，サポート，軍人をサポートするー職業，でー，短いんです，で，そう，防衛にー，だからーそのー，あしーのひらが，／うん／だか，なんか，せんぺいそく？

0361　NS：　その，やっぱ醤油の会社？
0362　CH：　いや，違います，なんかの会社を興したんですよー，／うん／で，そんとき韓国全然分からんかったからー，／うん／どうぎょしてーはー，勝手に色々決めちゃってー，／うん／おー，んー，父が頭に来ちゃって，／うん／俺が投資したお金ちょうだいって言って，／うん／それ，お金持って出たらしいんですよー

TNの使用

TN ①

使用なし

TN②

使用なし

TN③

0500　NS：　韓国へ帰ったらどんなことしたいの？
0501　TN：　それは，今，何のぎじゅちゅかはっきり／うんうん／き，決めませんから，もう分かりませんですね

TN④

使用なし

TN⑤

0009　NS：　どうして？
0010　TN：　それも，ほんと，おかしいですよね／うん／，他の，専門学校でも，全部土曜日と日曜日休みと言ったですけど／うん／，あの学校でも，水曜日が休みの日，クラスもあるし，私のクラスは火曜日休みで土曜日がやすも，クラスもあったですね，それで，せん，先生たちの授業をきめて，きめてそれ，休みの日，決めるかと思います

0363　TN：　はい，それで，夏休みに一緒に帰ったですね／あーそう／，TDさんと，一緒に帰る，とき，船に，行ったですね，TDさんと，話をして，そのとき私も帰るか，そんな気が始まったです，それで，TDさんが帰ってきたあと，会ったとき，もう，そのときはTDさんとよく会わなかったですね，はし，夏休み前は，それでも夏休み，に，帰るとき，よく会って契約し

たり，それで会ったり，して，{不明}，韓国へ帰ってきて，あとの，会ったらもう，帰ると決めたといったですね

TN ⑥

0268　TN：　旅行者で，/うん/も，アメリカ，例えば，アメリカに旅行するとき，とのホテルで，宿泊をするか，/うんうんうんうん/それ，決めて旅行することは，しゅしゃい旅行といい，言って，/はい/手配旅行は，旅行する人が，決めて，/はーはーはーはー/行くこと，それ

0269　NS：　旅行の，種類/はいはい/なのね，あー，それは分かりませんでしたね，あー，で，やかんっていうのは，予約みたいなこと？

0270　TN：　いいえ，ほ

0372　TN：　こ，韓国も，わ，こ，米とか，それが，できる日だと，決めて，/あー/あれー，パーティーすることは，に，なるよう

0373　NS：　あ，じゃ，感謝祭みたいなのね

0381　NS：　9月？

0382　TN：　あれー，なんと言うかな，日がはっきり決めてないですね，決めたですけど，/うん/あれ，とし，日が二つあると韓国は，/うん/あったでしょ，あのー，あー

0383　NS：　太陽暦と，太陰暦のこと？

0384　TN：　はいはい

TN ⑦

0520　NS：　へえ，どうして2年半なの？ どうして2年じゃないの？

0521　TN：　それは，す，もう，国，が，決めたから，もう

0522　NS：　普通２年半？
0523　TN：　はい

TN ⑧

0515　NS：　その７が出るパターンてどういうこと？
0516　TN：　あんな，ものがあるんです
0517　NS：　あんなって，んーパターンって良く分かんないけど，自分でこれはでるなあって分かる？
0518　TN：　い，これがてるなあじゃなくて，パターンが決めているんですねえ
0519　NS：　どこがきまっている，決めているわけ？
0520　TN：　分かりません

YNの使用

YN ①

使用なし

YN ②

0401　NS：　何の勉強したいの？
0402　YN：　まだ決めてなかったんですけど／うん／，私はね，機械のほうは好きじゃない，私はね，機械は全然好きじゃない，コンピューターとか，タイプは私はできるんです，タイプとかはできるけど，私，コンピューターは本当に嫌，だから，美術のほうは私好きです，英語も好きだし，機械のほうは好きじゃないから，文化かな？ 文化のほうがいい
0403　NS：　あ，文化のほうがいい，文化ね

0898　NS：　どこの大学に？/H 大で/の何科？
0899　YN：　んー，まだ決めてなかったんですけど/うん/，H 大ね
0900　NS：　ふーん，じゃ，来年は二人とも学生？

YN ③

0253　NS：　で，結婚決めたのはいつ決めたの？
0254　YN：　うーん，[個人名] がS大学に合格したから決めました
0255　NS：　あー，2月なのね？
0256　YN：　はい，2月

YN ④

使用なし

YN ⑤

1164　NS：　あなたの，その，一番上の弟さんは，/はい/大学に入ってから，軍隊へ
1165　YN：　入ってから，軍隊に行きました，1年，終わってから，2年生になったんだけど，そのときちょうど，下のおとうさん，お，弟が高校に入ったんですよ，そしたら，高校に入ったら，塾も行かせなくちゃならないし，家庭教師とかもあるし，いろいろ金がかかるんですねー，/うんうん/高校というものは，/うんうん/大学目指すから，/はい/だから，高いから，自分が大学で，大学授業料とか，自分のね，いろいろ使うんでしょう，大学生だから，そしたら，うちのお父さんが，も，給料は，いつもそれなんですよ，いつも，なんか
1166　NS：　なに？

1167 YN： 決めてうります，お父さんの給料は，／はいはいはい／その中で，弟のためになんかあげたり，自分がなんか使ったり，／はい／お姉さんになんかちょっと送ったりしたら，弟にやるぶんがないから，／はい／やっぱり，1番と2番と3番でしょ，／はい／順番があるから，弟にやる分がないから，／うん／その弟が，高校で勉強する間，自分が軍隊に行くって

YN⑥

0133 NS： 冷えちゃうからどうぞ，ふーん，じゃもう名前なんか決めてるんだったっけ

0134 YN： はい，名前なんか決めましたよ

0135 NS： なんだったっけ

0162 YN： 名前というのは，人が産まれるんですよ，産まれた産まれたしーと，なんか，日にちと，あれをみてからなんか，運命がきめてあるんだって，産まれる前，産まれたら，あの，なんか日にちとあれで全部あるんだって，だからあれをお寺さん，お寺とか，名前をつけてくれるところとかに行って，作らなければならないんだって，それでみんなあそこで作るんですよ，お寺に行って

0353 NS： せかいって

0354 YN： だからせいせ，きな答えがないんですよね，決めている答えが

0355 NS： あ，答え

0356 YN： はい

0357 NS： 正解

0358 YN： あーせかい

0359 NS： 正解

0360 YN： あ，正解／あーあー／，決めている答え，正解がないんですよね，じんもん学部は，でも商学部だったら
0361 NS： 反対でしょ
0362 YN： 決めてますよね／うん／，正解が
0363 NS： どっちがないわけ
0364 YN： じんもん学部がない
0365 NS： そうなの？

0367 NS： あーはいはい，答えがある
0368 YN： 答えが決めてますよね
0369 NS： うんうんうん，あ，だから人文学部に行ったら答えないから
0370 YN： そう，答えないから，だから

YN ⑦

0650 YN： うん，なんかにほ，え，日本とか他の国たら，地方でやってますよね，でも，韓国は全部［都市名］でやるんですよ，なんか，市長とかも，［都市名］の，んー，［都市名］の人た，［都市名］で，きめ，決めて，／うん／地方に行かせるんです，／あー／選挙，で，／うんうんうん／選挙じゃなくて，//だから

0927 NS： やっぱり，その，／はい／おばさんの色って，あ，歳を取った人の色ってある？
0928 YN： なんか，決めているわけじゃないけど，／うん／なんか黄色とか赤は，しません（笑）
0929 NS： あーそう，どんな色？
0930 YN： なんか，黄色でも，なんか，明るい黄色じゃなくて，ちょっと

0931　NS：　暗い黄色？
0932　YN：　暗い色でー，ちょっとですね，このぐらい

YN ⑧

0027　NS：　あーそうですか
0028　YN：　でも４年生の，午後，あ，後期くらいで，就職先決まったら／うん／，早めに帰って，ちょっと／あーそう／，部屋も探したいし
0029　NS：　あー，４年生の後期でね
0030　YN：　はい

5. サコダコーパスに表れる「かわる－かえる」の誤用

RY の使用

RY ①

0925 RY ： （笑）昔々の中国，女の人，結婚，し，した，男の名前，<u>かわる</u>
0926 NS ： あーそう，じゃ，あの，女の人は，えー名前がないって
0927 RY ： うん
0928 NS ： でも，RY でしょ
0929 RY ： Y，Y ない
0930 NS ： Y はない
0931 RY ： うん
0932 NS ： あ，R だけだった
0933 RY ： R だけ
0934 NS ： あーそうすると結婚したら変わるんだ
0935 RY ： そう

0954 NS ： で，今は？ 今は結婚するとどうなるの？
0955 RY ： <u>変わらない</u>
0956 NS ： えー
0957 RY ： 自分の名前
0958 NS ： あーそう，じゃ RY だ
0959 RY ： うん

1004 NS ： で，えーっと，だから友達はね，私の友達は私の名前が変わったでしょ
1005 RY ： うん
1006 NS ： あ，だから結婚したんだなって分かるわけね
1007 RY ： あーそう

1008　NS：　でもまたね，今度Fになったらね，離婚したなって
1009　RY：　（笑）２回結婚も，変わった
1010　NS：　そうそうそう，だから，もしね，私がTになったらね
1011　RY：　うん
1012　NS：　あら，２番目のご主人ね
1013　RY：　うん
1014　NS：　分かるわけ

RY ②

使用なし

RY ③

使用なし

RY ④

1000　NS：　じゃ，広島にずっと，しばらくはいたいのね，日本語の勉強するときは
1001　RY：　うーん，そうかもしれないですねー，でも，今学校は来年はちょっと，変わりたいかなー
1002　NS：　あーそう
1003　RY：　うん，どこでも一緒かもしれないですけど（笑），変わってみたい（笑），せっかく日本来て，いろいろ学校入ってみたい（笑）

RY ⑤

0411　NS：　でも，大きくなってるかもしれないから，何かいるかもし

れないじゃない

0412 RY ： うん，4 年は長いです

0413 NS ： そうね

0414 RY ： な，何が変わります，わから，分からないです

0415 NS ： ふーん，お姉さんは，もうあのー，大学でて今働いてるのね？ ふーん

0416 RY ： もう 24 だからさ，早く自立したい，ずっと，のー姉さんのお金使ってるはよくない，うん

0819 NS ： へえー，じゃ，やっぱり，日本人の男の人はあんまり，好きじゃない

0820 RY ： うーん，この点はあまり好きじゃない

0821 NS ： そうよねー

0822 RY ： うん

0823 NS ： ふーん

0824 RY ： この点は，あのー，日本人はあたりまえだと思います，ですよねー，だから，危ない

0825 NS ： そうだねー

0826 RY ： うん，変われませんです

0827 NS ： そうだねー，若い人もだいたいそうかもね，お父さんを見てるからね

0828 RY ： うん

0875 NS ： ねー，だったら奥さんは，奥さんの友達同士で飲みに行ったりしない？

0876 RY ： うん，あまりしない

0877 NS ： あ，やっぱりしないん，じゃ，だいたい，みんな終わったら帰る

0878 RY ： うん

0879 NS ： あーそう

0880　RY：　結婚する前は，いつもしますよ，友達と一緒に遊ぶの，うん，でも結婚したら変わります，やっぱり，か，家庭は一番大切

0881　NS：　ふーん，じゃ，中国人の方が，日本人より家庭を大事にするような気がする？

0882　RY：　うん

RY⑥

0088　RY：　うん，今ね，ずっと日本にいます

0089　NS：　うん

0090　RY：　だから，国一のことは，ちょっと知ってるけど，あまりよく知らない

0091　NS：　うん

0092　RY：　うん，もう2年間ですね，いろいろ変わってきったの

0093　NS：　うん

0094　RY：　だから，自分はね，日本のことは良く知るのは，できないと思う，うん，自分の国のことー，もね，だんだん分からなくなって，だから，どこで生きてるのか（笑）ちょっと，分かんなくなった，うん

0440　RY：　KM先生はそういうたよ，あ，今からね，あの，かんごくの男性に対して，あのー，ん，思いのは，全部変わってきた（笑）みんなのあ，おかげで（笑）

0441　NS：　きいたきいた

0442　RY：　闘いた？

0443　NS：　イメージが変わったって言ったんでしょ？

0444　RY：　そうです

RY ⑦

0056　RY：　はい，引越したいですけどねえ／うん／探すのもあのー，あとはねえ，もの運ぶのも，と，全部めんどくさいからねえ，やめた，／そうかー／はい，がこう変わったところねー／うん／じゃあ，もっと近くに住んだほうがいい／うん／と思ったんよ／うん／でもねえ，／うん／めんどくさいから

0057　NS：　遠いでしょでも

0058　RY：　遠いねー，1時間かかるよ毎日

0189　NS：　どー，それはー，でも国に，お金を払ってるわけ？ 住むのに

0190　RY：　はい，払っていますよ

0191　NS：　みんなそうなの？ だいたい

0192　RY：　でも今年からねえ，ちょっと変わりましたよ／どんな／あの，前あ の聞いたたぶんー，つぎつぎと，あの，何，何千円か何万円ぐらい払って／うん／あのー，1年，間かなかなあ，1年間たってー／うん／この家は全部自分のものに，します

0193　NS：　えーそうなの／うん／だからあのー，今住んでる家に，対してたくさんお金を払ったら自分のものになるわけ？

RY ⑧

0023　NS：　どうして普通の大学じゃないと思って諦めるの？ どういうこ と？

0024　RY：　入ったときはね，多分日本語もすごく上達できるし，日本人の友達も作れるし，もう色々考え，てた，でもね，実はね，日本語も全く変わらない，うーん，友達も（笑）できない（笑）だから後3年間多分，あー，一緒だなあと思います

0047　NS：　また大学変わろうと思わない？

0048　RY：　めんどくさいだから，思いますよ，でもね，色々がめんどくさいことがあると思います，うーん

0049　NS：　広島でいい？

0050　RY：　広島ね，もうちょっと，何て言うかね，飽きた

0051　NS：　（笑）

0052　RY：　3年間ずっと広島に住んでるでしょ，だから，変わったほうがいいと思いますよ，友達もみんな，あの，広島から［都市名］に行きました，うーん

0053　NS：　できれば自分もどっか行きたい？

0054　RY：　そうね，それ，［都市名］とか［都市名］とか

0191　NS：　うんうんうんうんうん，だから自分の先生が定年になるから，自分を多分受け入れてもらえないと思ったわけね

0192　RY：　うん

0193　NS：　定年なったらいなくなっちゃうし

0194　RY：　あとはね，自分自身のことを考えて，私の専門，あのー全部変わったんだから，自分も何か自信が持てなかった，だから，何かはじめからやり直そうほうがいいと思う，うん

0195　NS：　ふーん

0407　NS：　悪い子（笑）あーそう，そして？ それから？

0408　RY：　それからはね，まだ，あのS（S大学）と変わったことするだから，おもしろ，おもしろい

0409　NS：　例えば？ 変わったことするって

0410　RY：　S（S大学）はね，私，あの，先生，先生の講義に，うーん，いうけど，あ，行くけどね，うーん，周りのあの，学生さんとはね，全く関係ない，なしという感じがした，例えば，あの，出席取るでしょ，（うん）研究生はね，あの名前のリストの中に入ってない，（うんうんうんうん）だから，あの授業出ても

ね，何か，あの実感的に私この授業の中にいるという感じがなかった（笑）

0573 NS ： ん，ん？
0574 RY ： でもあれ，自分の気持ちが変わっただから，入りたくない
0575 NS ： 自分が大学のときは一生懸命やる気はあったけど，今はあんまりそういう気がないわけね，何でかな？ 年とったから？
0576 RY ：うん，そう

0694 RY ： いや，いるけどね，忙しい。私，知り合った人はね，あのー，前のバイト先，で知り合った，彼女はね，うん，普通の日本人とちょっと変わった
0695 NS ： どういうふうに？
0696 RY ： 何か，うーん，国際交流という大きく言えないけどね，（うんうんうん），何かほんとの友達のような感じがする

LL の使用

LL ①

0480 LL ： 自分書い，／書いて／かい，書いた，とか，あとで，私，女の子ね，男の子で，／あー／まな
0481 NS ： 劇するのね
0482 LL ： そうそうそう，うん
0483 NS ： LL さん，結婚してください
0484 LL ： はい，そうそうそう（笑）
0485 NS ： そういうのはしなった？
0486 LL ： みんな，ちゅうぶ，あー
0487 NS ： 気持ち悪いって
0488 LL ： 気持ち悪い（笑），＜？＞変えちゃった

0489 NS： あ，じゃ，自分で物語を書いてー，／そうそう／で，ドラマをするわけね

0490 LL： はい

0491 NS： で，テレビとかビデオも見る

0492 LL： うん，み，見る

0493 NS： あー，そう

0559 NS： あ，どんなの？

0560 LL： うーん，た，とか，服の，／うん／ね，日本もあるでしょ，女の女 性と，／はい／と，この女性，／あ，はいはい／でも，き，着てる服，／うん／例えば，今ね，なんに服着てる，だから，私たち，／あーはー，はい／チェンジチェンジ，すぐ，そうそう，／変えるのね／はい，あの，仕事，した

0667 LL： うん，でも，ときでも，思うよ，／うん／私一番，まあ，もう，21歳のとし，／うん／になりました，もう，一番，悲しいの，全然小さいからね，全然あのー，こと考えてな，／うん／と，私，3番目の子供ね，／うんうん／だから，もし，かみ，なー，て，そらね，あ，変わったらもう，お父さん，お兄さん，みんな，高いでしょ，／うんうんうん／ほんとに高い，私は大丈夫，心配しない，あのとき，だから，いつもなんでも，考えてないとか，でもな

0717 LL： はい，／あーそう／あのとき，ほん，いつ，おばあちゃん，いつも，病気ね，／うん／でも，今大丈夫かなー，でも，12月とき，あー，大丈夫かなー，／うん／もっと心配する，／うん／大丈夫かなーとか，えー，ちょっと，悪いの，あー，ま，や，やめるやめる

0718 NS： あんまり考えない

0719 LL： かむ，考えた，でも，いつも思いだしたら，あれー，おか

しいの，のほんと死にましたと，あー，人生の変わるの，少し変わりました

0721 LL： 人生の

0722 NS： 人生に対する考え方が

0723 LL： あーそう，少し変わりました

0724 NS： あーそう，おばあちゃんが死んでー

0725 LL： うん

LL③

0611 NS： ふーん，でもえらいね，あの，我慢してるのがね，自分だけじゃないっておも，思うのはとってもすごく大事よ，でLL，よくがんばってるなって思ったもん，だからとっても心配だったけどね，でも，2人の様子見てたら，あ，大丈夫かなーって思ったし

0612 LL： うん，ほんとそう，この前先生と相談したらね，でも，ほんと，随分変わった，私

0613 NS： そう

0614 LL： 考え方，やっぱり，うん，なんか，ほんとに，自分も21だから，このとしの，なんか，このとしの考え方は，ま，19の年の考えは，もう，なんか，変わるはずですよ／そう／，かわ，なんか，うん

0615 NS： 大人になったねー

0616 LL： そうそうそう

0617 NS： 大人になったねって思うよ私も

0618 LL： まだ大人になってないけど，充分なってないけど，でもだんだんにな，な

0619 NS： なっていくわね

0620 LL： うん

0621 NS : で，2人で住んでいくことができるってのも，やっぱり大人のしるしよ

0735 NS : 面食いって言うのはね，顔がハンサムな人とか，かっこいい人が好き

0736 LL : 昔はね

0737 NS : あ，じゃ，今は違う

0738 LL : 今は違う

0739 NS : よかったねー

0740 LL : あーそうです，今は変わった，(笑)

0741 NS : SHは？ 面食いかな

0742 SH : ううん

0795 NS : あーそう，そういう優しさは好きじゃない

0796 LL : 好きじゃない

0797 NS : あー，そっか

0798 LL : でも，私の性格は変わる

0799 NS : そう//なの？

0800 LL : //よく変わる，うん

0801 NS : SHも変わるけどLLも変わるわけ？

0802 LL : そうですね，変わるよー，性格でしょ

0803 NS : あーそう，あんまり優しい男は好きじゃないってこと？

0804 LL : そうですね，でも，好きな人，だったら，あ，だったら，あ，優しい，もっとやさししてくれたらいいのに，とか

0865 NS : うん，でもよく分かるけど，20とか30になることはないわけね

0866 LL : うん，ない

0867 NS : あーそう，へー

0868 LL : ないと思う

0869　NS　:　相手が，相手が，相手も変わるでしょ，でも相手も
0870　LL　:　そうそうそう，相手も変わる
0871　NS　:　困るんじゃない，あなたが80のとき相手が50に（笑）
0872　LL　:　そうよー

LL ④

0033　NS　:　例えば？
0034　LL　:　たっとえば，勉強の方は，/ うん / お，あの，前と同じ変わらないけれども / うん / でも自分自身の方は，/ うん / 強くなってきた

0169　NS　:　どうしてだと思う？ どうして変わったんだと思う？
0170　LL　:　でも，ほんと，このー，変わるはね / うん / 先生のおかげですよ
0171　NS　:　え，本当？
0172　LL　:　本当に，最初も，S さんと一緒に，す，す，あのー，す，住む，始めたとき，もすごく困って / うん / どうしようと思って / うん / もう毎日泣いてたでしょう，でも，先生の話，先生と相談したら，本当，私も / うん / じぇんたいてき変わってしまって，うん，そのときか，そのときからね，考え方ずいぶん変わってきた

0367　NS　:　T 先生はどんなことしてる？
0368　LL　:　T 先生のは，先生とあまり変わらないけど，でも，先生の授業より少ない，話ばっかりで

0462　NS　:　ふーん，危ないという，危ないいうようなことはなかったのね
0463　LL　:　なかった，全然 / ふーん / 私も毎日，自転車で行く自転車

で帰る，ん，同じ学生にする，何もかまわ，あの，変わってない，やっぱり皆あの場所で働くは，やっぱり，ロレックスとか，いいなき，き，着物着るとか，あ，じょうせい全然変わる，あ，私，あの愛人になるとか，みんな絶対にそう思うから／うんうん／だから，あっちの場所で働く／うんうん／でも，私は全然そう思わなかった

LL ⑤

0051　NS ：あー，やっぱりね／はい／，なんでアメリカ行かなかった？
0052　LL ：あのー，あたしもアメリカに行きたいかったけど，うーん，でも，んー，そうですね，どうしてアメリカ行かなかったかな，やっぱりちょっとこ分かってる，怖いというか，顔が，形とか全然違うし（笑），あのー，向こうの男性見たら，ま，ちょっと自分が，とても小さく見えるから，んー，やぱ，やっぱり日本に来たら，顔と形もあまり変わらないし／うん／，あの，言葉しゃべらなくても／うん／，外国人と思わないから，うん，便利です

0054　LL ：はい，あのー，日本人というか，あまり，中国人とあまり変わらないけど，でもやっぱり生活習慣と風俗は，違うところもあったし，あたしの友達から言えば，最初にとても水入らず，というか／うん／，外国人はとても日本人の世界に入れない，へ，入られないですよ，でも，長い時間が過ぎたら，もう，あたしと今の友達も，仲も良くなるし，なって，うん，することもほとんど同じ，うん，昔はとても中に，あの，小さいグループ，はい，入ろうと思っても，難しいです

0086　LL ：外国人も珍しいですから，私も，あの，あのーかれり，か，あの，彼にも外国人女性いるとは，なんか，全然思わなかっ

たから / うん /，やぱ，フィリピン人と，日本人あまりちょっと，違うから，でも中国人は顔もあまり，うーん，変わらないし

0267　NS：　あーそう / はい /，LL から見て中国と韓国はどうでした？
0268　LL：　韓国は，今も経済的は強いから，台湾とあまり変わらないけど，韓国の人はやっぱり日本人に対して
0269　NS：　中国？
0270　LL：　韓国の人，意識が強い，/ あーそう / というか，中国人より強い

0351　NS：　あんまり知らない？ 日本の子供，みて，見てて
0352　LL：　日本の子供は，台湾とあまり変わらないけど，でも今，日本の教育ほうが，なんか，なんという，健康，健康的
0353　NS：　そうお？ / はい /，塾に行くのよみんな

0498　LL：　あのーフランス語先生じゃなく，あのー，近代文学の先生 / そう /，あの先生も結構服装が変わる変わるけど，でもあまりみんなね関心しないの
0499　NS：　どうして
0500　LL：　あのー先生授業ときはね，一生懸命じぶんが，夢中にしてるよ，なんか，じぶんが，宮沢賢治，なんか，自分が笑って，でも私たちは何，何はなしてるは全然分からない（笑）

0657　NS：　そうかー / はい /，この 3 年間ではおと，好きな男の人のイメージ変わった？
0658　LL：　あまり変わってないけど，でも，うん，あまり変わってない，良くないね
0659　NS：　どうして？
0660　LL：　やっぱりすぐ変わったほうがいい

0661 NS ： 危ないよそれ
0662 LL ： （笑）よくないなのそれは
0663 NS ： そうなの？ そっかー，どんな人が好きなの？
0664 LL ： F君（笑），ちょっと

LL⑥

0024 LL ： あのー，あ，の，あの，やっぱり中国文学で，あの，とししゅんていう，のという本が
0025 NS ： うん
0026 LL ： ありまして
0027 NS ： うん
0028 LL ： そう，そして，芥川龍之介，は，あの…や，なんか，内容ちょっと変わって，あの，なんか自分のいろんな感想とか
0029 NS ： うん
0030 LL ： 自分の思ったこととか，なんか，かえたん，かえたという本なんですけど，でも，なん，なかの違う部分，が，なんか取り上げて，あの，ひかく，して，していきたいと思いますけど，

0403 NS ： だからもうT先生じゃなくてI先生って言うの，だから私がちょうど[都市名]に行ってるときに／うん／引越しをして，[都市名]から帰ったらね手紙が来てね，先生，こういうことになりました，住所変わりました，名前も変わりましたって
0404 LL ： え，どうしたかなあ，まあ先生はやっぱり／うん／広島にいないとみんな変わるんよ

0795 LL ： どうしての，日本は生活費が高いでしょ／うん／あと，飛行機代も 高いし／うん／，何でも高いから，じゃ台湾とあんまり変わらないですよ／うーん／，でやっぱりみんなが，年

寄りの人が，ほうが，よくいた，なんか，ゴルフとか，日本に，よ//く，うん

1051 LL ： 同じ同じ
1052 NS ： あじゃああまり，台湾の人も日本の人も変わらない？//かわ
1053 LL ： //変わらない，そうそうそう，変わるぼちに歌ってるけど
1054 NS ： ああそう/うん/，日本の人なんかでもこう，歌が好きな人はマイクを離さないでしょ
1055 LL ： そうなんよね

LL ⑦

0245 NS ： こう，どうでした？ 来た，来てから
0246 LL ： そうですねー，あまり変わらないだけど，/うん/（笑）でもそこまではない，ないのに

0469 NS ： //台所の，こう，形とかさ
0470 LL ： あー，それはあまり変わらないんです
0471 NS ： そう？
0472 LL ： はい，そ，私も，台湾でアパート住んだことないから，家です，/うんうん/のほうですか，だからあんまり知らないけど，うーん

0482 LL ： そうです（笑），まず家ある人と，結婚/そうそうそう/し，したいんですけど
0483 NS ： ん，いえと，車と
0484 LL ： と
0485 NS ： ねー，で，お母さんがいない人
0486 LL ： あ，そ，（笑）そ，あまり変わらないですね

0487　NS：　あ，そう？

0488　LL：　そうです

0922　LL：　かていりょうりというか，／ふーん／ママ作ったの料理？／うーん／ほ んとの中華料理はあんまり変わらないけど，／うん／うん，家庭料理が一番食べたい，あと，台湾の肉まんとか

0923　NS：　あー，そうそう，肉まんはどうなの？ 日本と

0924　LL：　にほん，も甘口ですね

0949　NS：　ふーん，でもやっぱ違うのね？ 大きさなんかはおんなじ？

0950　LL：　おち，大きさはあまり変わらないけど，でも，なかみはちょっと違う

0951　NS：　ふーん，でもじゃあ，ピザまんとかカレーまんはない？

0952　LL：　ない（笑）

LL⑧

0172　LL：　ううん，あの，言うことみんなも聞かないし，あと，年が近いですから，みんな，思想とか，あの，考え方もあんまり変わらないし，／うーん／でも私自分のやりかい，かった，やりかたあるから，あとホテルの人と，あの，私，あの，支配人さんとか，あの，話したりとするときに，日本語が分からないときがあったんですよ，／うーん／でも完全に分かる，じゃなくて，うーん，あの向こうからもいろんな文句とか不満とか私に，なんかばっかり言って，でも私はメンバーに絶対言えないですから，／うん／言っても，なん言ったらーメンバーのなんか，みなさんがやっぱり気持ちが，うん，何かもっと，なんかわりくなるから，あい，いつも自分のあそうですかとか，じゃ，なんか，も文句を，なん受けたりすると

きにやはり，あーす，その，もういや，もうリーダーの仕事もういや，普通の人に戻りたいと，／ふうん／うん，考えたんですねー

0311 NS： どいうこと？ 夏休みに帰って
0312 LL： うーん，だから，日本に？ も，一人は寂しくて，もう本当，一人，だったんですから，すごく寂しいですよ，／うーん／だからー，ちょっと，うーんやっぱり一家族と一緒に方がいいと，うん，考えて，でもやはりだめですよ，もうこんな，こんなかわるそん，あれ変わって，もう，両親もすごく迷惑かけるですから，／うん／，うんもうじぶん，きめ，きまたこと？ ちゃんと，守らないと，うん
0313 NS： まあじゃあ帰りたくなかったわけね，／そうそう／日本に／そうそう／あー帰る気がなかったっていうか／そうですねー／んけどいけないって？
0314 LL： うん，りょうしんがー，もういつもかわるだから，あのよく言われて
0315 NS： いつもあなたよく変わるから
0316 LL： そうそうそう，もう知らないとか（笑）

0342 LL： そうママはもっと泣くじゃない，と思ったんですけど，／うーんうーん／で，まだ，その次まだパパに電話した，パパの会社に電話して，合格したんですよー，とかパパに報告したら，パパがよかったじゃん，よくやったぜーとか，私，／うんうんうんうん／，ほめられてー，うん，／うん，そー／そのときまだ気持ちがちょっとよくかわって，／ふーん／あ，気分転換になった

0366 LL： はい，でもほんとによかったんですよ
0367 NS： どうしてですか？

0368　LL：　あのー，やはりもう，なん，なんもー5月一回先生とー相談を，／うん／のって，／うん／そのときから，自分の考え方とか，あとー，うん，勉強の仕方とかもう，少しずつ勉強していって，あのかん，変わったんですよ，だかそのときからー，あー日本文学ってこんなにおもしろいかーとか，うーん思いはじめたん

0369　NS：　あーそう，／はい／ふーん，じゃあ日本文学ほんとに自分でおもし ろいなあと思い始めて

0370　LL：　そう，でそう思い始めて，そのときから，編入，学，編入，編入にしようと，考えたんですよ，そのときから，／あーそう／もっと日 本語，日本文学を勉強して，でも，うーん，まあ色んなことあって，うまくいけなかったんですけど，でもね，ほんと2年間，国文科を勉強してよかったとおも，思いました

0371　NS：　あーそうですか，だって日本にいるんだもんねえ，日本にいるってことは，／うーん／やっぱりほかの，ねー幼児教育は，韓国でもできるだろうけど，日本で日本文学を勉強したってのはすごく大きいと思うのね，／はい／ふーん，日本文学を勉強してま，1年目はじゃあ，すごく分からなかったでしょう／はい／で，まあ，あのー，Sさんとのことはどうですか？

0372　LL：　あっ，もうー，おかげさまでうまくいきまして，／うん／うーん，なんだ，あの先生も言ったんですけど，あー色んな人間がいるからー，だからSさんもそんな人間の一人，ですから，だから私も，んーまっ，あの，怒りたいときに，あっ，Sさんはこんな性格ですから，うん仕方ないとか，あのー，だから自分から，なんか，人にかわさせる，じゃなくて，自分から変わらないと，何もならないと，考えたから，うん，少しずつ自分から，変わっていった

0373　NS：　ふーん，じゃあもう，あんまり怒るようなこともなかった

0374　LL：　あんまりなかったんですよね

0438　LL：　嫌です，それは，変な関係になっちゃうから // いやた
0439　NS：　// どして変な？
0440　LL：　あー，なんか，みんなから見られて，なんで恋人に，最初は恋人だったし，なんでまだ妹にかえるか，/ 妹にかえるか，あー / それは，変なんですよ
0441　NS：　うーん，そうかー，妹と恋人の違いっていうのは例えば，デートなんかするのも妹はするわけ？
0442　LL：　デートもしないじゃない，だか，自分がー何かあったときに，な言えるという友達？

SH の使用

SH ①

使用なし

SH ③

0289　NS：　危ない
0290　SH：　うん，まだ，日本で，なんか，病院，あのー，えーっと，学生ね，看護学生，だいさんにん＜？＞病院に実習とき，なんか，注射のチャンス少ないって，法律かえて，なんか，できないのことあります，// と聞いた
0291　NS：　// あーそう

0465　NS：　本当？ すみません，はっきり言ってくださいっとか言って（笑）
0466　SH：　でも，なんかー，いったねー，変わらない（笑）
0467　NS：　言っても変わらない？

0468　SH：　うん

0656　SH：　採りたいけど，分からない，ああ，来年がなかった，あ，ない，来年，この学校ね，名前変わりますよ，O 大学なんか，〈？〉学校になります，一緒に，で，O 大，OT 大学，この学校いない
0657　NS：　なくなるの？
0658　SH：　うん，なくなる
0659　NS：　えー，じゃあ，名前が変わるわけ？
0660　SH：　名前は，O 大学と〈？〉
0661　NS：　うーん，でも //学校
0662　SH：　//4 年になります

SH ④

0082　SH：　前は，前，前は，小児科のお医者さんで，/ うんうんうん / でも，いま，一応変わりました
0083　NS：　うん，どこに？
0084　SH：　今，医者も，医者も同じ医者です，/ うん / 今，会社，あのー，なんとかなー，西ドイツ，あっち，/ うん / あっちのホストの会社と，中国合併 / うんうん / 作ったの，/ うん / 薬の研究の会社，/ あーそう / 医学部の，主任になりました

0549　NS：　あー，そう
0550　SH：　うん，昔ね，今，今は，だんだん変わりました，昔，赤ちゃん生まれた，1ヶ月なんか，外に，外も，出て，いけん，いけない，/ うんふん / 方言ですか（笑）
0551　NS：　いけん，うん，いいよ
0552　SH：　風邪を引くも，い，いけない，/ うんふん / 冷たい水も，お風呂も全然できない，/ あーそう / だから，もう，気持ち

悪いでしょ，/うんそうそうそう/不潔でしょ

0553 NS： うんうん

0554 SH： 今，だんだん変わりました，昔の，こと，でも今そんなことないですよ

0555 NS： あー，そう

0556 SH： はい

0557 NS： へえー，そうですか，じゃ，やっぱ，変わるのね

0558 SH： 変わりました

0559 NS： へえー，私はもう10何年前だからね，2回お産をしたのね，/はい/うーん，で，はじめての子は，36時間

0560 SH： あー，長い，結構

0666 NS： そうねー，あー，そう，じゃ，日本の看護婦さんは大変だねー

0667 SH： 大変ですよ，ほんと，いつも，感心します，かわり，中国看護婦さんだめ，ほんとに

0668 NS： あー，そう

0704 NS： あーそう，じゃびっくりしたでしょ，日本に来て，/そうですねー/シャンプーはするし，いろいろお世話するし

0705 SH： はい，はじめ，あー，そんなこといいなー

0706 NS： あー，そうですかー

0707 SH： はー，もし，中国帰ったら，/うんふん/病院で，変わります，全部，/そう/いい，日本のいいことも/うんうん/って，くに

0708 NS： そうだねー，/そう/そうだよねー，SHさんは，だから，中国へ帰 ってから，だから，でも，今の中国は，まだ，国の会社でしょ

0709 SH： そうです

0847　SH：　31歳，はぶん，仕事変わるかもしれない，この，前，しゅにんか，毎日とうび，赤ちゃん，患者さんになった，わーわーわー泣いて，/うんふん/ね，うるさいでしょ，/うん/たぶん，仕事変わった，かもしれない，今，静かの場所行って

0848　NS：　あー，そうかそうかそうか，//だから

0849　SH：　//だんだん気持ち変わりました，/ふーん/あー，赤ちゃん欲しいー（笑）

0850　NS：　あ，もう，大丈夫って

0959　SH：　これは昔の中国，/（笑）/だんだん変わったでしょ，なんか，1回私はおこったの

0960　NS：　どうして？

0961　SH：　あのー，あの人すごく，なんか，失礼って，/うん/はじめは，あー，私すごく，すごい，中国の人好きよ，/うん/中国好き，/うん/で，次は，あのー，別の隣のベッドの，/うん/あのー，なんか，奥さん言った，あー，あたしも中国行きたい，行かない方がいいよ，あっちの便所もない，ドアもない，汚い，なんにもない，なんか，お，悪いことばっかり言った，私，ほーんとに，つらくて

0962　NS：　ひどいねー

SH⑤

0037　NS：　たぶん私は，［アパート名］の人がみんな若い女の子でしょ

0038　SH：　そうなんですよ

0039　NS：　だから，みんなお友達で，みんなでいつも一緒に話してるんだと ばっかり思った

0040　SH：　そうでもない，全然，あのー，最近，全部変わった

0041　NS：　あー，新しく？

0042　SH：　新しの人入った/うんうん/，新しな人入った

0043　NS：　新しい人
0044　SH：　新しい人入ったばかり

0253　NS：　ときどき会ってます？
0254　SH：　電話とか，今変わりました保証人
0255　NS：　あー，そう

0319　NS：　だから，みんな誰もやりたくない仕事を／させて／，偉い人に，こ の人がいいよって言うわけね
0320　SH：　はい，もう，この人も，自分の成績，先生言わなかったとき，すぐ変えた，なんでも言わない，ほんとに言ったら，言わないで，って言う，そういう風に
0321　NS：　あそう，みんな点数を気にするのね
0322　SH：　気にします

0482　NS：　その，音楽があることと，他に，何が違う？
0483　SH：　もう一つは，やっぱり，あのー，ふつうは分娩室は，あのー，清潔の場所でしょ，／うん／滅菌，滅菌して，あとは，入るとき，靴と，もちろん，靴とか変わります，服装も，中国は，靴は，靴も変わりますし，服装も変わります，日本は，日本は，ただ，靴だけ
0484　NS：　あー，そう
0485　SH：　妊婦さん，分娩，分娩するときも，お医者さんも服装変わらない，ただ，ビニールのエプロンだけ，あのー，着替えて，あと，手袋だけ，あまり手も洗わない，手術室に，みんな，手術前，なんか，手術前，10 分間ぐらい，洗うでしょ，いろいろ消毒液，でも，全然 洗わない，手袋だけ入れて
0486　NS：　あー，そう，それはよくないねー
0487　SH：　よくないじゃないよ，完全のこと全然ないよ

SH ⑥

0113　NS：　あー，日本は書くものが多すぎる

0114　SH：　そう，ほとんど毎日同じ，もの書く，同じものばかり書いてた，毎日変わるじゃないよ病気とか，あれ，必ず同じことずーっと書く，あれは，うーん

0115　NS：　意味が無い

0116　SH：　意味が無い

0535　NS：　// ど，そりゃそうだけど，どんなとこでそんな事言われるの？

0536　SH：　保証人を友だちが，その，あたし保証人変わったんですよ

0537　NS：　あそう

0538　SH：　もともとの保証人もそいう意味あるよ，だから / あそう /，全然，ことはずーっとできないできない怒って / あそうよ /，ならない，// 保証人かわった

0552　SH：　そう，だからそんな目的ある，だんだん，なんか付き合って / うん /，なんか食事しながらだんだんそういう言葉しゃべって，いや　あたし主人いるよ，主人いるけど，日本だけでもし主人日本来たらやめます，そんなこと言われて，だめ，愛してるから言うてた / そうよ /，だから向こうも怒って，もうやめます保証人，やめたらあたしかわります，あたしのほうかわって，保証人

0553　NS：　ああそう

0554　SH：　だから，今，保証人一番安全，やっぱり広島でバイトした，あのー，お寿司屋さん，マスタと奥さん二人，一番安全，この二人はほんとに日本のお父さんお母さんみたい

0555　NS：　え // え，ほんとう

0689　NS　：　あーと，休み／あ／，休みの過ごし方

0690　SH　：　えーっと，そうですね，だいたい変わらない，例えば，子供連れ て，遊びに行ってとか，じかに帰るとか，だいたいそういう風でしょう

0691　NS　：　で，みなんおんなじ時期に，うわあっと車，車とか，新幹線のって，うわあっと［都市名］とか［都市名］行って，でまたうわあっと帰ってくる

0692　SH　：　ええっと，［都市名］か，やっぱり，あのー，日曜日，だいたい子供連れて買い物行って公園行ったりとか，そうですね，だいたい／／変わらない

0693　NS　：　／／日本の人はさ，人の多いとこ行くでしょ

0694　SH　：　そう中国も変わ／／らない

0695　NS　：　／／おんなじ

0696　SH　：　同じ，今日はここに何があったらみんなばあっと行って，だいたい同じ，変わらない

0697　NS　：　じゃあ，やっぱり行って疲れて帰ってくるわけね？

0698　SH　：　そうなんです（笑）そと出たくない，帰ったらほんとに

SH ⑦

0098　SH　：　はい，あのー，靴ぬうて，スリッパかわって／うん／はえってー，そういう家庭も／うん／ありますしー，／うん／えー，そのままくつー，は，履いて，／うん／家に，い，なんかー，入ってもー，そんな感じでし／えー，ほんとー／けどー，その／ほんとー／その家庭の習慣かなー，／うん／違います

0099　NS　：　ほんとー，じゃ日本はみんな靴脱いであがるでしょ？

0119　NS　：　寝室って，あ／／寝室，だけ？

0120　SH　：　／／だけ，うん，あのー，スリッパ変わってー，／うん／寝ます

0121　NS：　あ，じゃそれまではずっと靴？
0122　SH：　はい

0127　NS：　じゃあその，い，外から出て帰ったらー，靴を脱ぐけどまた違う靴を履くわけ？
0128　SH：　はい
0129　NS：　で，また寝室は違う，//わけ？
0130　SH：　//寝室，寝室入ったらまー変わらない
0131　NS：　あー，じゃ変わらないじゃん
0132　SH：　あま，もし，もしー，あのー，玄関の方変わったら寝室出て変わらない
0133　NS：　ふんふん
0134　SH：　だからそれぞれ違います

0227　NS：　あーそうー，おもしろいねー，あと，こ，例えば，あの，部屋のね，何と言うのかな，配置っていうのかな？ あのー，例えば家具を置き方とかさ，そういうこー，部屋の様子なんかはやっぱ同じ様な感じ？ 日本と
0228　SH：　うーん，大体変わらない
0229　NS：　天井の高さなんかはど//う？
0230　SH：　//てんじょー，やはり中国の方が高いじゃないかな

0296　SH：　中国は，せ，最近出てきたかなー，あのー，国の一つちあて，/うん/建物建てて，/うん/お金持ち，/うん/あ，お金持ちの，おっかねあればー，/うん/買えます，/あーそう/そういう風になってた，/うんうん/昔はーそんな全然だめ，無い，まず無い，/うん/いまはー，段々あのー，変わってきて，やっぱり，しーほんしゅーぎー少しずつなってたか，/うん/なってたかなー？，/うんうん/思って，この一前ついー，しゅーじん，マイホーム建てたよ

0575　NS：　昔はみんなおんなじー，国民服だったんでしょう？
0576　SH：　そう，今はぜんーぜん変わりました／あーそう／えー//8月

0582　SH：　はい，あとは，えーと，あたしー，あたしは，ちゅうがくせい，1，2年生ぐらいかな？／うん／だんだん少し変わってきた，／ふーん／うん，今も，あまりデザインとかー，あれ，おかやまと，ぺ，あの，遠くとか，行った事無い，からー，分からない，あま，あまり変わらない［都市名］の場合は
0583　NS：　おか
0584　SH：　この前／うん/8がつー，［都市名］帰ってー，／うん／街の中，女だちの服装見て，ビックリした
0585　NS：　どうしてー？
0586　SH：　うっそー，これほんとー？と，かわらない
0587　NS：　変わらない
0588　SH：　変わらない
0589　NS：　どこ//が
0590　SH：　//デザイン，デザインか色か
0591　NS：　［都市名］が？
0592　SH：　しゃ，お洒落，はいー
0593　NS：　で，ぜ，変わってないわけ？
0594　SH：　はい，変わってないじゃない，ん，岡山と変わらない
0595　NS：　あっ，あーあー，岡山とー［都市名］のー，//服の，様子が，変わらない
0596　SH：　//変わらないー，はい
0597　NS：　あじゃ，みんな，こんなふー，お洒落な服を着てるわけね？
0598　SH：　はいー，街なか見た，うわーびっくりしてー（笑）

0645　NS：　あ，アイロンー

0646　SH：　アイロンーのかけかたも，全部違う，／ふーん／おっきなホテル行 ったらあんまりー，日本とほんと同じ，ほとほと同じ，／ふー／じぶんー，普通はー中国の場合は自分でー，洋服の自分の家で洗いますよー，／はいはいはいー／だからー，そこー，そこの方は，洗ったら，なんか洗ったらとー，全然変わってきたでしょう／ふーん／様子，服の様子

0782　SH：　//ちょー調味料は違う使い方全然違う，／ふーん／だから味全然，変わってきた，／そーだねー／それ違います，／あーそう／味が
0783　NS：　中国に帰ってさー，あのー，日本の料理をしたげたりするー？ してあげ，たりする？
0784　SH：　できない

SH⑧

0096　NS：　ちょっと待ってね
0097　SH：　はい，考え方変わってきた
0098　NS：　じゃあ，最近なのね
0099　SH：　最近のこと

0203　SH：　うんん，一人大体三人か四人ついて，あまり，うん，どうか，責任持ってないというか，なんか，そんな呼吸の指導方法とか，方法の指導とか，あの，陣痛きたとき？ とか，体位とか，マッサージとか，あれ全然してないから，だから，女性として，ぶんびは人生のだい，第一，ことかな，そこまで，もうちょっと変わってほしいかな，自分も女性だから，／そうだねー／，将来も，子供も産みたいけど，ここのほう，ちょっと，うん，みんな少しだけ，少しずつだけ，楽にしてほしい，／うん／，そうなん

0264　NS：　//よくないね

0265　SH：　よくない思って，/ふーん/ちょっとずつ，変わってきたと思います，/うんうんうんうん/，うん

0266　NS：　日本ではね，あの，赤ちゃんを産んだら，実家に帰るんだけど，/はい/，中国も同じ？

0312　NS：　大変，えらい，えらい

0313　SH：　（笑）でも，子供できたら，また考え方変わるかもしれない，あれ，分からないよ，そのとき，そのとき，変わってくるから，//なかなか

0314　NS：　//そうだよね，子供が可愛くなってね，ずっと子供が三つなるま でとかって思ったりするかもしれないしね

0315　SH：　あれ無理

0316　NS：　どうして？（笑）

0317　SH：　あまり，好きじゃない子供

0318　NS：　あ，そうなの？

0319　SH：　うんー

0320　NS：　そうー

0321　SH：　好きじゃない

0322　NS：　ふーん，でも，変わるよ

0323　SH：　そうですか？

0324　NS：　うんー

0325　SH：　多分変わるかも（笑），分からない

0326　NS：　うんー，そうね，子供の一年は大きいけど，勉強の1年は取り戻せると思うのよね，/そう/，まだ若いから，

0327　SH：　そうですね

0387　NS：　子宮の？

0388　SH：　子宮の環境，/あ，そうー/，まだホルモンを分泌のこと

変わって きたから,
0389 NS： 例えば，じゃあ，何歳くらいまで，女の人だったら，ま，何歳く らいまでだったら，出産してもいい，これ以上だったらよくないってのある？
0390 SH： 一応，言われた，こうねんれいしゅっさんぶ？ 35歳以上

CHの使用

CH①

使用なし

CH③

0287 CH： やはり[都市名]行けば,いろんな学生と知り合いになるし，/うん/日本が将来どうなるかね，/うん/日本の考え方がどうかんが，あ，も，た，どうが，変わって，もくるかとかね，様子できますよね，東京の大，大学生見て
0288 NS： それだったら，それだったら，い，(CH:なに？) そういう，この辺の人間怒られるよ，この辺はそういうことできないと言ってる
0289 CH： え？ 何を言った？

0370 NS： 思い出と友達を
0371 CH： で，それを利用して/うん/自分のために，も，わるく言えば利用 だけど，よ，ま，いいことでね，変えて言えば，お互いに協力しながら
0372 NS： （笑）そっか，利用するって言うと，ちょっとよ，表現が悪いから
0373 CH： はい，で，お互いに協力しながら

CH ④

0215　NS：　で，や，つまりCHがね，英語を習いたいんだったらその人たちと英語で話すといいかな
0216　CH：　でも，友達，じゃないから
0217　NS：　あそうなの？
0218　CH：　はい，歳の差もかなりあるし，とか習慣とかも違うでしょね
0219　NS：　うん，歳の差もあるの？
0220　CH：　はい//今も友達みんな日本人だし，ちょっと台湾に変えよっかな っておもってるけど今，ま年明けてからそれは//
0221　NS：　//ふうん//ふうん，そう，じゃ他の教科とか面白いのある？

0473　NS：　ああそう//あ，動いてるとだめって？//
0474　CH：　//なんかね//下手にね，ばたばた泳ぎて，上に出ようとか思ったらそれはねほんとに，潜水病ていって，も圧力がね/はい/30メータですから，3気圧でしょう　/うん/気圧差が，あ，気圧がね急に変わったら/うん/病気になるらしいから
0475　NS：　ああじゃあ，急に急いで出たりしたら，即潜水病になるわけ？
0476　CH：　はい
0477　NS：　どんな風になるの？
0478　CH：　なんかね，ち，血の流れが変わるらしいんですよ，こう，動いてるのが/えー/圧力がかわ
0479　NS：　ええ，急激に変わるからね
0480　CH：　はい
0481　NS：　ふ//ーん，死んでしまうことはないでしょ？//

0775　NS：　までも，あなたがみ，見る範囲内でさ，韓国の大学生と日本の大学生とどうかなって

0776　CH：　別に変わらないと思うけど

0777　NS：　あそう

0778　CH：　ただ，変わるのは，韓国はよく，韓国の大学生とか，国の問題，社会問題とか話題にして酒飲んだりするけど，日本人はあんまり日本の大学はそれがないなあとか

0779　NS：　（笑）話題，政治の話題は，で，お酒が飲めない？

0859　NS：　でも，K，K 大統領になったら，変わる？

0860　CH：　KY ですか？

0861　NS：　うん

0862　CH：　あの人，が大統領になったら変わらないでしょね

0866　CH：　CJ っていって，今大統領候補ですよ

0867　NS：　あの，もう一人の

0868　CH：　はい

0869　NS：　ふーん

0870　CH：　で，あの二人の一人ができたら，も，あれはかわるでしょね

0871　NS：　あー，どんな風に？

0872　CH：　だんだん首切って行っちゃうでしょ

0873　NS：　あーそう

0874　CH：　韓国あれものすごいですよ，自分の

0875　NS：　首切り？

0876　CH：　はい，そうね，会社，とかで首切ることは，あんまりないけど，/うん/，政治とか，政治家とか，あ，…自分の気にいら，ん，もうくわんかったら，/うん/，首切っていくし

0890　CH：　たぶんね/ふーん/いろんなと，き，韓国は大統領変わったら，/うん/，もうその，大臣とか，すっごい変わるわけですよ

0891　NS：　あー内閣改造みたいなのね
0892　CH：　はい

0955　NS：　//日本の大学生
0956　CH：　あいつはちょっと変わったもんだから，あ，姉は
0957　NS：　ど，どうして
0958　CH：　東京に行って，東京の女子大，生とか，ものすごくかるいですよ，姉いったら
0959　NS：　軽い？
0960　CH：　かれい
0961　NS：　あ，華麗

CH ⑤

使用なし

CH ⑥

0670　CH：　はい，で，そこで，どうしてもそちらの方面に行きたいから，今，なんかやっても，だったら，顔広げとくほうがいいでしょ
0671　NS：　うん
0672　CH：　なんとか形を変えて自分の力になってくれるから
0673　NS：　ふーん，なるほどね，顔広げるっていう表現は韓国にはないんで しょ？
0674　CH：　ないんですよ

CH ⑦

0058　CH：　夏だったらクラゲ，クラゲとかがいっぱい/うんうん/，なんか刺 さるんですよ，　//ピシピシピシとか

0059　NS　：　//うんうんうん，え，本当？
0060　CH　：　はい
0061　NS　：　うん
0062　CH　：　痛いなあっていって/うん/消毒したり/うんうん/,こう，かえて/うん/冬だったら，クラゲとか，さすがに寒いから出てませんねえ，冬眠してるから

0245　NS　：　あ，それがだいたい普通なのかぁ/はい/，韓国の/はい/風呂の入り方
0246　CH　：　はい
0247　NS　：　へえ
0248　CH　：　変わってるからな？ ちょっと
0249　NS　：　温泉なんかあるの？ //韓国は
0250　CH　：　//ありますよ

0352　CH　：　床ですか？/うん/部屋の床は，一緒ですよ
0353　NS　：　どの家も？
0354　CH　：　はい
0355　NS　：　ふうん，そう，特にこう柄をすごく変えたりとか
0356　CH　：　いやあ，柄を変えれないでしょうねえ

0593　CH　：　まあ，世界的なブランドが/（笑）うん/，なんてかデザインしたやつを/うん/,国内ブランドを追っかけて/うん/,それをまねして，みんな着てるんじゃないですか
0594　NS　：　韓国はそんなことない？
0595　CH　：　一緒です（笑）
0596　NS　：　（笑）
0597　CH　：　なんか，かわってないんじゃないんですか？ あんまり
0598　NS　：　そう？
0599　CH　：　はい

0600　NS：　服の着方とかよ？
0601　CH：　はい，ちょっとは変わってるかもしれんですけどねぇ
0602　NS：　たとえば
0603　CH：　基本的は一緒だと思うんですよ，ちょっと，そりゃ，ヤンキーに 限ってですよぉ

0668　NS：　そう，じゃ，あのセンスとか服の着方ってのはだいたい日本人と おんなじ？
0669　CH：　変わってないと思い // ますけど，はい
0670　NS：　// ジーンズ，やっぱり大学の人着る？
0671　CH：　そうですね，// ほとんど
0672　NS：　// 大学生

CH ⑧

0039　NS：　韓国に帰るたんびになんか自分が変わっていくような気がしない？ やっぱり全然変わらない？
0040　CH：　いや，変わってるかもしれませんね，変わってるかもしめ，しれないんですけどー

0530　CH：　// で，/ うん / きか行ったのがね，/ うん / 最後にはね機械系のね，工場を作りたい，会社を作り変え，たいからー，/ うん / 行ったんですよ
0531　NS：　ふーん，あー，機械関係の会社を作りたい
0532　CH：　はい

0989　NS：　1年目と2年目ってやっぱり違うと思うけど
0990　CH：　や，じぇんぜん変わってません
0991　NS：　変わってない？
0992　CH：　はい

1092　CH：　//バカって，そんなのね，アホーの意味のバカじゃなくってー，/うん/変わってるなーとか
1093　NS：　あーあーあー，ば，なるほど，変わってるなー
1094　CH：　はい
1095　NS：　例えばどんな，のがどんな風に変わってるわけ？
1096　CH：　いやー，言葉でうまく説明できません

TNの使用

TN①

使用なし

TN②

使用なし

N③

0199　TN：　いいえ，そんな，こと，ま，前，今のかっこの先生，M先生に話 したことがありますね，/あそーう/今のかっこでやめて変えるか/うん/そのことがありました/うん/それでちょっと，M先生とインタビューをするとき/うん/そのこと考えてもうちょとか，かんばって日本へ住んだと話をしました
0200　NS：　ああそーう
0201　TN：　はい

TN ④

0131 NS： でどうして倒れるかも分かんない？ こまったねー，へー，1年に1回ぐらるん（ママ）？

0132 TN： こどしは，ないですね，でも，去年は，せいがつが，変わってからかもしれませんけど

0133 NS： うん，うんうんうん

0134 TN： すぐににほんにきてすぐに，2週間ぐらいー，あとでー，／うん／倒 れたーですね

0135 NS： あだから生活が変わったりとか環境が変わったりとかなんかこう心配なことがあったりすると／はい／なるのかな？

0136 TN： 心配なことがあるときー，よくすると思いますね，／あそう／軍隊 でも，1，1回た，たおれー，／（笑）／まではいかなくても精神が，忘れてもう，危ないとき {どき} があって軍隊もー，はやくー，もう，／あー／でたですね

0211 NS： ふーん，そう［学校名］と［学校名］が違うところって1番大きなところ何だと思う？

0212 TN： いまー，すこし，前は，ちょっと，M先生の授業，午前中は／うん／月曜日から金曜日まで／うん／ずっとM先生が／うんうんうん／教えた，それは，今は少し変わった方がいいかと思う，Yなように，先生達が代わって教えることがいいかと

0213 NS： あーそうかそうか，［学校名］は毎日朝全部おんなじ／はい／先生だったのね？

0214 TN： 夜ー，あーあ，昼はー，／うん／お作文の先生は，／うん／春のときは ー，もう，NI先生／うん／1番人気のある先生が教えってー，文法は，H先生が教えて，聴解は，N先生／うん／人気ないな先生が，おしえた／うん／それでー，秋休み後で，／うん／変わったですね，／うん／午後の授業は，／う

ん / それで，N 先生が作文先生になってー，もう，学生達はあー N 先生の授業 2 時間もあるだと，2 回あるいだと，もうわるく，悪口よく言ったですね / （笑）うん / それで私は気持ち悪くなってですね，/ うん / ほんと悪いことしたことがなくても，/ うん / どうして悪い悪いというか / うん / ほんとうわたしは全然 {じぇんじぇん} 分からん

0249　NS：　ふーん，どの先生もいいところあるでしょね？
0250　TN：　嫌いな先生がないから［学校名］で，今の学校でも，嫌いな先生は，ない ですけど / うーん / 学生達が，N 先生嫌い嫌いというから，/（笑）/ 私もその感じがすこしか，かわってくるそうですね

0377　NS：　うん，で日本の人は，政治の話をしない，そうお？
0378　TN：　そ，そんなこともあるでしょう，たいがくせい韓国でも，/ うんうんうん /【発音不明瞭】でしょう，それも，/ ふうん / 私はたいがくへー，いかなか って，もう，分かりませんですけど，/ うん / 政治がね，不満がたくさんありますね，たいがくせい，/ うんうん / てもー，政治家たちは，もうそれ少しでも，な，どうしてー，それするかと思ってー，変わるー，ほうがいいだと思っても，それー，よくしないと思います

0465　NS：　あー，うれしいって言うか，その例えばね，C さんが，ちょっとこうしなさいお前はもうちょっと勉強が足りないって言ったら，はいそう思いますって思うでしょ / はい，そう思うとき / ちがうーとか思わないでしょ
0466　TN：　そのときも少しあったですけど，少し考えたら，私のことが，違 うだとよくー，変わりますね
0467　NS：　ふーん，C さんはね，TN くんのことを，いろいろ考えてるから　いうのよ，だから TN くんのことどうでもいいと思

ったら，TN くんに勉強しろとか / ええ / こうしろとか言わないからね，/ はい / だから

0497 NS： ふーん，そうねえ，あーだから，TN くんはずかしがらないで，無口にならないでいっぱいいっぱいいろんな人と話してごらんと言うのね？

0498 TN： はい

0499 NS： うんやった？

0500 TN： いえ，すこし今，変わるようにする，する気がいますけど / うーん / よくでも難しい ｛むちゅかしい｝ ですね

0501 NS： うーん，でも安心したわー，あのー，前話したけどー，あなた，あのー，ほんとに最初のときに比べるとよく話するようになってるし，今日話してもねー，TN くん，私とあなたが話してる量は，あなたおいいよ？ あなたよく話するよ

TN ⑤

0019 NS： 4 回行って昨日

0020 TN： 3 回行ったときは，まだ分からないから，学校が変わるからしん，審査すると言って / うん /，家に連絡すると言ったから / うん /，待ってた，それで昨日，金曜日に電話あっても私学校，学校に行って，もう，分からなかった，土曜日はもう，休みで，それで昨日行って，ビザもらった

0021 NS： ふーん，あの，家に連絡するって言って，だから TN 君の家に？

0022 TN： はい

0337 TN： 両親のお金使ったら駄目だとそんな気もあるし，それでも仕事が できるかー，思ったら，できないと，思うんですよね，何も，技術もないし，それで，韓国帰っても，のんびりする，

するると思って，ちょっと，日本語，え，いて，日本語でもうまく，話せるようになったら，いいかと思って

0338　NS：　ふーん，それはいつ決めたの？ いつ決めた，いつ考えたの？

0339　TN：　急に変わったですね//にが，はい

0340　NS：　// {不明} でしょう

0341　TN：　ええ，2月ぐらいに変わったですね，あー，1月，に変わったか　な，あのー，専門学校が2月，なにか，しょうろう，出したことが

0342　NS：　ふーん，あそう

0377　TN：　それでも，日本で専門学校でも入るか，やめて帰るか，その悩みのときあったですね，それ

0378　NS：　そうねえ

0379　TN：　それでやめたですよ，もう，帰る，と思って，しょる，出しなかったですよ/うんうん/，それでも，急にもう，変わって，もう，2月，26日までかな，あの学校で，そのとき29日に出したです（笑）

0380　NS：　（笑）そう，へー，じゃあやっぱり迷ったのね，で，じゃあ，春休みは，主にどんなことしてましたか

TN ⑥

使用なし

TN ⑦

0218　NS：　うん，韓国のほうではみんな作るのかしら？

0219　TN：　はい，今，つくて，いるんですね，それでも，韓国も，すぐ変わるかもしらん，ん

0220　NS：　ふーん，そうですかー，韓国の男の人のほうが，例えば日

本の男の人よりおしゃれ，だと思う？
0221　TN：　いいえ，そんなことはないと
0222　NS：　そうですか（笑）

0440　NS：　うーん，米をよく食べるのはおんなじ／はい／ほかには？同じところと違うところと
0441　TN：　うん，今，韓国でも少しずつ変わるんですね，パンとかで，食事をしたり，むかしと，の人たちが考えたら，それ，ぜんぜん思ったことないと思います／ああそう／あれ，今頃は，もう，大体家で，パンで，夕食は，パンとか，ジュースでよく食事したり，で／うん／，ひる，昼ごあん…／うん／昼ごあんで，米を食べるかな
0442　NS：　ふーん，あまりない？ そういうのは，今までは
0443　TN：　も，私の家はあまり変わってないんですけど／うん／，ほかの友だちと前いったとき，すこし，もパンで，し，し，食事終わったと，そんな話もあったし，
0444　NS：　ふーん，昔はあの，韓国の人パン食べなかった？ あんまり
0445　TN：　あんまり，そうですね

0545　TN：　そ，そう，みんな言うんですけど，今，だったら，無理と思いますね
0546　NS：　どして？ 今だからいいんじゃない？
0547　TN：　私が見たら，今，一つの国に，なっても，／うん／問題よく起きるみたいですね，／うん／今，といつみたいに，前，二つの国で，一つに，の国になって，問題が多いみたいに…あれ，政治，政治が，違うから，急に変わったら，それも問題に起きるそう

0658　NS：　怒ってもだめ？ ふーん，先生によって出なさい，とか言わない？

0659　TN：　そうい，そ，そんな話も，てるんですけど，あんまり，それでも，急に変わらんですね

0660　NS：　（笑）じゃあ，その，たとえ，すごくこう，怖い先生の授業はみんな静かになるとかってこと//はないの？

TN⑧

0491　NS：　ふうーん，//どうして

0492　TN：　//最初は玉をうったんですけど，パチンコをうって，うったんで すけど，ありが，私が好きなものがなくなって，次からスロットときどきうってみたら，あとスロットにかわったんですね

0493　NS：　ふうーん，好きなものがなくなったってのはパチンコの台のこと？

YNの使用

YN①

使用なし

YN②

0567　YN：　Kさん，かっこいい，今日，Sたいがくに変えたんですよ/え？/，たいが，発表するんですよね，今日，発表

0568　NS：　うん

0569　YN：　発表します

0693　YN：　［地名］から2人で来たんでしょ，だかお兄ちゃんみたい，お兄ちゃんみたい

0694 NS： うん
0695 YN： 私がいつも，今31歳でしょ，31歳ですから，私は23で／うん／，私より年上だし／うん／，お兄ちゃんみたいですから／うんうんうん／，でも今は，ちょっと変えたかな？

0753 YN： はい，暗証番号もKさんのほうで，手帳があったんでしょうね
0754 NS： うんうん
0755 YN： これ，私が暗証番号と印鑑と変わりました
0756 NS： うん
0757 YN： 自分で暗証番号分かるから／うん／もし，お金欲しいときすぐ銀行から出てから，私，銀行，キャッシュカードあげたんですよ

0766 NS： ははは，そっかー，へー，面白いねぇ，へー，結婚する前と結婚してからって，Kさん変わった？
0767 YN： Kさんはかわっ，変わりませんね，私が変わります
0768 NS： あ，そう？ Yさんが変わったの？ どんな風に変わったの？
0769 YN： もっと強くなったかな？

0797 YN： でも，恋愛でしょ，恋愛ですから，仕方がない，反対してもするから，だからわたしのお母さんが，私の母が，てちゅ，哲学が／うん／，哲学かんにかえて，あの人の性格も判定？将来見えるんですよ，占い，占いやでかえて，私の親はやっぱり心が弱いから，かえってあの人の将来ができるかどうか，って見たんですよ，でも，占い？
0798 NS： うん

YN ③

0452 NS ： 法律では認められてるわけね？

0453 YN ： うん，健康診断書があって，この人が，こんなけん，けんきです からしてもいいですよと，このほうりちゅが，私／えー／勤めていたときねえ，聞いたんです，今，今は変わったかもしれない

0474 NS ： だから軍隊の人達のためとか／ためとか／，結婚してない人達のためとか

0475 YN ： まだくやしく私が今韓国で生活は，3年前です，今は日本で生活はじゅっとしていますから，まぁ韓国の社会がどうやって変わっているかなは／うんうんうん／，くやしくはまだ／うんうんうん／知りません，社会はいつ／うんうん／，毎日変わるんでしょ？／うんうん／，くやしくは知らないけど，前はそうでした

YN ④

0057 NS ： 学費はどれぐらいなの

0058 YN ： 同じでしょ，70万ぐらいで，同じです，あまり変わらないんです

0059 NS ： あーそう

YN ⑤

0182 YN ： ［都市名］のしゅうべんですって，／うん／あんまり，遠くへ行かなくて，／あーそう／だから，電話番号もたぶんおんなじ／変わらないって？／だと思い，うん，変わらないって

0183 NS ： ほんとう，／うん／わー，でも，おめでたいねー

YN ⑥

0403 NS： あーそう，すごくみんな化粧が濃いから
0404 YN： はい，濃いから，はーびっくりしました，女は<u>変わる</u>もんだなーと思った，思いました
0405 NS： あーそう

YN ⑦

0893 NS： どうして，どうしてみんなあんな化粧すんの？
0894 YN： みんなするから，するんじゃないんですか
0895 NS： あーそう
0896 YN： うん，私の友達も，高校の時代はほんとに，まじめで，/うん/化粧なんて全然しなくて，そうだったんですよ，そしたら，卒業して，たら，なんか，びっくりしました，化粧が厚くなって，なんか，ふだもしつもんしたし，髪型とかも，パーマとかかけてるし，服とか着るものな，ぜんぜん，形が違ったんですよね，それでびっくりしました，人が<u>変わった</u>なって思うぐらい
0897 NS： そう

YN ⑧

0518 NS： つまり［都市名］の//大学に入ったらすぐアメリカに行けると 思った
0519 YN： //そうそうそう，そう，ビザがすぐ出ると思ったけど，こっちの ほうから，なんか，<u>変わった</u>んだって，それで試験がとっぷるより難しくなったんですよ
0520 NS： あーそう
0521 YN： とっぷると，より難しいからもう

0522 NS： あ，トイフルより難しいから
0523 YN： そう，だからもう行けない（笑）
0524 NS： あーそれで途中で//気持ちが変わったわけ
0525 YN： //そう，だからもう，もうすぐ行けるものじゃないし，いつまで この田舎にいてもしょうがないから
0526 NS： うん，そう
0527 YN： かわろうと思って
0528 NS： あーそう
0529 YN： はいそれで［学校名］6ヶ月くらい行って，英語も日本語も上手にならないうちに…結婚しました

0567 YN： 【B面はじめ】それで/うん/，かえるようにしました
0568 NS： あ，かえる//，韓国に帰るじゃなくて
0569 YN： //はい，あー，かえるじゃ，変わる
0570 NS： 変わる，はーはーはーはー，そう
0571 YN： はい

0908 NS： そう，にほ，NM先生の授業はどうですか
0909 YN： うん，NM先生は，先生優しいからね（笑），面白いですよ
0910 NS： でも日本語上手になる？
0911 YN： うん，そうですね，なりますよ，宿題もあるし
0912 NS： どんな宿題？
0913 YN： なんか，新聞をワンカットきってからあれ読んで，くれとかいう から
0914 NS： あーそう
0915 YN： あと試験もあるし，漢字のテスト
0916 NS： うんうんうん，そう/はい/，じゃあ，えと，1週間に3時間は日本語の勉強して，あと商学部の勉強でしょう/はい/，難しくない？
0917 YN： 難しいですよ，それ単位ぜーんぶ落としましたよ

0918　NS：　どうし，(笑)，そすると再試でしょ

0919　YN：　そうですよ，再試しないと思うんですよね，もうかえると思うのになんで再試をするんですか，楽しくするために／うん／，今年は面白い勉強しようと思って

0920　NS：　でもそうすると２年に上がれないんじゃない？

0921　YN：　そうですか？

0922　NS：　うん単位を落としたらね

0947　NS：　聞いてない学生もいるでしょ

0948　YN：　聞いてないんですよ，後ろの学生漫画みますよ，漫画見たり後ろでしゃべったり，もううるさいうるさい，授業中にうるさいの人間が，後ろの人間がねうるさかったんです，女の人２人がね，ぼしょしょしょしょ（音）／うんうんうん／，で私席変わりましたよ，前に，あんた達うるさいとかいったらもう，嫌われるんじゃないですか／うん／，あと，静かにしなさいと言っても，１分くらい経ったらまだしゃべるしねー

0971　NS：　(笑)，あーそう減っていくわけね

0972　YN：　はい，あと教室も変わりました，あんまり学生さんこんから

0973　NS：　うそー，えー，じゃあんまり面白い先生はいなかったのねえ

1119　NS：　でも優しくならない

1120　YN：　うん，あと，優しくならないし，今４年になるけど，変わった人も結構おるし，半分ぐらい

1121　NS：　あー知ってるけど

1122　YN：　はい，人が変わりました

1123　NS：　あーそうですかー，へー，大変だねえ，バイリンガルファミリーは，えーっと，日本の女の人が書いてるわけ

6. 第6章の調査（動画を用いた文完成課題）の説明資料と調査用紙

説明資料

調査1の説明

今から，ビデオを見ます。
ビデオをよく見て，動詞を________に書いてください。
動詞のはじめの文字は書いてあります。
（例）
（◯） た____________________。
（×） た____________________。
マス形を使わないでください。
（例）
（×）たべます → （◯） たべる
（×）たべません → （◯） たべない
マス形でない場合は，そのまま書いてください。
（例） （◯）たべてください。
（◯）たべないでください。

それでは，少し　れんしゅうしましょう。

れんしゅう（1）の________________________。
れんしゅう（2）き________________________。
れんしゅう（3）か________________________。

それでは，始めます。
次のページに行ったら，前のページは見ないでください。

(1 ページ目)

名前＿＿＿＿＿＿＿＿＿＿

（1） つ＿＿＿＿＿＿＿＿＿＿＿＿＿。

（2） き＿＿＿＿＿＿＿＿＿＿＿んです。

（3） つ＿＿＿＿＿＿＿＿＿んです。

（4） か＿＿＿＿＿＿＿。

（5） き＿＿＿＿＿＿＿。

（6） き＿＿＿＿＿＿＿＿＿＿＿＿。

（7） か＿＿＿＿＿＿＿ことが　できる。

（8） つ＿＿＿＿＿＿＿＿＿＿＿＿。

（9） か＿＿＿＿＿＿＿＿＿＿＿んです。

（10） き＿＿＿＿んです。

（ → つぎのページへ ）

(2ページ目)

(11) の＿＿＿＿＿＿＿＿＿＿，べんきょうします。

(12) つ＿＿＿＿＿＿＿＿＿＿，ジュースを　のむ。

(13) か＿＿＿＿＿＿＿＿＿＿＿＿＿＿＿。

(14) か＿＿＿＿＿＿＿＿＿＿＿＿＿んです。

(15) つ＿＿＿＿＿＿＿＿＿＿＿＿＿＿＿。

(16) き＿＿＿＿＿＿＿＿＿＿＿＿＿んです。

(17) つ＿＿＿＿＿＿＿＿＿＿＿，いすに　すわる。

(18) よ＿＿＿＿＿＿＿＿＿＿＿＿＿＿＿。

(19) つ＿＿＿＿＿＿＿＿＿＿＿＿＿んです。

(20) き＿＿＿＿＿＿＿＿＿＿＿＿＿＿＿。

(→ つぎのページへ)

(3 ページ目)

(21) つ＿＿＿＿＿＿＿＿＿＿＿＿＿＿＿＿。

(22) か＿＿＿＿＿＿＿＿＿＿＿＿＿＿＿＿んです。

(23) か＿＿＿＿＿＿＿＿，さいふに　いれます。

(24) き＿＿＿＿＿＿＿＿＿＿＿＿＿＿＿＿。

(25) き＿＿＿＿＿＿＿＿＿＿＿＿＿＿＿＿。

(26) か＿＿＿＿＿＿＿＿＿＿＿＿＿＿＿＿。

(27) き＿＿＿＿＿＿＿＿＿，せんせいに　いいます。

(28) つ＿＿＿＿＿＿＿＿＿＿＿＿＿＿＿＿。

(29) か＿＿＿＿＿＿＿＿＿＿＿＿＿＿＿＿。

(30) き＿＿＿＿＿＿＿＿＿＿ことが　できません。

（ →　つぎのページへ　）

(4ページ目)

(31) き＿＿＿＿＿＿＿＿＿＿＿＿＿＿＿＿＿＿＿＿。

(32) き＿＿＿＿＿＿＿＿＿＿＿＿＿＿＿＿＿＿＿＿。

(33) つ＿＿＿＿＿＿＿＿＿＿＿＿＿＿＿＿＿＿＿＿。

☆☆☆おつかれさまです☆☆☆

参考文献

青木晴夫（1980）「英語を母語とする日本語学習者の問題点」『日本語教育』第 40 号 pp.9-20. 日本語教育学会

阿部一・清水由理子・霜崎實・長嶋善郎・町田喜義・松井敬（1995）『英語教育における語彙習得 - 発話動詞の分析』南雲堂

天野みどり（1987）「状態変化主体の他動詞文」『国語学』151 号 pp.1-14. 国語学会

池上嘉彦（1981）『「する」と「なる」の言語学 - 言語と文化のタイポロジーへの試論 -』大修館書店

池上嘉彦（1982）「語彙の体系」佐藤喜代治編『講座 日本語の語彙 第 1 巻 語彙原論』pp.205-223. 明治書院

市川保子（1988）「クイズ・テストの結果と『習得状況の流れ』－文法教育への一考察－」『日本語教育』第 64 号 pp.164-175. 日本語教育学会

市川保子（1997）『日本語誤用例文小辞典』凡人社

井上和子（1976）『変形文法と日本語（下）』大修館書店

岩立志津夫（1980）「一日本語児の動詞形の発達について」『学習院大学文学部研究年報』第 27 輯 pp.191-205. 学習院大学文学部

魚住友子・嶽逸子・神田紀子（2003）「初級教科書の語彙習得」『名古屋大学日本語・日本文化論集』第 11 号 pp. 79-106. 名古屋大学留学生センター

大曾美恵子・滝沢直宏（2003）「コーパスによる日本語教育の研究－コロケーション及びその誤用を中心に（コーパス言語学）－」『日本語学』22（5），4 月臨時増刊号 pp.234-244. 明治書院

岡崎智己・張建華（1998）「中国語話者の日本語学習時における自動詞・他動詞の使用に関する分析」『九州大学留学生センター紀要』第 9 号 pp.19-38. 九州大学留学生センター

小川誉子美・安藤節子（1999）「文法項目の段階的シラバス化－受身の場合－」『日本語教育論集 世界の日本語教育』第 9 号 pp.1-13. 国際交流基金日本語国際センター

奥津敬一郎（1967）「自動化他動化および両極化転形－自動詞・他動詞の対応－」『国語学』70 号 pp.46-66. 国語学会

奥津敬一郎（1980）「第 2 章 動詞文型の比較」國廣哲彌編『日英比較講座第 2 巻文法』pp.63-100. 大修館書店

奥野由紀子（2005）『第二言語習得過程における言語転移の研究－日本語学習者による「の」の過剰使用を対象に－』風間書房

小篠敏明（1983）『英語の誤答分析』大修館書店

影山太郎（1996）『動詞意味論－言語と認知の接点－』くろしお出版

門田修平（2010）『SLA 研究入門－第二言語の処理・習得研究のすすめ方』くろしお出版

鎌田修（1999）「KY コーパスと第二言語としての日本語の習得研究」『第 2 言語としての日本語の習得に関する総合研究』（平成 8 年度〜平成 10 年度科学研究費補助金　研究成果報告書　基盤研究（A）（1）課題番号 08308019 研究代表者カッケンブッシュ寛子）pp.227-237.
家村伸子・迫田久美子（2001）「学習者の誤用を産み出す言語処理のストラテジー（2）－否定形『じゃない』の場合」『広島大学日本語教育研究』11 号 pp.43-48. 広島大学教育学部日本語教育学講座
亀井孝・河野六郎・千野栄一編（1996）『言語学大辞典 第 6 巻 術語編』三省堂
金田一春彦（1958）「動詞」『続日本文法講座 1 文法各論編』pp.175-202. 明治書院
クック , V.（1993）『第 2 言語の学習と教授』（米山朝二 訳）研究社出版 [Cook,V.(1991) Second Language Learning and Language Teaching. Edward Arnold (Publishers).]
國廣哲彌編（1981）『日英語比較講座　第 3 巻　意味と語彙』大修館書店
久野由宇子（1987）「初級教材における自動詞と他動詞の提出のしかた」『文化外国語専門学校日本語紀要』第 2 号 pp.54-78. 文化外国語専門学校
顧海根（1981）「中国人学習者によくみられる誤用例（二）－動詞，形容詞，代名詞などを中心に－」『日本語教育』第 44 号 pp.57-69. 日本語教育学会
小林典子（1996）「相対自動詞による結果・状態の表現－日本語学習者の習得状況－」『文芸言語研究言語篇』29 号 pp.41-56. 筑波大学文藝・言語学系
小林典子（1997）「日本語学習者に対するプレースメントテストとしての SPOT」『日本語学習者に対するプレースメントテストとしての SPOT(Simple Performance-Oriented Test)』(平成 9 年度科学研究費補助金研究成果報告書国際学術研究（共同研究）課題番号 07044003 研究代表者小林典子）pp.5-11.
小林典子（2001）「第 8 章 効果的な練習の方法―うまく習得してもらうには工夫がいる」野田尚史・迫田久美子・渋谷勝己・小林典子『日本語学習者の文法習得』pp.139-158. 大修館書店
小林典子・直井恵理子（1996）「相対自・他動詞の習得は可能か－スペイン語話者の場合－」『筑波大学留学生センター日本語教育論集』11 号 pp.83-98. 筑波大学留学生センター
小林典子・フォード順子（1992）「文法項目の音声聴取に関する実証的研究」『日本語教育』第 78 号 pp.167-177. 日本語教育学会
小林典子・フォード丹羽順子・山元啓史（1995）「『日本語能力簡易試験（SPOT)』の得点分布傾向 －中上級向けテストと初級向けテスト－」『筑波大学留学生センター日本語教育論集』第 10 号 pp.107-119. 筑波大学留学生センター
小林典子・フォード丹羽順子・山元啓史（1996）「日本語能力の新しい測定法［SPOT］」『日本語教育論集 世界の日本語教育』第 6 号 pp.201-218. 国際交流基金日本語国際センター
小林ミナ（2002）「日本語教育における教育文法」『日本語文法』2 巻 1 号 pp.153-170.

日本語文法学会
佐久間鼎（1966）『現代日本語の表現と語法（増補版）』厚生閣［くろしお出版より 1983 年復刊］
迫田久美子（1998）『中間言語研究－日本語学習者による指示詞コ・ソ・アの習得－』渓水社
迫田久美子（2001）「学習者の誤用を産み出す言語処理のストラテジー（1）－場所を表す「に」と「で」の場合」『広島大学日本語教育研究』11 号 pp.17-22. 広島大学教育学部日本語教育学講座
小林春美・佐々木正人編（1997）『子どもたちの言語習得』大修館書店
渋谷勝己（1988）「中間言語研究の現状」『日本語教育』第 64 号 pp.176-190. 日本語教育学会
島田昌彦（1977）「明治期における国語の『自他』の認識－松下大三郎・山田孝雄の所説にみる」『金沢大学法文学部論集 文学編』（24）, pp.1-36. 金沢大学法文学部
島田昌彦（1979）『国語における自動詞と他動詞』明治書院
JACET SLA 研究会編（2005）『文献からみる第二言語習得研究』開拓社
白井恭弘（2002）「第二言語における文法習得研究とその教育的示唆」『言語文化と日本語教育 2002 年 5 月増刊特集号：第二言語習得・教育の研究最前線－あすの日本語教育への道しるべ』pp.20-27. お茶の水大学日本言語文化学研究会
白川博之（2002）「記述的研究と日本語教育－『語学的研究』の必要性と可能性－」『日本語文法』2 巻 2 号 pp.62-80. 日本語文法学会
須賀一好（1981）「自他違い－自動詞と目的語，そして自他の分類－」『馬淵和夫博士退官記念　国語学論集』大修館書店
須賀一好・早津恵美子（1995）「〈解説編〉動詞の自他を見直すために」須賀一好・早津恵美子編『動詞の自他』pp.207-231. ひつじ書房
清ルミ（2003）「コミュニケーション能力育成の視座から既存教科書文例と教師の“刷り込み”を問う－『ないでください』を例にして－」『2003 年度日本語教育学会秋季大会予稿集』pp.155-161. 日本語教育学会
田中真理（1997）「視点・ヴォイス・複文の習得要因」『日本語教育』第 92 号 pp.107-118. 日本語教育学会
田中真理（1999）「OPI に現れた受身表現について：日本語教育とコミュニケーションの観点から」『第二言語としての日本語習得に関する総合研究』平成 8 年度～平成 10 年度科学研究費補助金研究成果報告書 pp.351-378.
角田太作（1991）『世界の言語と日本語』くろしお出版
張威（1994a）「統語上にみられる結果可能表現の成立条件（上）」『日本語学』第 13 巻 11 号 pp.93-103. 明治出版

張威（1994b）「統語上にみられる結果可能表現の成立条件（下）」『日本語学』第13巻12号 pp.71-78. 明治出版
張威（1998）『結果可能表現の研究－日本語・中国語対照研究の立場から－』くろしお出版
張麟声（2001）『日本語教育のための誤用分析－中国語話者の母語干渉20例－』スリーエーネットワーク
寺村秀夫（1976）「『ナル』表現と『スル』表現－日英『態』表現の比較－」『日本語と日本語教育－文字・表現編－』pp.49-68. 国立国語研究所
寺村秀夫（1977）「態の表現と『適切さ』の条件」『日本語教育』第33号 pp.23-35. 日本語教育学会
寺村秀夫（1982a）『日本語のシンタクスと意味Ⅰ』くろしお出版
寺村秀夫（1982b）「日本語教育のおける動詞の問題」『日本語教育』第47号 pp.1-12. 日本語教育学会
長沢房枝（1995）「L1，L2，バイリンガルの日本語文法能力」『日本語教育』第86号 pp.173-189. 日本語教育学会
長友和彦（1993）「日本語の中間言語研究－概観－」『日本語教育』第81号 pp.1-18. 日本語教育学会
長友和彦（2002）「JSL習得研究の発展を願って－私的研究レビュー－」『言語文化と日本語教育2002年5月増刊特集号：第二言語習得・教育の研究最前線 - あすの日本語教育への道しるべ』pp.2-8. 日本言語文化研究会
中俣尚己（2014）『日本語教育のための文法コロケーションハンドブック』くろしお出版
中村祐理子（2002）「中級学習者の受け身使用における誤用例の考察」『北海道大学留学生センター紀要』第6号 pp.21-36. 北海道大学留学生センター
西尾寅弥（1978）「自動詞と他動詞における意味用法の対応について」東京大学国語国文学会編『国語と国文学』55-5 pp.173-186. 至文堂
西尾寅弥（1982）「自動詞と他動詞－対応するものとしないもの－」『日本語教育』第47号 pp.57-68. 日本語教育学会
西尾寅弥（1988）「第三部　自動詞と他動詞の対応」『現代語彙の研究』pp.149-207. 明治書院
西田直敏（1972）「動詞とは何か」鈴木一彦・林巨樹編『品詞別日本文法講座3動詞』pp.41-91. 明治書院
仁田義雄（1982）「語彙と文法」佐藤喜代治編『講座 日本語の語彙 第1巻 語彙原論』pp.269-290. 明治書院
仁田義雄（2000）「単語と単語の類別」仁田義雄・村木新次郎・柴谷方良・矢澤真人編『日本語の文法1 文の骨格』pp.1-45. 岩波書店
沼田善子（1989）「日本語動詞 自・他の意味的対応（1）－多義語における対応の欠落から－」

国立国語研究所編『国立国語研究所報告 96 研究報告集 10』pp.193-215. 秀英出版
ネウストプニー J.V.（2002）「第 1 章　総論」ネウストプニー J.V.・宮崎里司編『言語研究の方法』pp.1-43. くろしお出版
野田尚史（1991）「文法的なヴォイスと語彙的なヴォイスの関係」仁田義雄編『日本語のヴォイスと他動性』pp.211-232. くろしお出版
野田尚史（2001）「第 3 章　学習者独自の文法　学習者独自の文法は必然的に生まれる」野田尚史・迫田久美子・渋谷勝己・小林典子編『日本語学習者の文法習得』pp.45-62. 大修館書店
野村雅昭（1969）「近代語における既然態の表現について」佐伯梅友博士古稀記念国語学論集刊行会編『佐伯梅友博士古稀記念 国語学論集』pp.675-696. 表現社
早津恵美子（1987）「対応する他動詞のある自動詞の意味的・統語的特徴」『言語学研究』6 号 pp.79-109. 京都大学言語学研究会
早津恵美子（1989a）「有対自動詞と無対他動詞の違いについて－意味的な特徴を中心に－」『言語研究』95 号 pp.231-256. 日本言語学会
早津恵美子（1989b）「有対自動詞と無対他動詞の意味上の分布」『計量国語学』第 16 巻第 8 号 pp.353-364. 計量国語学会
フォード丹羽順子（1998）「言語運用における 2 種類の知識（能力）と SPOT が測定するもの」『日本語学習者に対するプレースメントテストとしての SPOT(Simple Performance-Oriented Test)』（平成 9 年度科学研究費補助金研究成果報告書国際学術研究 (共同研究) 課題番号 07044003 研究代表者小林典子）pp.5-11.
フォード順子・小林典子（1993）「日本語学習者による文法項目の習得に関する一考察－文法能力集団別の習得度の差－」『筑波大学留学生センター日本語教育論集』第 8 号 pp.185-200. 筑波大学留学生センター
フォード丹羽順子・小林典子・山元啓史（1995）「『日本語能力簡易試験（SPOT）』は何を測定しているか－音声テープ要因の解析－」『日本語教育』第 86 号 pp.93-102. 日本語教育学会
彭飛（1990）「非意図的行為を示すマイナスの意味の他動詞文の特徴―『妻をなくした』文は『妻を殺した』意を示すか」『外国人を悩ませる日本人の言語慣習に関する研究』pp.75-160. 和泉書院
前田富祺（1997）「語彙と文法－幼児の言語発達を例として－」川端善明・仁田義雄編『ひつじ書房叢書 (言語編) 第 14 巻日本語文法 体系と方法』pp.141-155. ひつじ書房
前田富祺・前田紀代子（1996）『幼児語彙の統合的発達の研究』武蔵野書院
前田直子（2002）「複文の類型と日本語教育」上田博人編『日本語学と言語教育』pp.249-272. 東京大学出版会
牧野成一（1991）「ACTFL の外国語能力基準及びそれに基づく会話能力テストの理念と問題」『日本語教育論集 世界の日本語教育』第 1 号 pp.15-32. 国際交流基金日本語国

際センター
松下大三郎（1896）「動詞の自他（一）」『國學院雑誌』3-2 pp.36-40. 國學院大学
益岡隆志（1982）「日本語受動文の意味分析」『言語研究』82 号 pp.48-64. 日本言語学会
益岡隆志（1987）『命題の文法』くろしお出版
三上章（1953）『現代語法序説－シンタクスの試み－』刀江書院［くろしお出版より1972 年復刊］
松田文子（2000）「日本語学習者による語彙習得 差異化・一般化・典型化の観点から－」『日本語教育論集 世界の日本語教育』第 10 号 pp.73-89. 国際交流基金日本語国際センター
松田文子（2002）「複合動詞研究の概観と展望－日本語教育の視点からの考察－」『言語文化と日本語教育 2002 年 5 月増刊特集号：第二言語習得・教育の研究最前線 - あすの日本語教育への道しるべ』pp.170-184. 日本言語文化学研究会
マルティネ , A.（1972）『一般言語学要理』（三宅徳嘉 訳）岩波書店 [Martinet, A. (1970) Éléments de Linguistique Générale. Paris: Librairie Armand Colin.]
宮島達夫（1985）「『ドアをあけたがあかなかった』－動詞の意味における〈結果性〉」『計量国語学』14-8 pp.335-353. 計量国語学会
本居春庭（1828）『詞の通路』［『詞通路』として『本居宣長全集増補版 第十一巻 本居春庭全集 本居大平全集』1927 吉川弘文館 に所収］
森美子（2003）「日本語における語彙習得」畑佐由紀子編『第二言語習得研究への招待 An Invitation to Second Language Acquisition Research in Japanese: In Honor of Seiichi Makino』pp.47-66. くろしお出版
森田芳夫（1981）「韓国人学生の日本語学習における誤用例－動詞－」『日本語教育』第 43 号 pp.79-88. 日本語教育学会
守屋三千代（1994）「日本語の自動詞・他動詞の選択条件 - 習得状況の分析を参考に－」『講座日本語教育』第 29 分冊 pp.151-165. 早稲田大学日本語研究教育センター
谷内美智子（2002）「第二言語としての語彙習得研究の概観－学習形態・方略の観点から－」『言語文化と日本語教育 2002 年 5 月増刊特集号：第二言語習得・教育の研究最前線 - あすの日本語教育への道しるべ』pp.155-169. 日本言語文化学研究会
ヤコブセン , W.（1989）「他動性とプロトタイプ論」久野暲・柴谷方良編『日本語学の新展開』pp.213-248. くろしお出版
山内博之（1999）「OPI 及びＫＹコーパスについて」『第 2 言語としての日本語の習得に関する総合研究』（平成 8 年度～平成 10 年度科学研究費補助金研究成果報告書　基盤研究（A）（1）課題番号 08308019 研究代表者カッケンブッシュ寛子）pp.238-245.
山岡俊比古（1997）『第 2 言語習得研究』桐原ユニ
山口明穂（1989）『国語の論理』東京大学出版会

山田孝雄（1908）『日本文法論』宝文館

山田孝雄（1936）『日本文法学概論』宝文館

吉川千鶴子（1995）『日英比較動詞の文法』くろしお出版

Beretta, A. (1991) Theory Construction in SLA : Complementarity and Opposition. *Studies in Second Language Acquisition* 13,4, pp.493-511.

Blum-Kulka, S. and Levenston, E. A. (1978) Universals of Lexical Simplification. *Language Learning* 28,2, pp.399-415.

Braidi, S. M. (1999) *The Acquisition of Second Language Syntax*. New York: Oxford University Press

Corder, P. (1967) The significance of learner's errors. *International Review of Applied Linguistics* 5, pp.161-170.

Cruttenden, A. (1981) Item-Learning and System-Learning. *Journal of Psycholinguistic Research* 10,1, pp.79-88.

Crystal, D. (1997) *Dictionary of Linguistics and Phonetics Fourth Edition*. Massachusetts: Blackwell Publishers.

Ellis, R. (1994) *The Study of Second Language Acquisition*. Oxford: Oxford University Press.

Ellis, R. (1999) Item versus System Learning: Explaining Free Variation. *Applied Linguistics* Vol.20,4, pp.460-480. Oxford University Press.

Gass, S. (1999) Discussion: Incidental vocabulary learning. *Studies in Second Language Acquisition* 21,2, pp.319-333.

Hirakawa, M. (2001) L2 Acquisition of Japanese Unaccusative Verbs. *Studies in Second Language Acquisition* 23,2, June, pp.221-245.

Jacobsen, W.M. (1992) *The Transitive Structure of Events in Japanese*. Tokyo: Kuroshio Publishers.

Kellerman, E. (1978) Giving learners a break: native language intuitions as a source of predictions about transferability. *Working Papers on Bilingualism* 15, pp.59-92.

Kellerman, E. (1985) If At First You Do Succeed…In Gass, S.M. & Madden, C.G.(eds.) *Input in Second Language Acquisition*. pp.345-353. Rowley, MA: Newbury House.

Larsen-Freeman, D. & Long, M. (1991) *An Introduction to Second Language Acquisition Research*. New York: Longman.

Levin, B. and Rappaport Hovav, M. (1994) A Preliminary Analysis of Causative verbs in English. *Lingua* 92,pp.35-77.

Levin, B. and Rappaport Hovav, M. (1995) *Unaccusativity: At the Syntax- Lexical Semantic Interface*. Cambridge, Mass: MIT Press.

Morita, M. (2004) The Acquisition of Japanese Intransitive and Transitive Paired Verbs by

English-Speaking Learners: Case Study at the Australian National University.『日本語教育論集 世界の日本語教育』第 14 号 pp.167-192. 国際交流基金日本語国際センター
Numan, D. (1992) *Research Methods in Language Learning*. Cambridge University Press.
Richards, J. C, Platt J. and Platt H. (1992) *Longman Dictionary of Language Teaching and Applied Lingistics Second Edition*. Essex: Longman.
Rogova, G. V. (1975) *Methods of Teaching English*. Moscow, П Р О С В Е Щ Е Н И Е .
Schachter, J. (1974) An error in error analysis. *Language Learning* 27, pp.205-214.
Selinker, L. (1972) Interlanguage. *International Review of Applied Linguistics* 10:3, pp.209-231.

参考資料

国際交流基金（1981）日本語初歩』凡人社
国際交流基金（1994）『日本語能力試験出題基準 改訂版』凡人社
国際交流基金ホームページ日本語教育国別情報［2004-10-23 閲覧］
http://www.jpf.go.jp/j/urawa/world/kunibetsu/index.html
国立国語研究所編（1964）『分類語彙表』秀英出版
国立国語研究所編（1997）『テレビ放送の語彙調査Ⅱ－語彙表』大日本図書
スリーエーネットワーク（1998）『みんなの日本語初級Ⅰ第２版本冊』スリーエーネットワーク
スリーエーネットワーク（1998）『みんなの日本語初級Ⅱ第２版本冊』スリーエーネットワーク
人民教育出版社（1988）『中日交流標準日本語初級Ⅰ』人民教育出版社
人民教育出版社（1988）『中日交流標準日本語初級Ⅱ』人民教育出版社
財団法人海外技術者研修協会（1993）『しんにほんごのきそⅡ本冊漢字かなまじり版』スリーエーネットワーク
財団法人海外技術者研修協会（1994）『しんにほんごのきそⅡ文法解説書』スリーエーネットワーク
財団法人海外技術者研修協会（1994）『しんにほんごのきそⅡ教師用指導書』スリーエーネットワーク
筑波ランゲージグループ（1992）『Situational Functional Japanese vol.2 Notes』凡人社
筑波ランゲージグループ（1992）『Situational Functional Japanese vol.2 Drills』凡人社
坂野永理・大野裕・坂根庸子・品川恭子（1999）『初級日本語げんきⅠ』The Japan Times
坂野永理・大野裕・坂根庸子・品川恭子・渡嘉敷恭子（1999）『初級日本語げんきⅡ』

The Japan Times
文化外国語専門学校（2000）『新文化初級日本語Ⅰ』凡人社
文化外国語専門学校（2000）『新文化初級日本語Ⅱ』凡人社

おわりに

本書は，2005 年 3 月に広島大学大学院に提出した博士学位論文をもとにしています。筆者は学位取得後そのまま出産を迎え，続けて第二子を授かったことで，2008 年 10 月まで 3 年半に渡って，キャリアの空白期間が続きました。第二子が 1 歳になると同時に，ひっそりと研究者として復帰する機会を得ました。しかし，復帰したというものの，時間を区切らずに研究に没頭することは許されず，自宅では文献も読めず，研究会にも自由に参加できず，そうなると研究をスムーズに進められるわけではなく，ただ，幼子を保育園に迎えに行き，研究室と自宅を往復する苦悶の日々が始まりました。そもそも 3 年半も研究の世界から離れていた私には，研究者として復帰をするかどうかの決断は大変難しく，自分自身何度もこれでいいのかと逡巡したものです。また，復帰した後の，職としての不安定な立場は予想をはるかに超えて過酷であり，私は何度も，これまでの全てを手放しそうになりました。

しかし，「もはやここまで」と思う直前に，ちょうどそのときを待っていたかのように何かしらの良いことが起こり，それで，私の今がつながっています。そのいくつかの奇跡は，張麟声先生からのメールの受信からスタートしていることを，ここでお伝えしても良いものでしょうか。張麟声先生からのメールは，タイミングが絶妙なのです。今回の博士論文書籍化のお話は，一番最近に起こった奇跡の一つです。また奇跡の最初の一つを思い起こせば，研究者としての復帰後はじめて公の場で研究発表を行う機会をいただいたのが，張麟声先生が発起人である「中国語話者のための日本語教育研究会」でした。発表当日は，連日の子どもの看病疲れから私自身が体調を大きく崩しており，自宅から新幹線に乗り，会場に到着するまでに口にできたものは，たった一粒のキャンディだけでした。そんな私に対し，会場で何度も何度も「大丈夫ですか。」と声をかけてくださったのが張麟声先生でした。そのときの「大丈夫ですか。」の，温かく，ほっとさせてくださる声のトーンに，それまでの重くて冷たく固まっていた気持ちが，魔法にかかるように，ふっと楽になったことを今も記憶しています。おおらかですべてを包み込む大陸のような心を持っていらっしゃる，スケールの大きい先生だといつも感じています。

さて，自分のライフワークとも言うべき研究テーマ「対のある自動詞・他動詞の第二言語習得研究」について博士論文を見直し，書き直す作業は予想以上に難しいものでした。今も道半ばという気がして，研究の進展が不十分であることや，理解できていないことの多さに納得のいかない部分も多くあります。しかし，今の私に分かっていることを形にできたことは，この上ない幸福だと思います。ここをスタートとして，さらに研究を続けて行きたいと改めて思います。

博士論文執筆時にも，多くの方々の協力を得ました。論文作成に際しては，構想の段階から長期にわたって迫田久美子先生，白川博之先生にきめ細かい指導を賜りました。修士課程の学生時代から「ダブルゼミ」と称して，それぞれのゼミに毎回参加させていただきました。学士から修士課程までの指導教官は白川博之先生，博士課程の指導教官は迫田久美子先生でしたが，両先生には，博士課程修了までの期間，どちらのゼミでも，ゼミ生の一人として他のゼミ生と分け隔てせずに迎え入れていただきました。今思うと大変わがままな振る舞いだと思うのですが，それをご海容くださった白川先生，迫田先生には感謝の気持ちでいっぱいです。お二人には，論文作成に関する指導だけではなく，研究者のあるべき姿，研究の厳しさ，楽しさを教えていただきました。また，公私の集まりでは，どんな家族を持つべきか，どんな人になるべきかというところまで話が及ぶことが多々ありました。「研究者」でもあり「教育者」でもあるお二人のお話を間近に聞き続けることのできた時間が，いかに贅沢で貴重であったか，今になって改めてありがたく感じられます。

母校に研究員として復帰した際に，“Welcome back!” と迫田先生が拍手してくださったこと，研究員としての任期を終え母校を一人静かに去る日に，荷物を片づけている私のところを，白川先生が訪ねて来てくださったこと，そして，そのジャケットが春を告げる桜色だったこと，心に焼きつく思い出のシーンとなっています。

酒井弘先生には，研究領域を俯瞰的に見つめる視点の重要性を教えていただきました。また，私が研究の仕事に戻るきっかけを作ってくださり，子どもを預けている保育園からの突然の呼び出しなど，どうしても子育てを優先させなければならない事態が生じたときにも，それを一言の苦言もなく認めていただきました。広島大学教育学部日本語教育学科（現在は日本語教育学講座）の先生方には，私が日本語教育の世界でよちよちと歩き出した段階から見守っていただき，貴重なご助言をいただきました。縫部義憲先生が博士論文の審査会でおっしゃった「『自動詞，他動詞の気持ち』が分かるような研究を続けてください。」という一言を今も思い出しながら研究を続けています。

第6章の視聴覚資料作成に当たっては，中上亜樹さん，川﨑千枝見さん，桜木ともみさん，松岡知津子さんから献身的な協力を得ました。撮影はもちろんのこと，学科のスタジオに籠って徹夜の編集作業をしてくださった皆さんの姿を思い出すと，今も感謝の気持ちでいっぱいです。

前原かおるさん，永田良太さん，内山和也さん，奥野由紀子さん，渡部倫子さん，国実久美子さん，小池韻清さんには博士論文執筆時，研究が暗礁に乗りあげるたびに，まとまりのない話に耳を傾け，温かく励ましていただきました。

匿名性保守のためにお名前を挙げてお礼を申し上げることが出来ませんが，本研究は，多くの調査協力者の方々，ならびに諸機関の先生方，大学院生の皆さんの協力を得て成り立っています。これら一人一人の方にも改めてお礼を申し上げたく存じます。また，一人ずつお名前を挙げることはできませんが，復帰を後押ししてくださった方々，復帰後に出会い，励ましてくださり，支えになってくださっている方々にもこの場を借りてお礼を申し上げたく思います。

本書の出版に当たっては，日中言語文化出版社の関谷一雄社長，同社の中村奈々様には多大なるお力添えをいただきました。心から感謝しております。

そして最後に，温かく守ってくれた双方の両親と今は亡き祖父母，常に支えになってくれている家族に感謝の気持ちを伝えたいと思います。

著者紹介

中石　ゆうこ（なかいし・ゆうこ）

大分県生まれ。2005年広島大学大学院教育学研究科博士課程後期修了。博士(教育学)。広島大学大学院教育学研究科研究員、日本学術振興会特別研究員を経て、現在、県立広島大学総合教育センター／国際交流センター助教。

主要著作・論文

「学習者は自動詞，他動詞を使い分けているのか？―発話調査を用いた対のある自他動詞に関する習得研究―」（南雅彦編，『言語学と日本語教育Ⅳ』くろしお出版，2005），「中間言語から見た日本語教育文法―『わかる』と『できる』の区別を通して」（『日本語学』32-7，明治書院，2013），「第二言語としての日本語学習者による日本語オノマトペの理解―アニメーションを用いたマッチング実験を通して―」（共著，『Studies in Language Sciences』，開拓社，vol.14 開拓社，2015），「外国につながる子どもたちのための語彙シラバス」（共著，森篤嗣編，『現場に役立つ日本語教育研究シリーズ第2巻ニーズを踏まえた語彙シラバス』くろしお出版，2016），「日本語を母語とする二幼児の自動詞・他動詞の誤用」（『県立広島大学人間文化学部紀要』11号，2016）などがある。

日本語の対のある自動詞・他動詞に関する第二言語習得研究

2020 年 1 月 4 日　初版第 1 刷発行

著　者　中　石　ゆうこ
発行者　関　谷　一　雄
発行所　日中言語文化出版社
〒531-0074 大阪市北区本庄東 2 丁目 13 番 21 号
TEL　06（6485）2406
FAX　06（6371）2303
印刷所　有限会社 扶桑印刷社

ISBN978 - 4 - 905013 - 58 - 7